湖南省民委重大委托项目"沅水民族文化研究"

三峡大学学科建设资助项目

沅水文库

刘冰清／主编

村落文化系列丛书

草苗纪实：

湖南通道大高坪村民族志报告

刘冰清
谢林轩 ——— 著

厦门大学出版社
XIAMEN UNIVERSITY PRESS

国家一级出版社
全国百佳图书出版单位

图书在版编目(CIP)数据

草苗纪实:湖南通道大高坪村民族志报告/刘冰清,谢林轩著.—厦门:厦门大学出版社,2020.11

(沅水文库.村落文化系列丛书)

ISBN 978-7-5615-7052-4

Ⅰ.①草⋯　Ⅱ.①刘⋯　②谢⋯　Ⅲ.①苗族—民族志—通道侗族自治县　Ⅳ.①K281.6

中国版本图书馆 CIP 数据核字(2018)第 171110 号

出 版 人	郑文礼
责任编辑	薛鹏志

出版发行 厦门大学出版社

社　　　址	厦门市软件园二期望海路 39 号
邮政编码	361008
总　　　机	0592-2181111　0592-2181406(传真)
营销中心	0592-2184458　0592-2181365
网　　　址	http://www.xmupress.com
邮　　　箱	xmup@xmupress.com
印　　　刷	厦门市明亮彩印有限公司

开本	720 mm×1 000 mm　1/16
印张	18.25
插页	2
字数	300 千字
版次	2020 年 11 月第 1 版
印次	2020 年 11 月第 1 次印刷
定价	72.00 元

厦门大学出版社
微信二维码

厦门大学出版社
微博二维码

总 序

　　我出生在湖南沅陵县的一个小乡镇——麻溪铺。金庸在他的小说《连城诀》里就提到麻溪铺这个地名。前几年还有一部《血色湘西》的电视连续剧，很火，故事描述的主要发生地就在麻溪铺，惹得很多人想去麻溪铺一游。而我就出生在麻溪铺的一条老街窨子屋里，在麻溪铺生活了十三年。麻溪铺除了美丽的自然风光外，这里历来是沅水支流荔溪、舒溪、杨溪"三溪"的政治、经济、文化中心，也是滇黔古驿道的要地，其镇名就来源于古驿道所设的驿、塘、铺中的铺，尤为值得一提的，这里还是湖南"乡话人"的核心聚居区。民国《沅陵县志》上说："乡话，聱牙佶屈，不知其所自始，大约当时土人所遗传至于今者也。"

一

　　沅陵的历史十分悠久，文化底蕴非常深厚，夸父山、黔中郡遗址、二酉藏书洞、壶头山、龙兴讲寺等，说明从先秦开始，这里就比较有文化内涵。但"文化需要不断地被发现"，当一个人走出自己生长的文化氛围，跳出固有的文化藩篱束缚时，才可能具备一种包含有深邃洞察力的"他者的眼光"。确实，虽然我生长在沅水边，也在那里工作多年，对她的感情很深，也曾无数次感受她的美丽和壮阔，领略她的博大与精深，但真正走进这条出现在屈原、王昌龄、刘禹锡的诗歌里，出现在沈从文的散文和黄永玉的画作里，有着数千年文明的古老河流，并开始探寻她丰厚的历史文化内涵，还是在 2000 年以后。

　　我于 1996 年调进怀化师专（现在的怀化学院），之前在中学工作虽然很辛苦，却没有什么"科研"压力。之后，最压头的莫过于"科研"了，不知"科研"从何做起。1999年，有机会到我母校湖南师范大学师从郭汉民先生学习，经郭先生的点拨，我对科研终于有了些许感悟，可还是迷惘没有明确的研究方向。直到2000年秋，一位高中挚友和我津津有味地聊起家乡的"还傩愿"以及上刀山、下火海、踩火犁、下油锅、滚刺床等神功绝技，建议我做些这方面研究，对外推介家乡的民间文化。就这样，我开始关注家乡的巫傩文化，并着手进行一些田野调查，搜集相关研究资料。接下来，我先后完成了湖南省教育厅立项资助的"沅陵傩文化的旅游开发战略研究"、湖南省科技厅批准的"大湘西傩文化的旅游经济开发研究"和湖南省社科联立项的"沅陵盘古文化研究"，并在《广西民族学院学报》、《贵州民族研究》、《求索》、《湖南社会科学》、《船山学刊》等刊物上发表了一系列有关傩与盘古文化方面的论文，逐渐形成了研究沅水文化的学术追求。

二

我对沅水文化有一个认识的过程。湖南境内沅水流域的几个高校，吉首大学、怀化学院还有湖南文理学院等，都在关注沅水文化的相关研究，成果挺多的，提得最多的是"五溪文化"。而"五溪"实际上是沅水的五条主要支流：有雄溪（今巫水）、横溪（今渠水）、潕溪（今潕水）、酉溪（今酉水）、辰溪（今辰水）之说；亦有酉溪、辰溪、巫溪（今巫水）、武溪（武水）、淑溪（溆水）之说。吉首大学在2000—2003年还推出了一套"五溪文化丛书"。我在怀化学院工作时，同样也没有"沅水文化"这种意识。2007年，我调到三峡大学武陵民族研究院之后，对武陵民族地区的几条主要河流乌江、清江、澧水、沅水进行了一些考察，特别是在对乌江、清江、澧水的文化事象有了比较多的了解和认识后，反观沅水，更感到这条自古以来就滚动着这块土地的人流、智流、物流和商流，记录着这里的兴衰、沉浮和希望的河流，其文化底蕴之深厚，文化事象之多彩，文化互动、磨合、整合和融合之突出，是一个完整的文化载体。所以，我觉得应该立足于沅水这个大动脉而不是她的支流，需要对整个沅水流域的文化进行全面系统的调查与研究，梳理、分析整个沅水流域的文化特征，在对沅水文化有一个整体认知的基础上，再对沅水文化在武陵山片区乃至中华民族文化中的定位进行认真的考量，这样才有利于发挥文化在当下社会的"软实力"，推动整个沅水流域的经济发展与社会进步。而我，对于生于斯长于斯的沅水总有一种迷恋，始终有一种割舍不掉的眷念，自己有责任，有义务去发掘和弘扬沅水文化。

三

沅水又称沅江，有南、北二源。南源龙头江发源于贵州贵定县的苗岭斗篷山南麓，北源重安江发源于贵州麻江县平越间大山。两源在凯里市旁海镇岔口汇合后称清水江，至銮山入湖南省芷江县，东流至洪江市托口镇与渠水会合后始称沅水。沅水有大小支流1400多条，主要支流有渠水、潕水、巫水、溆水、辰水、武水、酉水等，干流自河源至注入洞庭湖全长1033公里，流域南北长而东西窄，略呈自西南斜向东北的矩形，总流域面积89163平方公里，其中湖南省占57.3％，贵州省占34.1％，重庆和湖北共占8.6％。流域覆盖湘黔鄂渝4省60个县（市、区），即湖南省怀化市、湘西土家族苗族自治州和常德市的汉寿县、鼎城区、武陵区以及邵阳市的城步苗族自治县、绥宁县，湖北省恩施土家族苗族自治州的宣恩县、来凤县、咸丰县，重庆市的酉阳县、秀山县，黔东南苗族侗族自治州，黔南布依族苗族自治州的福泉市、贵定县和都匀市。沅水流域是一个以汉族、苗族、侗族、土家族为主体，瑶族、布依族、白族、水族、回族、维吾尔族等30多个民族聚居的多民族地区。据2010年第六次全国人口普查统计数据，沅水流域总人口约2132万人，少数民族人口约1062.39万人，除常德市沅水片和怀化市外，沅水流域其他地区的少数民族人口均占该地区50％以上。

从历史上看，沅水流域历为"武陵蛮"、"五溪蛮"等众多族群的活动之地，自古就是各种文化的交汇点；从战略地位看，这里是进入大西南的通道，历来就是政治家、军事家争夺的战略要地；从现实看，这里是中西结合部的衔接地带，处于西部大开发的最前沿和中部崛起的西沿，沅水流域的大部分县（市、区）都被纳入2011年11月国家批准的"武陵山片区区域发展与扶贫攻坚试点"范围。那么，聚焦于沅水流域的民族文化的系统调查、梳理和研究，显然是具有重要的现实意义和学术价值的。

首先，有助于我们正确认识沅水流域民族文化在中华民族文化体系中的地位和作用。沅水是费孝通先生提出的"武陵民族走廊"中的一条极其重要的民族通道。1991年费孝通先生考察武陵山区之后，在他的《武陵行》考察报告中指出："这个山区在历史巨浪不断冲击下，实际上早已不再是个偏僻的世外桃源了，已成为从云贵高原向江汉平原开放的通道。这条多民族接触交流的走廊，一方面由于特殊的地貌还保持了各时期积淀的居民和他们原来的民族特点，另一方面又由于人口流动和融合，成了不同时期入山定居移民的一个民族熔炉。"以沅水、澧水、乌江、清江等大河辅以数千计的溪流为通道网络的武陵民族走廊，在民族迁徙、融合过程中的作用非常明显，也因此积淀了丰富多彩的民族文化，是我国少有的文化沉积带，也是我国多元文化互动最具典型性的地方之一。而沅水恰恰是武陵民族走廊的腹心通道，因为在历史上，由中原进入大西南，或从洞庭湖沿沅水及其支流溯源而上，或从长江及其支流清江、乌江进入。与乌江和清江相比，沅水及其支流，因其自身的地理区位，更是秦汉两千多年以来民族通道的枢纽、东西南北族群的交汇点。这里自古活动着三苗、百濮、百越、巴人等许多族群，至今仍然生活着土家、苗、侗、瑶、白、回、汉等多个民族。众多族群在这条通道上停留、迁徙，繁衍生息，创造了悠久的历史和丰富多彩的民族文化。这里是"文化的磨坊"，文化互动、磨合、整合和融合十分突出，是中华民族多元一体文化最具典型的地带之一。所以，沅水民族文化是中华民族文化非常重要的组成部分，在秦汉以来中华民族从多元走向一体的过程中，沅水民族文化占有重要的地位。

其次，有助于全面了解、把握沅水民族文化的内容、生成机制和文化特征等，也有利于在大力弘扬沅水优秀传统文化的过程中，赋予民族文化新的时代内涵，在和谐社会的构建中实现其应有的社会价值和功能。沅水流域民族文化资源十分丰富，文化结构相当复杂，"多样、多彩、多元"是其典型特征，但学术界对其定性以及在中华民族文化中的定位明显存在不足。因此在摸清家底的基础上，对沅水民族文化的特质进行一些理性探讨，有助于我们以高度的文化自觉、文化自信投入中国正在展开的文化大建设、大发展、大繁荣之中。

再次，在挖掘、抢救、保护沅水流域民族民间文化的过程，对于保护沅水流域民族文化的多样性，保护和传承各种非物质文化遗产，提高沅水流域各民族人民的素质，具有重要的现实意义。沅水流域历史悠久，是一个集汉、侗、苗、土家、瑶、白、维吾尔族等多民族交汇错居之地，各民族在这里创造并保存了丰富多彩的文化，是民族民间文化最为富集的地方。对该区域民族民间文化的挖掘和抢救、保护和传承、开发与利用，可进一步推动民族民间文化在经济社会发展中发挥的积极作用。

最后，有利于更好地对外宣传沅水流域的民族文化，为当地经济社会发展和决策提供相应的智力支持。民族文化资源是区域经济建设和社会发展的深层资源，而且是可持续的可再开发资源。沅水流域由于历史和自然的原因,长期处于滞后的发展状态,系统梳理沅水民族文化事象,深入挖掘沅水民族文化底蕴,不仅可为沅水区域社会经济发展战略目标的制定提供一定的参考,而且可以提升沅水区域社会经济的"软实力",从而为推进武陵山片区区域发展与扶贫攻坚试点提供支撑。

四

沅水流域文化的厚集性、多元性、多样性,已引起诸多高校学者的关注,聚集了一大批热心于民族文化遗产挖掘、抢救与保护的本土学者,他们对于沅水流域的和平文化、巫傩文化、盘古文化、槃瓠文化以及土家族、侗族、苗族、瑶族、维吾尔族等少数民族文化进行了大量资料的搜集整理和相关研究,形成了较为丰硕的成果。然而,对于沅水文化,却极少从整体性加以关注。对于交错杂居、共同生活在沅水流域的苗族、土家族、侗族等民族来说,一方面是族群认同的"边界"比较鲜明,在文化上你有你的,我有我的;另一方面更多的是长期互相交往,相互影响,我中有你,你中有我,形成了诸多相似的共同特征。尤其是现代社会,信息非常开放,交通非常发达,造成民族之间的交流、融合更甚,很多现象很多东西还能不能简单归属于哪一个单一民族呢? 显然,硬是要把文化切割成这个民族,那个民族的,把文化标签任意贴在某个民族上,那是相当困难的,从某种程度上讲,研究的科学性也存在一定问题。而如果从流域来研究的话,却更能反映文化的一种整体性,它的科学性就更强。

整体性原则是人类学当中最基本的一个理论。对于流域文化研究,同样需要从整体论出发,立足于沅水这个大动脉,对沅水文化有一个整体认知基础,再来考量沅水文化在武陵山片区乃至中华民族文化中的定位。正如著名学者徐杰舜先生所说:"对于流域文化研究,我不太赞成碎片化的研究,分裂式、段落式的研究,没有整体观,这样很难把握学术的脉络、学术的价值。不要仅仅站在沅水文化的层面去看沅水文化的价值,而是要跳出来,要从中华民族的层面去研究。它的意义就不是一般的意义,它是中华民族多元一体格局的个案,一个范例。"那么,如何凸现沅水文化研究价值的学术主线呢? 徐杰舜先生曾与我有过探讨,我们认为对沅水文化的研究,主要应从三个维度,即国家建构的维度、原始住民开发的维度和移民传播的维度去思考,也就是把握国家、原始住民、移民这三条线。

第一条线就是国家这条线,从历史的纵深去看,中国的历史是一个不断深发展的历史，而中国的国家建构的历史是没有中断的，这个建构的过程就是历代的中央王朝、历代的统治者是如何不断扩大疆域的，这条线在沅水最早可以追溯到楚国。楚国不断向南扩张，开地五千米，在沅水设立了黔中郡。秦始皇还没有统一中国时就有黔中郡，那就说明国家的手已经伸到这里来了。在中国历史的构建过程当中，沅水很早就进入了中国统一的版图当中。对国家这只手仔细分析，可以看到国家这只手是怎么在湘西，怎么在沅水不断扩大自己的力量的，国家机器如何伸到南方，如何向南方发展，向西南发展的。沅水，对于巩固西南边疆和开通具有重大的作用。但是为什么它长期以来还是处于边缘地带？这是值得反思的一个问题。

第二条线就是原始住民，沅水流域的原始住民是怎么样在这里开发的。沅水流域有各式各样的生产生活方式，有多姿多彩的文化生态样本，"多样、多彩、多元"是其典型特征。原始住民在沅水的生存机制、生态策略以及对沅水的开发与贡献，很值得大书特书。

第三条线就是移民，不仅有汉族的移民还有其他少数民族的移民，如白族、维吾尔族等。特别是这个地方的汉族移民是比较复杂的。在这个过程中，沅水这个通道非常重要，从楚国庄蹻沿沅水入云贵开始，沅水就是内地汉民进入大西南的主要通道。我们现在在贵州还可以看到因大量的屯兵留下来的汉族住民，如"屯堡人"、"隆里人"。随着汉族的大量移入，汉族与其他民族数百年在文化上的相互借鉴、相互学习、相互交流、相互影响，促进了民族间的融合，也造就了丰富多彩的文化事象。从这点出发，我们研究少数民族需要同时考察他们与汉族之间的关系互动。

五

河流是人类文明的摇篮。沅水，是长江第三大支流，也是洞庭湖水系中最长的河流，这条从贵州大山发源的大河，一路向东奔腾不息，穿越雪峰山脉和武陵山脉，入洞庭，汇长江。从行政区划来看，沅水流域地处现代的湖南西部、贵州东南部及重庆东南和湖北西南的一小部分，这里又是苗族、侗族、土家族、瑶族等多民族的摇篮，各族先民在这里繁衍生息，共同创造了光辉灿烂的文明。

所以，对沅水这样一个范围广泛、跨省域的文化进行研究，是一项长期而艰巨的系统工程，既要把握整体性问题，有一个整体研究架构，也要考虑它的现实操作性问题，得有计划分步骤来实施，需要多方共同参与。湖南省民委一直高度重视民族文化研究和建设,将沅水流域民族文化研究纳入其民族研究工作的重要内容,并予以立项支持。三峡大学、怀化学院、吉首大学、湖南文理学院、凯里学院、邵阳学院、铜仁学院等高校学者以及许多本土学者,也都积极投身于搜集、整理与研究沅水文化工作中来。我们相信,以中华民族认同和中华文化认同为主题,广泛发动沅水流域各方力量,从历史、现实与未来相统一的整体论出发,梳理沅水流域多姿多彩的民族文化,挖掘沅水民族文化深厚的历史底蕴,推出一批在研究和宣传沅水民族文化方面的系列成果,将推动沅水文化走出湘西,走出湖南,走向中国,走向世界,从而夯实武陵山片区经济社会发展的软实力,为凝聚中华民族精神,弘扬中华民族文化,增进中华民族认同,振兴中华民族做出贡献。

刘冰清

2018 年 3 月 9 日

目　录

导　言

　　苗族历史悠久，迁徙频繁，是中国少数民族中内含"亚族群"最多的一个民族。历史上对苗族支系记载最为详细的是清代典籍。据统计，田雯《黔书》记有"苗"30种，爱必达《黔南识略》记有"苗"63种，罗绕曲《黔南职方纪略》记有"苗"52种，李宗《黔记》记有"苗"82种，《苗蛮图册》有"苗"图82种。如《黔南职方纪略》卷九《苗蛮》记载："苗各以衣服别其种类，于是有白苗、花苗、青苗、黑苗、红苗。花苗之别种，有喇巴苗；青苗之别种，有青头苗；红苗之别种，有红头苗；黑苗之别种，有高坡苗、山苗。"民国时期，特别是抗日战争时期，大批人类学、社会学家随大学迁入西南地区，开始了对西南少数民族的深入研究。其中对苗族研究比较系统，不单涉及其服饰、习俗描述，且已深入苗族社会结构、婚姻家庭、语言、宗教、民俗、体质以及相关文化现象的层面。留下有价值的论著的知名学者有吴泽霖、凌纯声、芮逸夫、陈国钧、刘锡蕃、罗荣宗、盛襄子、林名均以及苗族学者杨汉先、梁聚五、石启贵等。其中以吴泽霖、陈国钧主编的《贵州苗夷社会研究》、凌纯声和芮逸夫的《湘西苗族调查报告》等书影响较大。此外，值得一提的还有日本鸟居龙藏的《苗族调查报告》。该书大量引用典籍的同时，主要运用了体质人类学、语言学方法，对苗族地区进行实地调查，调查范围自湖南湘西，经贵州至云南弥勒、武定等处，几乎横贯了整个苗族居住区域，获得了宝贵的体质、语言和民俗方面的材料，对苗族的名称区别及其地理分布与神话、苗族的体质、苗族的语言、苗族的土俗、苗族的花纹、苗族的铜鼓等进行了比较全面的记录和研究。可以说，民国时期的学者在苗族与非苗族群体方面的类分研究方面，基本上廓清了苗族主体文化与其他民族文化的界限，为苗族的微观研究，也为苗族内部的亚族群研究奠定了良好的基础。

草苗即是苗族的一个特殊支系，有自己的历史和风俗习俗，有自己的聚居区。他们讲侗话唱汉歌，心理认同为苗族。但长期以来，这个苗族支系鲜为人知，也未引起学界的广泛关注。因此，对于草苗的研究成果相对较少。截至2016年，据知网统计的研究成果不到20篇，主要有朱慧珍、苏甲宗、石林、罗康隆、李辉、张斌、李辉、胡林蔓、林晨等人对其加以研究，涉及草苗族群的历史渊源、语言、婚姻、生育文化、丧葬习俗等方面。这些研究虽然给我们提供了草苗族群的诸多信息，却难以给出草苗族群整体的面貌。草苗到底是一个怎样的族群？草苗有哪些历史记忆和生活习俗？它长期与侗族杂居，语言和文化上都受到了侗族文化的影响，又是如何保持自己的文化边界的？为了对草苗有较为完整的认识与了解，无疑选择一个草苗村寨进行深入的田野调查是最行之有效的办法。通过了解和掌握田野点的地理以及生态环境、人口与经济、组织结构等基本情况，收集当地族谱与家谱、迁移史等民间文献、口传资料，参与到草苗族群的劳动、民俗活动中，近距离地观察和获得草苗族群生活的第一手资料。在此基础上，才能较为系统、详细地描述草苗。

为了选择合适的田野点，我们先专程去拜访了怀化市民委石佳能先生。他很热情地接待了我们，并建议我们在三省坡一带选点。三省坡在湖南省、贵州省、广西壮族自治区交界处，因地处三省而得名。坡的西面为贵州省黎平县洪州镇六爽村，东面为湖南通道县独坡乡，南面为广西三江侗族自治县独峒乡。三省坡地区是侗族聚居的区域，整个区域集中了侗族人口的近三分之一，是侗族文化保存得最多、最完整和最具民族特色的地区，而草苗则散居其中，往往一个草苗村寨，四周环绕的都是侗族村寨，因此这些草苗村寨就似一个个民族孤岛，很有研究旨趣，无疑是考察草苗族群的一个极佳之地。

我们采纳了他的建议，他又帮我们联系了通道侗族自治县民宗局的林良斌先生、史志办的吴文志先生，在林、吴二位先生的帮助下，我们的田野点便确定在通道侗族自治县的大高坪苗族乡大高坪村。大高坪苗族乡位于通道侗族自治县西部，乡境内苗族人口占95.3%，又分为花苗和草苗两个支系。草苗主要居住在大高坪村和龙寨塘村。大高坪村位于大高坪苗族乡西南部，毗邻乡政府驻地。在进入田野点大高坪村前，我们收集了草苗研究的相关成果，这对于我们认识和理解草苗这个族群自然是大有裨益的。

草苗是谁？有学者认为"草苗是苗族的一个支系。草苗自称为 mjiu^{45}

（直译苗草），与侗族对其的称呼相同。草苗的一个显著特点就是'说侗话唱汉歌'"①；"草苗是一个居住在贵州、湖南、广西三省交界处，且主要与侗族杂居的族群"。②《中国少数民族史大辞典》对草苗的定义则更为详实：草苗是"苗族之俗称。流行于广西三江、龙胜等地。与老苗为不同支系。男束发，女挽髻，男衣左衽，女衣对襟，短裙，赤足。头饰银簪、项圈等。妇女用兜肚，与黑苗同，讲黔东方言。相传与老苗移入广西时间不同，晚于老苗"。③ 此处定义的草苗，虽是以广西三江、龙胜等地为地域参照来说的，而我们所在的田野点大高坪乡大高坪村地处湘黔桂交界的三省坡，境内的草苗与黔桂两地的草苗互通往来，因此该"草苗"定义，我们是予以认同的。

　　"草苗"名出何处？对于草苗的由来众说纷纭，莫衷一是。如有学者认为草苗"约明朝时由洞庭湖、鄱阳湖一带迁来，起初先到贵州，后因族氏繁衍，有部分转移到广西，古时叫令（侗音）。三江的草苗以前不承认是侗，也不是老苗，自称膠央（侗语），即苗草，汉语叫草苗"。④ 又有学者提出："关于'草苗'族称的来历，古代、近代有关记录苗族的书均未见记载，连'草苗'一词也未见提起，草苗族谱中也只说'苗族'，没有说'草苗'。关于'草苗'的来历，民间有几种说法：有人认为草苗生活在杂草丛生的半山腰，不像老苗生活在大森林环抱之中，故称'草苗'；另一说认为在三江等地还有另一支更为古老的苗族的直接后裔——'黑苗'，人们称这支苗族为'老苗'，即历史悠久之意，而草苗则是在几百年前由汉族演变而来，为了与'老苗'区别，人们便称这支后起的苗族为'草苗'；第三种说法认为与草苗的丧葬仪式有关。据三江县布代村村民反映，说该村龙甫建宝家有一本记载草苗来历的书，书上说有两父子（龙姓）从外地迁来，到半山上父亲去世，儿子没有什么戴孝，便以草束腰表示哀悼，故称这个迁来的民族为'草苗'。此书已在火灾中焚毁，无从证实其虚实。现在草苗群众丧葬时，多以麻或棉线束腰。"⑤ 简言之，以

---

①　石林、罗康隆：《草苗的通婚圈和阶层婚》，《广西民族大学学报》2006 年第 6 期，第 43 页。

②　曾雪飞：《草苗情歌的田野考察——以贵州省黎平县洪州镇归坌情歌为例》，《黄钟（中国·武汉音乐学院学报）》2013 年第 3 期，第 91 页。

③　高文德主编：《中国少数民族史大辞典》，长春：吉林教育出版社，1995 年，第 1599 页。

④　苏甲宗：《广西三江草苗二声部民歌》，《中央民族学院学报》1987 年第 5 期，第 93 页。

⑤　朱慧珍：《草苗历史与风俗考析》，《广西民族学院学报》1998 年第 1 期，第 49 页。

上对于草苗族称的来源的不同说法,一是草苗的"草"字是因居住在高山青草处,二是为了区别于"老苗"而改为草苗的,三是以草束腰戴孝而被称为草苗。

而我们在大高坪村进行田野调查时,曾经询问当地村民"草苗"这个名字有何渊源,为什么他们自称是"草苗"。得到的答案并不一致,实际上几乎没人能够确定这个族称的来源,说法也各有不同,归纳起来有以下几种:第一种是因地得名。有些村民猜测这个名字和他们的住地有关。以前草苗多居于高山,海拔较高,寨子就建在生满长长的野草的山坡上,所以他们把住在这种环境里的自己称为"草苗"。一位当地已经毕业的本科生在闲谈中猜测,或许是因为以前的草苗生活在"草线"此处所谓"草线",实指山地苔藓矮林带与常绿、落叶阔叶混交林分隔地带,大意就是指草甸带与林木带的交界处。以上的山地区域,所以才自称为"草苗"。二是因衣得名。草苗衣着尚黑,所以有的村民说他们还可以叫做"黑衣苗",一身黑衣成为草苗的鲜明特色。苗服通常都是由本族妇女自己制作的,从种植棉花到制成成衣,皆一手包办。作"黑衣"要用"黑布",染"黑布"所用的染剂,是由草苗妇女亲手采摘的各种野草和染料做成的,正因为这身鲜明的"草苗黑"来自"草",所以他们便自称为"草苗"。第三种是由迁徙的历史得名。有的村民认为"草苗"是苗族的一个支系,苗族的祖先自古以来因外族的欺压常常迁徙,"草苗"这一支的祖先由于迁徙频繁,且总是被迫迁住在高坡上,感觉就像是没有根的草一样,所以以此情境为自称,就叫自己是"草苗"。无论哪一种,这三个说法都是大高坪当地村民的意见,但是关于族称的来源并没有形成一个共识,也没有人考证"草苗"自称的来龙去脉到底如何。再者,由于大高坪的草苗先祖是从别的地方迁移至此,即大高坪其实并非草苗的发祥地,所以也不得不考虑到有可能是日久年深,关于自称的信息与故事已经淹没在历史中,后辈们早已说不清楚了。

尽管如此,我们通过大高坪村的草苗人都称自己为"草苗",而周围村寨的人们对草苗的称呼也是"草苗"来看,"草苗"这个族称已然是草苗人的族群标记,标识着草苗与其他民族是不相同的,是草苗人族群意识的反映,也是他们共同的记忆符号,彰显着草苗内部的凝聚力。

草苗从哪而来?目前代表性的观点有四:

其一,有学者提出:"草苗本属蚩尤后裔,九黎部族……涿鹿之战,黄帝擒杀蚩尤,(蚩尤)溃败,一支逃往西南夷(今川、滇、黔等省),一支逃往洞庭,在后混称为五溪蛮,隋唐后又转移而西耳。……后经川、滇而到黔。今贵州省草苗聚居点黎平县洪州乡三团村(寨名归垒),是草苗的祖宗最早定居之处。"① 也就是说,草苗本就是苗族后裔,远祖为蚩尤,贵州黎平为草苗发祥地。

其二,有学者指出:"据《草苗根基通志》记载:'草苗族祖居贵州黎平上洞平房屋,时数十户,人口五十余。'又载:'宋己巳年间山外乱事,汉系自外进山迁平房屋,从此苗汉杂居,后始嫁聚,户达数十者,人丁二百余,皆苗也。'由此可见,草苗祖先原为汉族,大约在宋末,由于山外混乱,迁居贵州黎平上洞平房屋,与苗杂居,逐渐演变为苗族……吴姓宗支簿写道:'昔我吴戍一支,始住江西泰和县鹅甲大发迹之源,自宋太祖平一海宇,我吴戍祖从楚南出贵州至潭亮二江及庄皇大段家焉。镇安数代,又遇变世不安,迁居五开五脑寨立基安住,昔贵州之地,及明朝朱太祖洪武二年(1369 年)诏告,即委派一抚带领雄兵数万至五脑寨扎住,筑城立府,号黎平府,扰乱多端,我祖见事不偕,难受其苦,有之移居五开家焉,有之转下同古八竹坪家焉,今号地潭溪司也。及明末万历年间,我有二太祖公名叫悦(读)楼字讳央朝(明),自慕苗村出身,二祖公各务生涯,又移居黄白家焉,央明公自黄白屯移居黄白艺住焉,央朝公自黄白屯又移居高宇家焉。'"② 即言草苗实是由汉族演变而来,贵州黎平是汉苗杂居从而形成草苗的摇篮。

其三,有学者指出:"关于草苗迁到现居住地的时间:黎平草苗迁到洪州的时间已有十六代,大约在明万历年间,即公元 1605 年左右;三江草苗迁到高宇、其马的时间大约在 17 世纪 40 年代(1640—1649),即明末清初之间;通道草苗迁入大高坪的时间在清顺治年间(1644—1661)。这就是说三省草苗迁到现居住地的时间大约在 1605—1649 年间,即在明末清初陆续迁入的。……三省草苗都是从湖南靖州迁去的,各地草苗家谱和民间口传都如此认为。草苗的一大特点就是'说侗话唱汉歌',也可从其语言方面能证实其是从靖州来的。草苗的一部分词汇与北侗的锦屏秀洞(与靖州三秋相邻)

---

① 苏甲宗:《广西三江草苗二声部民歌》,《中央民族学院学报》1987 年第 5 期,第 93 页。

② 朱慧珍:《草苗历史与风俗考析》,《广西民族学院学报》1998 年第 1 期,第 48 页。高宇,即今广西三江县独峒乡高宇村,这是草苗在三江的发源地,三江其他村寨的草苗均由此迁去。

相同，而与南侗的通道、三江侗语不同。"[1]即认为现居于三省坡的草苗在明末清初从湖南靖州苗族侗族三秋一带迁来。

其四，有学者从遗传和体质分析草苗的起源，认为"草苗的父系祖先应该来自汉族；而母系成分最早一段时期可能来自苗族，使其心理上认同为苗族；后来由于处于侗族的优势分布区中，不断与侗族交流，又吸收了侗族的遗传结构并接受了侗语"；"苗族和侗族应是不同过程融入草苗的"。[2] 此外，对于草苗的来源，民间还有人仅仅依据草苗女性服装（着长衣，衣服宽大，衣领只留指宽的短领，镶红、白、蓝、黑布条，右开襟，衣长盖过臀部至大腿中部）特点推论草苗是蒙古族后裔，这种说法显然依据不足。

从目前学界已有观点，对于草苗的族源，归纳起来其实就是两种：一是草苗本源于苗族；二是草苗本源于汉族。但都一致认为草苗是迁徙到现居地的，草苗族群是在不断地迁移与融合中形成的。其摇篮地或以为贵州黎平，或以为湖南靖州。尽管其发源与由来不能完全统一，但不管其族源的历史真相如何，都印证着中国历史上的民族群体的交往交流交融的频繁与密切。

草苗如今如何分布？有多少人？

至迟在 20 世纪 80 年代末，草苗这个族群已经进入了当代学者的视野中，但似乎并未引起轰轰烈烈的学术热潮。学者苏甲宗对草苗的情况做了基本的了解："草苗主要居住在湘桂黔三省区交界处，贵州省黎平县的水口、龙额、中潮、洪州四个乡；湖南省通道县的鄱阳乡；靖县的横江桥乡；广西三江县的同乐、独岗、八江乡，是他们的聚居地，总人口约五六万，其中贵州二万多，湖南一万多，广西三江县一万多……"[3]

到了 20 世纪 90 年代末，学者朱慧珍对草苗的历史与风俗进行了更为具体的研究，并且将当时草苗的人口情况也简要地进行了叙述："草苗总人口八万多人，分布在湖南通道、贵州黎平、广西三江三省交界地区。在广西三江人口 4540 户，23000 多人，占三江苗族人口 45％左右。三江县境内的草

① 石林、罗康隆：《草苗的通婚圈和阶层婚》，《广西民族大学学报（哲学社会科学版）》，2006 年第 6 期。

② 李辉、李昕等：《遗传和体质分析草苗的起源》，《复旦学报（自然科学版）》，2003 年第 4 期，第 622 页、628 页。

③ 苏甲宗：《广西三江草苗二声部民歌》，《中央民族学院学报》1987 年第 5 期，第 93 页。

苗分布在林溪乡的牙己，八江乡的归内、衡水、布代、布田、布糯、岑牛，独峒乡的玉马、牙哥、上高亚、高宇，同乐乡的归约、归车、归亚、八洞、交打、美孝、上良同、平宽、培秀、雅邑、平乡甲、基打、甫打、岑培，洋溪乡的安马、白岩、岑夜、奴图、岑登，良口乡的归斗、良柳、两同、寨沙、布照等四十多个村寨。聚族而居，每村少则几十户，多则上百户。草苗村寨周围几乎全是侗族聚居区，在语言上、习俗上，草苗明显受到侗族影响，但草苗绝不与侗族杂居，1949 年前也不与侗族通婚。……草苗住高山之上，交通不便，经济不发达，文化发展缓慢，读书人不多，中老年妇女多不识字，不会讲汉话。1949 年后，尤其改革开放以来，经济文化生活有较大提高。讲侗话、唱汉歌，是草苗的一大特色……"[①]

进入 21 世纪，对于草苗，我们知道得更为详细。学者石林、罗康隆指出："草苗是一个山地民族。主要分布在湘黔桂交界的三省坡及其附近的山地上，即贵州省黎平县洪州乡的归垒、九蕨、塘冲、归欧等村寨，龙额乡的亚罕、归白、树果、万台等村寨，水口乡的坪善、塘华、岩湾、命江、塘培、傻罗、地钉等村寨，德顺乡的鸡窝、老寨等村寨，顺化乡的高泽、半江、归斗、富荣等村寨；从江县的 $te^{33} ke^{53}$，$leng^{55} ti^{55}$，$wang^{35} liang^{22}$ 等村寨；广西三江县独洞乡的其马、高宇、牙戈、高亚等村寨，林溪乡的牙已村，同乐乡的归亚、归美、归纳、归东、八洞、交打、美孝、上朗、培秀、雅邑、平香甲、基两、甫打、岑培、平宽等村寨，良口乡的归斗、良柳、两同、寨沙、布昭、布糯等村寨，八江乡的汾水、布代、归内、布田、黄柏、滩背等村寨，洋溪乡的安马、白岩、岑夜、奴图、岑登等 40 余个村寨；湖南省通道侗族自治县大高坪乡的大高坪、龙寨塘、田坝寨、下龙寨、龙冲寨、排楼寨、黄柏村、地了村，锅冲乡的锅冲村，独坡乡的孟冲村，牙屯堡镇的逊冲村等。草苗约有 65000 余人，其中黎平县约有 30000 人，三江县约有 23000 人，通道县约有 8000 人。……据说，草苗原先分为三个支系：内部苗（$kang^{31} kao^{31}$，60 苗、40 苗都属此）、中部苗（$kang^{31} ta^{53}$，花苗属此）、外部苗（$kang^{31} pak^{33}$）。"[②]在此基础上，石林等根据乡镇调查数据，对草苗人口数据进一步进行了修正，指出："草苗有 51067 人，其中黎平县有 13859 人，三江县有 31674 人，通道县有 4519 人，从江县有 1015 人。在三苗

　　①　朱慧珍：《草苗历史与风俗考析》，《广西民族学院学报》1998 年第 1 期，第 48 页。
　　②　石林、罗康隆：《草苗的通婚圈和阶层婚》，《广西民族大学学报》2006 年第 6 期，第 43、44 页。

中,60 苗有 47448 人,20 苗(花苗)有 5931 人,40 苗有 3619 人。黎平县有 60 苗、40 苗和花苗(20 苗);通道县有 60 苗和花苗,无 40 苗;三江县只有 60 苗,无花苗和 40 苗;从江县只有 40 苗,无 60 苗和花苗;靖州县只有花苗和外部苗,无 60 苗和 40 苗。五县中以三江的草苗人口为最多,其次为黎平,通道再次,从江最少;在三苗中,60 苗人口最多,花苗其次,40 苗最少。"[1]

可见,从 20 世纪 80 年代末到 21 世纪初的二十多年间,草苗总人口数从"约五六万"到"八万多",再到"65000 余人"、"51067 人"的数据表明,当今位于湘黔桂三省交界处的草苗,并没有再发生类似于整族迁徙这种大规模的人口流动现象,草苗人口一直以来也没有产生大起大落的剧烈变化,其数量一直保持在五万以上,十万以下的水平。同时从侧面说明草苗聚居的区域也并未发生大的改变。

有趣的是,草苗大多聚居于侗族地区,这使得侗族的影响始终客观存在于草苗的生活环境中,所以草苗必定在某种程度上将受到侗族的影响。一个族群区别于其他族群最显著的标志之一——语言,草苗"讲侗话,唱汉歌"的特点被津津乐道起来,学界纷纷指出当今草苗的语言与侗族的语言有不可分割的联系。苏甲宗提出:"草苗有自己的语言,属汉藏语系,壮侗语族,侗水语支。其语言接近侗族南部方言第三土语。"而石林、罗康隆通过研究则发现"草苗的一部分词汇与北侗的锦屏秀洞(与靖州三秋相邻)相同,而与南侗的通道、三江侗语不同。"他们认为"这一部分词汇是北部侗语留在草苗中的语言底层。"又"在语法方面,草苗话也留有北部侗语的语法底层,即人称代词的语序与北侗相同而与南侗相左。"从语言上我们不难看出,无论是草苗语相似于北侗语还是接近于南侗语,其"讲侗话"的这一特点确实存在,或许这与草苗在侗族地区生活有关。但是"说侗话"的草苗,却并未因这种影响而被同化成侗族。虽然生活在侗族地区,操着"侗话",但是他们并不与侗族杂居,而且基本上也绝对不与外族通婚。试想若是从明清时,草苗定居当地开始算起,草苗的人口应该会在岁月的流逝中发生改变,要么因与异族通婚使得草苗族群繁衍壮大,要么被异族同化使得草苗人数日渐减少,但这两种情况似乎并不存在。就当代的草苗人口数变化来看,从 20 世纪 80 年

---

① 石林、杨红梅、彭婧:《三省坡草苗的语言及其系属调查研究》,《贵州民族大学学报(哲学社会科学版)》2013 年第 1 期,第 90 页。

代末到 21 世纪初的二十多年间,草苗的人口变化仍然波澜不惊,这一切似乎都因为不与外族通婚所致,于是草苗的繁衍只能在族内进行,从而使得人口数量的变化像被施了平衡魔咒一般,维持着不痛不痒的变化水平。

综上所述,对于当今草苗,我们大致可以形成这么一个认识:草苗自称为"缪娘"($mjiu^{45} ŋaŋ^{55}$),当地侗族亦称其为"$mjiu^{45} ŋaŋ^{55}$"。他们集中分布于湘黔桂交界的三省坡,说类似于"侗语"的草苗话,唱着"汉歌",被称为"说侗话唱汉歌的苗族"。草苗女性的服饰独具一格,他们虽散居于侗族村寨的周围,却不与周围侗族通婚,内部有严格的通婚圈何阶层婚。有着强烈的族群自我认同。

显然以上对草苗的认识,对于我们走进田野提供了帮助。当然,也可能造成我们思维的某些定势。2011 年暑期,我们走进了通道侗族自治县大高坪乡大高坪村。在这里,我们进行了近两个月的田野作业。本书就是以"我"的视角,对大高坪村当地草苗社会生活进行的观察和记录。主要涉及自然环境、经济生产、生活习俗、社会组织、宗教信仰等内容。也许这种以"我"的视角的叙述与思考,带有一定的感情色彩,抑或由于语言问题、时间问题,抑或其他种种原因,使我们能搜集到的资料有限,让我们都没法对当地草苗文化进行相当准确的诠释。这似乎也情有可原,学者 D.狄阿斯认为民族志是"对于个别文化或一种文化的某些部分所作的记述行的研究",威尼克也认为民族志"是对于个别文化的研究……基本上是一种记述性、非解释(nonintepretive)的研究"。[①] 如此,对于草苗文化的书写,自然页难免有所遗漏。但无论如何,我们相信对一个草苗村落文化的书写总是有其意义的。

---

① 王海龙、何勇:《文化人类学历史导引》,上海:学林出版社,1992 年,第 54～55 页。

第一章
印象大高坪

　　大高坪苗族乡位于湖南怀化市通道侗族自治县西南部,距县城约 80 公里,东邻牙屯堡镇,南接独坡乡,西连播阳镇,北与县溪镇交界(图 1-1,图 1-2)。乡政府驻地大高坪村,全乡总面积为 41849 亩,其中耕地面积 2424 亩(水田面积 2304 亩,旱地面积 120 亩),林地面积 27231 亩。下辖 4 个行政村,分别是地了村、黄柏村、龙寨塘村和大高坪村,共 24 个村民小组,全乡人口 3759 人,其中苗族占 95.3%。[①]

一、地域环境

　　大高坪行政村位于通道侗族自治县西南部地区,全村总面积约为 10837.5 亩,其中耕地面积为 1134 亩(水田面积 1089 亩,旱地面积 45 亩),山林面积 9703.5 亩,全村 312 户,共有人口 1574 人[②]。其下辖 9 个村民小组。第 1 组、第 2 组、第 3 组这三个村组在一起,相互交错集中分布于大高山上的老寨子里,当地人常将这三个小组所在,称为大高坪或大高坡,苗语发音为 $\varsigma aih^{35}\int nu:^{55}$,即"高寨",高山上的寨子的意思。第 4 组位于下龙寨,我们进行调查时所住村组便是此地。第 5 组与第 9 组位于龙林,第 6 组位于两部桥,第 7 组位于排楼,第 8 组位于田坝。

----

　　① 数据由大高坪乡政府提供。市制土地面积单位,1 亩等于 10 分,约合 666.67 平方米。十五亩为一公顷。
　　② 数据来自大高坪乡政府计划生育办公室第六次全国人口普查统计资料。

图 1-1　大高坪苗族乡地图

资料来源:通道侗族自治县概况编写组:《通道侗族自治县概况》,北京:民族出版社,2008 年。

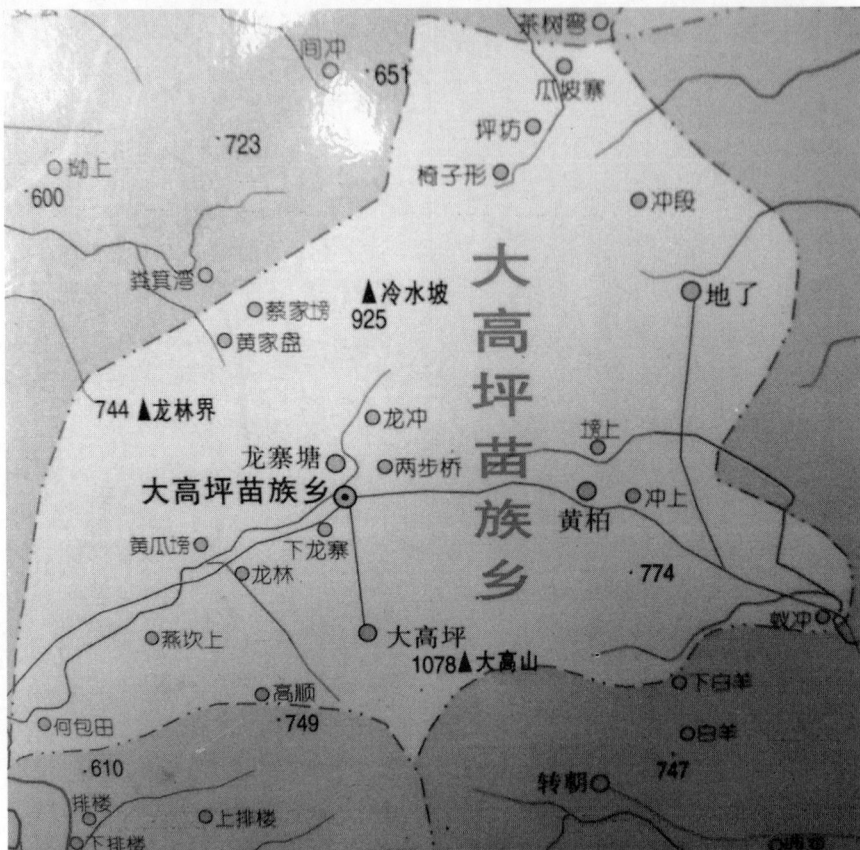

图 1-2　大高坪苗族乡地图

资料来源:大高坪乡政府提供。

　　关于大高坪行政村的地域范围,我们从当地吴氏族人新修订的《大高坪吴氏家谱》中找到了相关的记述:

　　大高坪立寨之后的三百年间,人口逐渐发展,生产逐渐改善,既自己开荒造田,又赚钱买田买地,从半山腰逐渐向四外发展。向左(坐山)发展到独坡边缘的本土山梁、排楼的上段,向右展到与黄柏的倒水界;向下发展到田坝以下与播阳上湘村界边,向上发展到大山顶,并翻过风口凹向背面山发展至与牙屯堡团头接界的平牙冲为界。向对面发展到

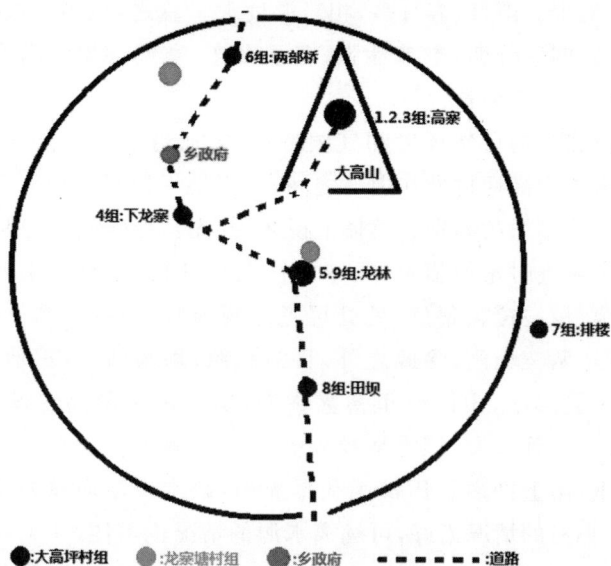

图 1-3　大高坪村组分布概况图

　　黄寨之冲、播阳界为界,对面上段至立子坡顶与播阳陈团、地了倒水界……①

　　此处所说的"大高坪",便是指大高坪行政村的地域范围。

　　大高坪村各村组之间距离不远,我们前去调查之时,山下村组之间已基本以水泥路相接。村组平面分布概况如图 1-3。

　　通道侗族自治县属亚热带季风湿润性气候区,受季风影响较大。夏无酷暑,冬少严寒。气温年较差小,日照差大。年平均气温为 16.3℃,年际变幅在 15.8℃～17℃之间。年均降水量 1480.7 毫米。月降水量大于 150 毫米的有 5 个月(4 月—8 月),占全年总降水量的 66％。年均蒸发量为 1172.6 毫米,年均相对湿度为 83％左右。由于境内降水日多,云雾多,加上受地形因素的制约,地处全国日照最少地带,年平均日照为 1400.3 小时,季节分配亦不均,春季尤为不足。日照百分比(实际日照时数与天文日照时数之比的百分率)为 31％。境内冬季盛行偏北风,造成干旱;夏季盛行偏南风,带来雨泽。年均无霜期 298 天。春温回升迟,秋温降得早。雨量季节分配不均,春

――――――――――――

　　①　吴通爱:《大高坪吴氏发祥地》,《大高坪吴氏家谱》,2010 年。

夏雨多，秋冬雨少。雨日、雾日多，相对湿度大。总之，境内气候的主要特点和变化规律是：四季分明，季节性强；春季多变，寒潮频繁。雨季较长，夏秋多旱；严寒期短，无霜期长。

大高坪苗族乡的自然环境和气候特点，与通道侗族自治县的总体环境相差不大。由于大高坪村处在山林之间，与当地平原丘陵地区的环境相比，或许会存在一些细微的差别。总体上说来，并无甚特殊或剧变的环境特点。

我们前去调查时正值盛夏，驱车前往大高坪村，一路上山环路绕，两旁山林郁郁葱葱，植被覆盖很好，处处可见绿树掩映，山青叶翠。但在这段调查期间，只下过两三场雨，除此之外，日头高照，均为晴天，田地因此多有龟裂。有几天清晨起来，山间寨里薄雾弥漫，田间地头游荡着丝丝缕缕的雾霭，着实迷人。这种清晨，等雾散掉就是一个大晴天。这个夏天，大高坪村旱情较为严重，山上许多稻田都因久旱无雨，缺水少泉而没办法灌溉；山下的田地，靠近小河的情况尚好，可远离水源的情况也不佳。

山下土地多开垦为农田，在山坳、山冲以及溪河干支流河谷地带，土地被利用起来，或种稻谷、糯米等粮食作物，或杂种一些瓜蔬（例如白瓜、冬瓜、白菜、茄子、辣椒等）、玉米、高粱和染料等，这些地段泥土应多为水稻土和菜园土等，养分较好，相对肥沃。山上较为平整的地块也多被利用，以种植各种瓜果蔬菜（例如白瓜、西瓜、黄瓜、番茄、辣椒、豆角等）、果树、油茶树、棉花等作物为主，也有开垦成水稻田进行灌溉的，只是难度较高，水源相较匮乏。这些地段的土壤多为养分逊色于山下稻田土和菜园土的红壤土，或少量黄壤土。山坡上基本以黄壤土为主，还间杂有红壤土，这些地方多种竹子和杉木。山下道路旁的山体岩石多为页岩，成板块状，层层叠叠如同书页一般，厚度不一，有些质地紧密，较为坚硬，有些质地松散，一掰就断或者粉碎。坚硬的"岩板"会被当地人利用起来，铺在泥地上，变成较平整的田间或山间小路，又或是建房时用来平整土方，加固地基等。

对于山里的大高坪草苗人，土地资源相对而言，不如平原丘陵等地带开阔丰富。因此必将山间坳里每一寸土地，都利用起来，或开垦，或种植，或掘塘养鱼，或平坡栽树，以求最大限度地利用这片山林中的土地，自力更生，耕耘收获，因为这可算是他们的主要衣食来源。然而想要利用这衣食来源苗壮生长，饶有所得，有一样又是万万不能少的，那就是水。但是水对于大高坪村来说，又不是丰富的。在村子里蜿蜒穿流，经过各个村组的这条小河，应是黄寨河的一条细小支流，属渠水，最后会汇入沅江，属于长江水系。关于这条溪水的名字,我们向当地人询问了多次,但最终也没有打听出来,索性先暂时将这段流经大高坪村的小河,称为"大高坪溪",以便后文叙述。

图 1-4　流经 4 组下龙寨村的"大高坪溪"

图 1-5　流经 8 组田坝的"大高坪溪"

图 1-6　郁郁葱葱的大高山

"大高坪溪"是大高坪6组、4组、5组、9组和8组（顺序按照溪流上下游依次排列）进行农田灌溉的主要水源，也是村民日常洗衣洗物的主要水源。据村里人说，以前的溪水比现在宽且深，而且水质也要好得多，清澈见底。依我们来看，这条溪水现在的水质也要比村外的那些大江大河好很多，至少肉眼看去，仍是水清有余，河底沙石尽收眼底，而且也常常看到细细长长的小鱼在水中游来游去。这条溪河水量不大，潺潺的流水要满足山下大高坪村五个村组以及龙寨塘村两个村组的水田灌溉，明显是供不应求，加上这年夏天雨水少，更是加剧了旱情。至于山间或山上的农田灌溉和生活用水，多是来自山涧的泉水和一些溪沟的流水，因此，山上的老寨子缺水情况更是比山下要严重得多。

又或许正因为这种"靠山吃山"的现实，使得草苗人对于保护森林，防止破坏水源，避免水土流失，不滥砍滥伐树木有种自觉。因为自己生于斯，长于斯，在自己的家乡，破坏无异于自毁家园，再加上如今各家各户分有自己的林地，各种各树，各管各木，与自身切实利益挂上了钩，大家就更为慎重地对待山上的树木。所以山中林木如今长势很好，满山遍野，郁郁葱葱。大高坪村的植被保护好，暂时也未引入会带来环境污染的工业，所以空气清新，水质清澈，林木覆盖率高。

二、苗寨风光

大高坪乡是通道侗族自治县的一个苗族乡。草苗迁徙至此，身处这片"侗族的山林"间，虽有自己的"林木"苍翠于大高山上，但或多或少会受到其他"树木"的影响，自然难免发生一些"入乡随俗"的情况。虽然苗、侗不是一个民族且各有村寨，但是通道侗族自治县政府对当地侗族村寨的分类，作为观察或解释的参考，这对我们了解身处侗族自治县中的苗族村落，亦应有些许帮助。

寨，即村落，既是一个行政单位，又是一个人口聚居的自然单位。通道侗族自治县的侗寨种类，归纳起来主要有平坝型、山麓型、山脊型和山谷型等四种。

平坝型侗寨的特点是地势相对平坦，地平线开阔，傍水而不依山，寨子被田坝围绕，布局合理，功能、设施完善，是最先形成的侗寨。寨子规模较大,少则 100 余户,多则 300~400 户。这类侗寨建筑物十分密集,但排列十分有序。

山麓型侗寨是指建在山脚处,即所谓依山傍水的村寨,它是侗寨的主要类型。其特点是背靠青山,面临溪水和稻田,规模在 100~200 户之间,平坝型寨子具有的功能,山麓型寨子都有,只是规模小而已。

山脊型侗寨是指建于高坡或半坡脊梁地带的村寨,大部分是因大村寨居住太拥挤而分居出来再建的寨子。这种类型的村寨,地势高,光照通风条件好,四周有相当的山地可供利用,发展家庭种植业。

山谷型侗寨亦称混合型侗寨。这种侗寨,既有山脊型侗寨的自然村,又有山麓型侗寨的自然村。其特点是:在一个深长的山谷里,分布着数个自然村组成一个行政村寨,有的建立于山梁上形成山脊型,有的建于山脚形成山麓型。自然村户数多为七八十户,少则二三十户。每个自然村又自成一个寨子。[①]

显然,大高坪村更倾向于所谓的山谷型聚落形态。大高坪村由 9 个村组组成,主要集中分布于大高山上以及大高山下的周边地区。每个村组即为一个自然村寨,因此,大高坪村的聚落形态可说是混合式的,但又不完全与上述侗寨类型相一致,更有其自身的特点。

进入大高坪村,8 组"田坝"的风光最先映入眼帘。盛夏里一切色泽都显得那么艳丽,更不用说在这远离城市喧嚣和工业污染的山村里,仿佛色彩都从万物的身体里满溢出来一般。公路旁的田野里,8 组新建的风雨桥[②]——祥福桥,就像大高坪村的门闩,守护着这条唯一能进入大高坪村的公路。风吹禾动,层层绿浪在稻田里四下蔓延,还能听见叶片之间窸窸窣窣的对话声。叫人意外的是,这阵阵禾风竟然没有暑意,凉飕飕的。公路两边渐渐出现民居,都是两层来高的木房子,但是看上去很大,像是吊脚楼,然而第一层却又砌了砖墙或钉了木墙。屋子周围或是道路的另一边,还有一些小木格间,有些是堆着茅草或是木柴的小仓库,有些则是农家的厕所。坐在车上沿路前行,向右望去就能够看到八组寨子的主体。整齐的黑色木屋呈现出古

---

① 通道侗族自治县概况编写组:《通道侗族自治县概况》,北京:民族出版社,2008 年,第 267~271 页。

② 风雨桥,又称"回龙桥"、"花桥",苗乡各地均有,但以湘西南和湘、桂、黔交界的苗族地区的石墩风雨桥最具特色。当地草苗亦有称其为"福桥"、"浮桥"的。伍新福著:《中国苗族通史》(下),贵阳:贵州民族出版社,1999 年,第 11 页。

旧的样子,错落有致地在矮坡上排成几行,四下是绿油油的田野,稍远处是低矮的山林,树木葱郁。公路边有条一两米宽窄的水泥小道,往里通向寨子,而实际上,这里道路两边已经满是民宅,而且还有在建的水泥房正在抓紧施工。公路旁有一座凉亭一样的建筑,这其实是一个巴士招呼站,平常村民就是在这等车,然后外出。8组寨子的身后,是一片更为宽阔的田地,就像一个巨大的绿波湖,禾苗随风荡漾,阳光时有时无地落在田间,你仿佛能听见田地里正飘出优美婉转的山歌。

图1-7 8组田坝一瞥

走过8组田坝,公路拐了一个小小的弯,便来到了大高坪村5组、9组所在地——龙林。

5组、9组也在大高坪村的主干道旁,实际上是主干道横穿过5组、9组,将5组、9组的一部分划分于道路一旁,这点与8组有些相似。如今靠近主干道的两边已经有许多新屋拔地而起,这些新房多使用砖瓦和水泥建起,多数房子则是底层用水泥,二三层为木质结构。从村主干道往5组、9组的村组主体走,要经过一座小小的水泥板桥,因为"大高坪溪"紧贴着村公路向下流去。过桥后是一间小卖部,随后是一条蜿蜒在田间的水泥小路,宽约一米左右。到了一个岔路口,向左是去往龙寨塘4组的路,往前和往右走就进入了5组、9组的村组主体范围。一条从大高坪山上流下来的溪水穿过寨子,一座木桥横跨上方,这便是平时5组、9组男女老少休闲聚集的主要公共场

图 1-8　5 组、9 组龙林一瞥

所。据说,原来这里木桥的前面设有寨门,后来荒废掉了。贴近龙寨塘 4 组
这边,5 组、9 组的民居沿溪河而建,一间贴着一间,溪水另一边的房屋则依
山势而建,排列整齐,也是一间不离一间。站在公路上一眼望去,这里的寨
子"依山傍田"。寨子的主体也由那些黑色而老旧的木屋民居组成,远远看
着,山便是"靠山"的样子,稳稳当当地立在了寨子的身后。寨前是一片不算
宽敞的田地,但是田地较为平整宽阔,划分出一块块不规则的图形。水田中
有棵高大的古树,不知承载了当地多少代人的阴凉。公路边的风雨桥略显
简陋,在桥的一头是堆小小的土包,土包上有粗壮的老树撒出一片叶冠,叶
密荫浓,枝干繁茂,据说这片荫翳下方是片已荒废的庵堂遗址。公路另一边
是正对着风雨桥的一口井。这桥,这井,是村民平常说笑解渴,聊天休息的
地方。在桥里树下乘凉,听桥下溪水汨汨,再到井里舀一瓢井水,想来夏天
是绝对离不开这份清闲,少不了这凉意的。沿着公路继续前进,两边不规则
的田地围绕着零零散散的房屋,有老木屋,也有新木屋,还有刚做好屋架子。
这些屋子第一层基本上都由砖石砌成,上层则改用木头。外墙再也不是黑
乎乎的老木头呈现出的旧色,而是锃黄的新木色彩。沿路直走一段,看到一
条通向大高山"高寨"的水泥路岔口,岔口边也建了几间新的小屋子,似乎有

人在屋里做着小生意。公路旁也有一个凉亭模样的巴士招呼站，不过堆满了各种水泥和沙石，应该是等通往山上的路修好之后才会启用。

过了这个岔路口，沿路下去，左边那一排不算浓密的杉树墙后便是4组下龙寨，右边则是大高山的山壁。乍一眼看上去，4组可称得上是"依山傍水"，村后倚靠着一座不算高大的小山林，村前流淌着"大高坪溪"，村寨两边则都是田地。

图 1-9　俯瞰 4 组下龙寨

这是村里距乡镇府最近的自然村组，其所在地离乡镇府不过五分钟的步行时间，交通便利，就在大高坪村的主干道旁。4组也没有寨门，从公路上下去是一小段斜坡，紧接着便是一座小小的水泥桥，这桥其实也就是几块水泥板加上一条充当栏杆的木头而已。桥边是一座凉亭，这是村寨里男女老少日常休闲聚集的公共场所。实际上现在的这座桥和凉亭都是后建的，老亭子在河流下游，离新凉亭约二三十米左右的地方，新建的原因是之前的一场洪水，将旧凉亭冲坏了。在一定程度上，这座桥和这座亭充当了寨门的作用。4组的民居也是依山势而建的，一座座木屋排列有序，有新屋有旧房，户与户之间相隔不远。组里当中的那条小路，就如中轴线般，将各家各户并连起来，更像是一棵树的主干，然后向左右伸发出几条小细枝。这些路都并不宽敞，因为是依山而建的寨子，基本上用石板或者石台做梯，而各家各户门前基本上已经是水泥地了。进组靠右的第一户人家,开了间小小的商店,卖一些酒水和糖果。这里的路边摆上了一条长木当作凳子,而这户人家的门前亦放着几张小凳和一条长凳,于是人们也经常聚集在这个路口闲聊和乘凉。与其他村组一样,组里的厕所都设在了距屋子有一定距离的道路旁,单独搭起的一座小木板隔间,有倾斜的简易顶盖,隔间下摆着用来积蓄粪便的大木桶。山下这几个村组的厕所,大多数都被安置在靠近流水的地方。

　　走过4组,径直往前,便是大高坪乡政府的所在,也就是村民口中所说的"乡里"、"乡上",是整个大高坪乡的行政中心和日常购物中心。现也因有村民引进了一些娱乐设施,如台球、麻将、游戏机(如老虎机、扑克牌机等)而渐渐成为大高坪村及龙寨塘村一些男性聚集的娱乐中心,而且也已经有几乎来自大高坪村和龙寨塘村的村民,将新居建在了这里。新建的民居基本上以底层用砖泥,上层用木头的建造方式来建房。乡里的建筑以水泥建筑为主,也掺杂着木制房屋。

图1-10　前往"乡里"

　　从4组走上来,道路呈"丫"字形延伸下去,"丫"字的左支通往通道侗族自治县大高坪苗族乡人民代表大会、通道侗族自治县大高坪苗族乡人民政府、中共通道侗族自治县大高坪苗族乡委员会、中共通道侗族自治县大高坪苗族乡纪律检查委员会、通道侗族自治县大高坪乡食品药品安全协管站、大高坪乡社会治安综合治理办公室、大高坪苗族乡综合稳定中心、大高坪苗族乡创建平安乡镇办公室、大高坪苗族乡三调联动办公室、大高坪苗族乡禁毒委员会、通道侗族自治县大高坪苗族乡人民武装部（武装部办公室、基本民兵连、国防教育室、资料室、器材室）、大高坪乡大高坪村社会治安综合治理办公室、大高坪乡大高坪村民委员会、大高坪乡大高坪村支部委员会、大高坪苗族乡创建平安村区办公室、大高坪乡大高坪村党员服务点、中共大高坪苗族乡龙寨塘村支部委员会、通道县大高坪苗族乡龙寨塘村民委员会、龙寨（塘）村计划生育计生协办公室兼活动室、大高坪乡龙寨塘村党员服务点、农村党员干部远程教育点等地，每日来往于乡县间的班车就停在乡政府前的空地上，"丫"字的中间部分是大高坪乡产地检疫申报点和大高坪苗族乡中心小学，"丫"字的右枝则通向大高坪乡林业站、大高坪乡卫生院、农村信息服务网站和一些小卖部，再顺着路走下去，就到了龙寨塘村1组、2组和大高坪村6组"两部桥"的所在。

　　6组民居集中在一座低矮的山头上，房屋依山而建，分布整齐，屋顶的瓦片错落有致，整体看来就像是镶嵌在山上的一面扇子。村组后的山上有开垦成梯田样式的田埂，周遭栽着一些杉木。村组前是一块稻田，"大高坪溪"从田里穿过，并沿着田边向下游流去。这里的溪上也有一座小小的风雨桥，桥边是一些农户自己围起的栅栏，栽种着各种瓜果蔬菜。这里的房屋看上去很是老旧，老木屋黑漆漆的，像是年迈的老人一般相互倚着，一排排立在山坡上。但是组里也不乏新屋，从远处望去，一排新建的屋子分布在村组的最下面，也就是山底的那一排。第一层是红砖墙，再往上就是黄澄澄的木板拼成的木墙，铝合金的绿色玻璃窗被安在木墙上，屋顶的瓦还是黑色的，和老屋的没什么区别。6组的道路以石板为主，各家门前亦铺上了水泥路面。6组边上就是村里那条唯一的公路，而与公路相连的这个口子，也就是村民进出6组最常走的路口。如果把公路比作一根竹子，那这个路口就像是其中一个竹节，一条条小路或上或下地通往村组里去，在这些小路边上，也可以看见排在一起的一间间小厕所。路口对面的公路旁是间小卖部，这也是男人们常常聚集玩耍的地方。

　　大高坪村7组不在这条公路上，要进到7组，可在"排楼"路口步行进去。"排楼"的路口有一座亭子，是做客运招呼站用的，方便人们歇息等车。沿着水泥路进去，经过一个侗族的寨子。过了侗寨，路便延伸进了一片田地

图 1-11　6 组两部桥全貌

中，此时路面不再是水泥路，而变成了一条窄窄的碎石泥路。小路两边的水田并不大，因为这里是两山之间的一个冲，所以平地有限，靠近山体的一些田地也被开垦成了梯田的样子。越往里走，路越发变得泥泞和难走，路上有泥坑，有积水，有草垛。这时候，一块较大的岩石和一堆较干燥的草垛都是下一步前进的动力。来到 7 组面前，要走过一座简单的水泥板桥，桥头不远处修了一座焚烧垃圾用的垃圾池。走进 7 组，木屋沿路而建，也是新旧掺杂，黄黄黑黑的木色跃入眼帘。有的房屋第一层是砖墙，有的房屋则仍是木墙，但总体来说，砖墙已成为趋势。虽然两边山上也住着几户人家，但 7 组的民居集中，在这山冲之间形成了一个紧凑的村寨。在高处看 7 组，黑黢黢的瓦片屋顶连在一起，就像一顶大帽子，而帽子上时不时还能看见白色的"纽扣"，其实那便是安置在屋顶的卫星信号接收器，俗称"大锅"。村里道路做了硬化工作，水泥路面通到了各家各户。一条小溪在村中蜿蜒，小溪的上游有一口用来洗东西的蓄水池，溪边也能看到一些小小的厕所隔间。村里有一个很大的平台，是村民用来晒东西用的。村边还有几棵古树，粗壮的样子显出它们的年岁。村里没有小卖部，所以村民得到村外去购买一些生活用品。

　　说完山下的村组，再来说说山上的"高寨"。

图 1-12　7组排楼一角

　　大高山上的"高寨"，即 1 组、2 组和 3 组这三个村组，是大高坪村的老寨，位于大高山的山坡上，地势高。村民的房屋依山势而建，聚居在一起，分布较为紧密。老寨以鼓楼为中心，向四周展开，新旧房屋交杂在一起。离鼓楼较近的民居，多是纯正的老木屋，黑漆漆的木柱排成木墙，透着风雨与岁月共同侵蚀的痕迹，一块块岩石的基底支撑着屋子，同时也化作路旁的石墙。这里户与户之间以石板路相连。不过如今寨子里修了一些水泥路，使得道路更为通畅。离鼓楼较远的地方，屋子多与山下的房屋结构相同，即底层砖墙，上层木墙的样子。据村里人介绍，过去村寨周围有一圈高大的古树环绕，这些古树粗壮茂盛，将村寨围抱着，仿佛一个个戎装的卫士保卫着村寨，又像一位位神灵护佑着村子。可如今只剩下几棵老树犹在，抑或有一些古树的树桩或是枯干余根，留下了曾经繁茂参天过的痕迹。"高寨"有"寨门"，寨门不大，更像一座木制凉亭，或者是条短小的走廊。一条石板小路穿门而过，直接通向山下的龙林地界，即现在龙寨塘村 4 组，大高坪村的 5 组和 9 组所在。但现在因为新修水泥公路，原来的小路便渐渐鲜有人走，而且

图 1-13 "高寨"一面

新的公路也并非通过寨门进入寨子,而是绕过寨门直通鼓楼前的平台。如此一来,寨门便有点形同虚设,逐渐显出老腐的样子。高寨除了有民居、护寨林、前后寨门之外,还有离民居所在较远的仓库,有已经停用而变为仓库的学校,有飞山庙的旧址,有零星分布的简单土地庙,有鱼塘,有水井,有三间私人小卖部,村寨周围还有田地,有菜地,有林地等,形成了一个功能较为完备的村落。值得一提的是,寨子后是整个大高坪村当地草苗的祖坟地,祖坟地前立着一块碑,规定了自祖坟地以上,所有人不得再建房屋,为的是不惊扰祖先。在祖坟地里还有一块巨型岩石,称作"大妈石"。身为大高坪村最老的寨子,这里保存了较为完整的草苗生活痕迹。

三、人口构成

居住在大高坪的草苗,他们的祖辈于清代迁徙至此,历经数代草苗人的努力发展,如今成为一个拥有一千五百多人的草苗村寨。

大高坪村共有草苗人口 312 户,人数为 1574 人。1 组、2 组、3 组,即"高

寨"共约有 108 户,535 人。其中 1 组约有 34 户,160 人;2 组约有 38 户,182
人;3 组约有 36 户,193 人。4 组,即"下龙寨",约有 36 户,179 人。5 组与 9
组,即"龙林"苗寨,共约有 62 户,335 人,其中 5 组约有 30 户,153 人;9 组约
有 32 户,182 人。6 组,即"两部桥",约有 32 户,160 人。7 组,即"排楼",约
有 20 户,97 人。8 组,即"田坝",约有 54 户,268 人(见表 1-1)。① 若以地域
分布来看各村组的人口规模,人口最多的当属"高寨",即大高山上的 1 组、2
组、3 组所在,其次则是"龙林"苗寨,即 5 组、9 组,接下来依次是田坝(8 组)、
下龙寨(4 组)、两部桥(6 组)、排楼(7 组)。若以单一村组来看各村组的人口
规模,人口最多的则为 8 组田坝,人数最少的为 7 组排楼,其余各单一村组
之间人数相差不多。

表 1-1　大高平行政村各村组人数与户数表

组别	人数	户数
1 组	160	34
2 组	182	38
3 组	193	36
4 组	179	36
5 组	153	30
6 组	160	32
7 组	97	20
8 组	268	54
9 组	182	32
总数	1574	312

在这 1574 人中,男性为 811 人,女性为 763 人,男性约占大高坪行政村
总人数的 51.52%,女性约占大高坪行政村总人数的 48.48%。其中 1 组男
性 82 人,女性 78 人;2 组男性 101 人,女性 81 人;3 组男性 97 人,女性 96
人;4 组男性 87 人,女性 92 人;5 组男性 77 人,女性 76 人;6 组男性 85 人,
女性 75 人;7 组男性 51 人,女性 46 人;8 组男性 131 人,女性 137 人;9 组男
性 100 人,女性 82 人。

① 数据均来自大高坪乡政府计划生育办公室第六次全国人口普查统计资料。

表 1-2　大高坪行政村各村组男女人数及比例表

组别	人数	男性	女性	男性比例(占该组)	女性比例(占该组)
1 组	160	82	78	51.25%	48.75%
2 组	182	101	81	55.49%	44.51%
3 组	193	97	96	50.26%	49.74%
4 组	179	87	92	48.60%	51.40%
5 组	153	77	76	50.33%	49.67%
6 组	160	85	75	53.13%	46.88%
7 组	97	51	46	52.58%	47.42%
8 组	268	131	137	48.88%	51.12%
9 组	182	100	82	54.95%	45.05%
总数	1574	811	763	51.52%	48.48%

大高坪行政村总体上男女比例较为均衡,男性多于女性约 3.04 个百分点(见表 1-2)。各个村组内的性别比例亦相较均衡,除了 4 组和 8 组是男性少于女性外,其余村组基本上都是男性多于女性。以单一村组进行讨论,村组内男女比例相差最大的是 2 组(10.98 个百分点),相差最小的是 3 组(0.52 个百分点),其余的村组按照男女比例相差数从多到少排列的顺序依次为:9 组(9.9 个百分点)、6 组(6.25 个百分点)、7 组(5.16 个百分点)、4 组(2.8 个百分点)、1 组(2.5 个百分点)、5 组(0.66 个百分点)。

大高坪行政村人口年龄总体分组情况主要通过表 1-3 进行分析,表中加入不同性别在同一年龄段的人数数据,便于我们了解当地的年龄分组情况。由表可见,大高坪行政村 20 岁以下,即童年期与青少年期[①]的男性人口(239 人)多于女性人口(220 人);21 岁至 45 岁间,即青年期的男性人口(376 人)多于女性人口(366 人);46 岁至 60 岁间,即中年期的男性人口(119 人)多于女性人口(108 人);61 岁以上,即老年期男性人口(77 人)多于女性人口(69 人)。因此,从总体上看,大高坪行政村的人口年龄与性别分布基本呈一边倒的形式,即男性人口在上述四个年龄期段上均多于女性人口。

---

① 不同年龄段的划分参考联合国世界卫生组织制定的标准,后文中年龄段的划分皆以此为准。

表 1-3 大高坪行政村人口年龄与性别统计表

单位:个

年　　龄	性　别		小计
	男	女	
10 岁以下(2001 年之后出生)	128	111	239
10～15 岁(1996—2000 年)	74	71	145
16～20 岁(1991—1995 年)	37	38	75
21～25 岁(1986—1990 年)	102	96	198
26～30 岁(1981—1985 年)	64	79	143
31～35 岁(1976—1980 年)	63	54	117
36～40 岁(1971—1975 年)	70	70	140
41～45 岁(1970—1966 年)	77	67	144
46～50 岁(1961—1965 年)	57	46	103
51～55 岁(1956—1960 年)	30	28	58
56～60 岁(1951—1955 年)	32	34	66
61～65 岁(1946—1950 年)	19	19	38
66～70 岁(1941—1945 年)	25	24	49
70 岁以上(1940 年之前出生)	33	26	59
总计	811	763	1574

另外,我们还可以通过各个年龄期段的人口总数得知,大高平行政村的中青年人,即 21 岁至 60 岁之间的总人口占第一位(969 人),20 岁以下即青少年人口排第二(459 人),老年人即 61 岁以上人口最少(146 人)。将此结果用图 1-14 来表示将更为直观。

大高坪行政村内的草苗以吴姓占大多数,可谓当地"大姓"。由于"开山立寨"的"开山祖"是吴姓先祖,所以吴姓草苗在大高坪当地颇具代表性。其次则是王姓。除了吴、王二姓外,大高坪行政村内还有一些其他姓氏,如伍姓、胡姓、潘姓、龙姓等。我们通过对大高坪行政村的人口普查资料进行统计与分析,对大高坪行政村各姓氏的数量与分布进行简单的勾勒。

通过大高坪行政村各姓氏分布情况(见表 1-4)可以看到,大高坪行政村内吴姓有 934 人,约占大高坪总人数的 59.34％;王姓有 446 人,约占大高坪

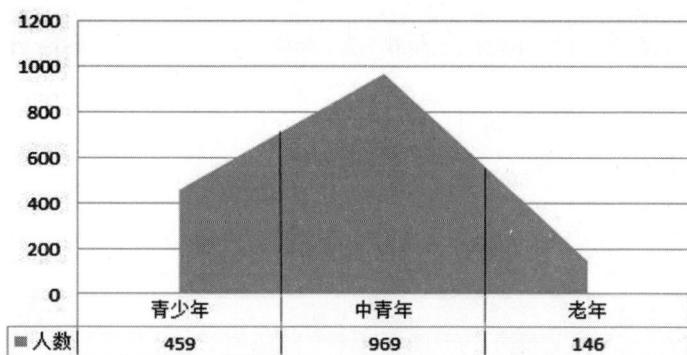

图 1-14　大高坪行政村人口年龄三段面积示意图

总人数的 28.34%。而伍姓是 61 人，约占大高坪总人数的 3.88%；胡姓是 46 人，约占大高坪总人数的 2.92%；龙姓是 45 人，约占大高坪总人数的 2.86%；潘姓是 38 人，约占大高坪总人数的 2.41%（见表 1-5）。此外，还有向姓、肖姓、朱姓、李姓各 1 人。

在大高坪行政村，"吴家"和"王家"的族人是最多的。换言之，大高坪行政村的草苗，姓吴和姓王的人是最多的，那么可以预料的便是，这种状况在一定程度上，能够对当地文化的发展和传承产生不容小觑的影响。通过对大高坪行政村吴氏草苗家族进行了解，近则将有助于我们理解大高坪行政村内的家庭与家族状况，远则有利于我们更进一步了解草苗文化。

表 1-4　大高坪行政村各姓氏分布统计

村组	吴姓	王姓	伍姓	胡姓	龙姓	潘姓	其他
1组	112	37	6	1	1	2	向:1
2组	118	29	27	2	2	4	
3组	130	45	8	4	3	2	肖:1
4组	107	43	7	8	10	4	
5组	86	55	2	2	6	2	
6组	91	62	2		3	2	
7组	33	37			12	14	

续表

村组	吴姓	王姓	伍姓	胡姓	龙姓	潘姓	其他
8组	160	63	4	29	7	4	朱:1
9组	97	74	5		1	4	李:1
总计	934	446	61	46	45	38	4

表1-5　大高坪行政村各姓氏比例统计表

姓氏	人数	百分比
吴	934	59.34％
王	446	28.34％
伍	61	3.88％
胡	46	2.92％
龙	45	2.86％
潘	38	2.41％
其他	4	0.25％
合计	1574	99.98％

第二章
经济发展

- -

　　大高坪村的经济生活以农业为主,具有自给自足的小农经济特点。村民在田里种植水稻、糯米、玉米等粮食作物,在地里种植各种瓜果蔬菜;发展林业,在山上种植杉树、竹木、油茶树等经济林木;在家里进行极小规模的耕牛、牲猪、鸡鸭、田鱼养殖。整个行政村中的商贸很少,赶集是最主要的商业活动,各村组的商贸活动一般集中于"乡上"的小卖部和各个团寨中的小商铺处,时有流动小贩,但数量不多。随着时代的发展改变和当地交通情况的逐步改善,村里的青壮劳力基本上都外出务工,这成为大高坪村草苗目前最主要的收入来源,但是也造成农村留守儿童和留守老人的问题。

一、农业生产

　　农业是大高坪草苗的传统维生方式,他们一直在土地上辛勤耕耘,以种植水稻为主,辅以蔬果栽培,生产的粮食和蔬果多用于自家消费。

(一)生产方式

　　清初顺治十八年(1661年),大高山下已经存在被称作"龙林"的(汉族)村落。村寨实行封建土地所有制,土地私有,可以自由买卖,地主占有绝大多数土地。据载,"顺治末年(1661年),大高坪吴氏太祖文字公由靖州老家来到大高山下做事,先在龙寨塘村居住,过着清贫的生活。几年后少有积蓄,买下琴谬几丘薄田,然后再跟龙林财主放牛,来到大离坪老寨子那里开荒种地"。①

图 2-1　田地买卖凭契一

　　在 1949 年以前,大高坪当地田地仍可以进行私人买卖。我们搜集到两则民国时期的田地买卖契约,一是民国十九年(1930 年)十一月十三日龙正顺、龙正刚兄弟立断卖黄寨坡荒茶山地土契约字,二是民国二十六年(1937年)三月六日梁谱相、梁颜氏二人立断卖田卖山契约字,将受分祖业琴塔一带田山五处十丘断卖给王文成弟兄三人。这两则田地买卖契约大致可以窥探到当时在进行私人田地买卖的一些细节。首先在决定要转卖自家田地时,要先问过房族内的成员是否有人要"承领"那些即将被出卖的地田,若无人提出"承领"异议,便可请"中正"到买主(或买主之房族)家中来立定契约,

────────

① 　吴家简:《古寨来历》,《大高坪吴氏家谱》,2010 年。

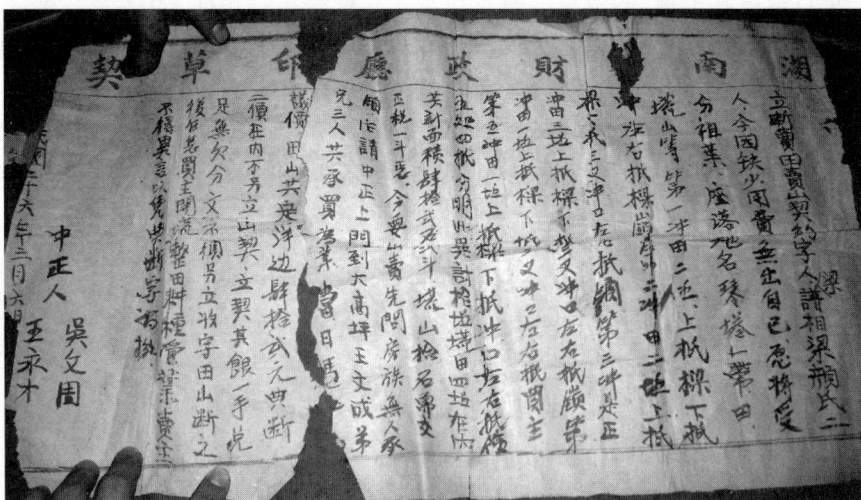

图 2-2　田地买卖凭契二

由"中正"代笔。一般契约上首先需言明卖主是谁,为何抵卖田地,原因通常是"因缺少费用无出",表明是自愿行为后,便要写上将卖出的是哪几块地,其具体方位大小如何,接着定价,然后说明银货两讫。从此卖主将田卖出,失去对田地的所有以及使用权,对买主的"开荒整田耕种营业"不得再有"异言",还规定了除买卖双方其他人也不得干涉。当时大高坪处于封建土地所有制阶段,只要双方自愿,与房族亲属打好招呼,找好中正人,定好田价,立了契约后,田地便可以买卖。

中华人民共和国成立后,大高坪当地的土地制度随着通道在农业上的变化而发生了改变。据 1951 年统计,通道县占农村人口 5.8％的地主,占有 14.6％的土地,而占农村总人口 51％的贫雇农,只占有 17.2％的土地,而且生产条件较好的土地,大多为地主、富农所占有。1951 年冬,通道县委领导了农村土地改革运动。全县 82 个保,分两期四批进行:第一期第一批 7 个保,土改从 1951 年底开始试点至 1952 年 4 月结束。第二期土改共 36 个保,从 1952 年 12 月开始,分两批进行。在土地改革运动中,土改工作坚决贯彻中共中央关于"依靠贫雇农,团结中农,中立富农,有步骤有分别地消灭封建剥削制度,发展农业生产"的土改,并从民族地区的实际出发,采取"宽大"与"稳"、"准"相结合的政策。在少数民族地区规定划分地主成分面不超过 3％,对半地主、富农(半地主式富农)只没收其土地出租部分;对工商业兼地主,也只没收其土地,不侵犯工商业利益。尽量缩小打击面,团结大多数,孤立顽固的地主分子。土改工作队入村,从组织生产入手,经过访贫问苦,扎根串连,宣传政策,建立农会,组织阶级队伍,斗争恶霸地主,划定阶级成分,继而没收地主的土地、房屋、耕畜和农具,分配给无地少地的农民。同时,按政策给地主留有部分土地和生产资料。最后经过土改复查,处理土改中的遗留问题,1953年4月,颁发土地证。1953年春,全县土改工作结束,农民共分土地4443万亩,房屋25665间,耕牛1265头,农具1960套(件),粮食和其他胜利果实折谷17.82万石。实现"耕者有其田",几千年的封建制度得以消灭,农村生产力得到解放。

土改后,各族贫苦农民分得了土地,生产有了发展,生产得到不同程度的改善。但是由于个体分散经营,势单力薄,难以抵抗自然灾害,很难进行大的农田基本建设。尤其是家底单薄的农民生产、生活上出现困难,有的重新走上借债度日的老路,有的地方出现卖土地、耕牛、房屋的情况。因此,农民对于相互合作的要求出现,而且一些率先实行互助帮工、换工的区域已经从中尝到了甜头,提高了生产量。于是建立"互助组"的要求被提出。

1954年2月,县委选择基础较好的二区陈团村实行常年互助组,试办全县第一个土地入股,生产资料折价入股,土地、劳力、生产资料统筹安排,收益除土地分红外,按劳动分配的初级农业合作社(简称初级社)。

1954年底,全县建立常年互助组533个,临时互助组975个,参加农户6534户,占全县总农户的27.9%。

1955年末,全县共建初级社79个,入社农户占总农户的5.57%。

1956年春,县委召开有县区乡干部参加的向合作化进军大会。会后,选择基础较好的初级社进行合并或扩大,试办7个"生产资料集体所有,按劳分配"的高级农业生产合作社(简称高级社)。县委规划9月份以前全县实现高级农业化,区乡一哄而起,迅速掀起高级农业合作化的高潮。到1956年冬,全县高级社发展到319个,入社农户21247户,占总农户的99.6%。至此,通道县基本完成对农业的社会主义改造。

1979年,通道侗族自治县开始了农村改革。第二年,部分生产队搞包产到户,结果都增产增收。1982年,全县全部实行家庭联产承包责任制。同时,林业及其他各业均陆续推行承包责任制。之后,通道从自身的实际情况出发,将土地承包期延长到5年、10年、15年,山林承包期延长为30年;鼓励农户之间,农户与集体之间形成各种形式的经济联合,促进新型合作经济发展。1985年起,通道农村开始进入重点调整农村产业结构,大力发展农村商品经济的第二步改革。1988年,湖南省委、省政府正式批准怀化地区为"山区开放开发试验区"。

改革开放以来,通道侗族自治县农村改革逐步深化,延长土地承包期,改革土地使用制度,在保持土地公有制和不改变土地用途的前提下,土地使用权允许有偿转让,土地经营权允许自由转包、转让和出租。继续建立和完善农村各种合作经济组织,运用股份合作形式,兴办经济实体,壮大集体经济实力。

从20世纪90年代以来,通道农村综合改革取得新的成效。全县以改革为动力,在构建新的农村经济体制、调整产业结构、培养主导产业、实施"一体化、两推进"战略等方面进行了积极的探索,新的农村经济体制框架已初步形成,农业生产与农村经济取得了全面发展。继续稳定家庭联产承包责任制和完善统分结合的双层经营体制,围绕山地开发过程中出现的新情况、新矛盾,开展了以山地流转、产业开发、林业股份制为主的多项改革试验,取得较好的效果。[①]

在通道侗族自治县的农业发展以及改革热潮中,大高坪苗族乡的大高坪村也顺应着时代的潮流,在上级领导下,按部就班地进行着各方面的农业改革。通过我们对当地的调查和一些材料的说明,可以大致总结出当地的农业发展历史概况:清朝时实行封建土地所有制,地主占有大部分土地,土地私有,可以买卖;中华人民共和国成立前仍为封建土地所有制,民国期间,当地对于土地私有买卖已经形成一套较为固定的俗例了。中华人民共和国成立后,随着土改的进行,土地制度由封建土地所有制改为集体所有制的公有制,并且在未来经历了农村合作社运动;1959—1961年国家三年困难时期(通称"难关"),全国实行人民公社大食堂,各家各户居住独立,但集中在当时称为大队的大食堂就餐,简称"吃食堂"。20世纪60年代末和70年代初,全国开展"农业学大寨"、"学龙江颂"活动,县里乃至国家为方便农民种田种地,执行一项"远田变近田",采取自愿原则,从大团寨搬迁到田地较远的地方就近居住,鼓励农民"就近种田"的政策。搬迁人口是根据当地的田地多少来定的,搬出来的人也是自愿报名的。当时都住在大高坪老寨子,下面一

① 1949年后的通道县农村经济发展情况,参见通道侗族自治县概况编写组:《通道侗族自治县概况》,北京:民族出版社,2008年,第58～64页。

条大垄子有很多田地，因此出来的人也就很配合当时的政策，4个寨子的人都是自愿选择搬迁出来。当时搬到两步桥居住的有10户，搬到田坝的有20户，到下龙寨的有15户，到龙林的有27户。在20世纪80年代农村改革期间，实行"生产队包产到户"、"家庭联产承包责任制"、"调整农村产业结构"；20世纪90年代的特点则是以"继续稳定家庭联产承包责任制和完善统分结合的双层经营体制"为主。

如今大高坪的农业仍颇有些小农经济的意味，以户为单位，从事农业生产的个体经济。进入大高坪村时，道路两旁郁郁葱葱生长着的稻田"先声夺人"，随后便会看见稻田中或旧或新的草苗民居，一座座吊脚楼似的建筑或单或聚地出现在农田里，这景象就犹如乡间的二层小别墅被农田"花园"围绕着一般。住屋与农田近在咫尺，换句话说，便是"住"的所在与"食"的来源同在一方。这样的环境，颇有点"桃花源"的模样——阡陌交通，鸡犬相闻，男女耕种其间。远远望去，草苗人在田地里耕种着和看护着，同时也期许着收获。这便给人一种印象，让人觉得这个大山里寨子的村民靠山吃山，自耕自用，过着自给自足的小农经济生活。

首先，在大高坪村，家家户户各自承包有田地山林，村民食用的大米基本上都是自己种植的，没有人以贩卖大米为目的进行耕种，米是食物和原料，但并不是商品。如果吃不完，那么多余的粮食就会被囤积下来，用于酿酒和喂养牲畜家禽。

其次，村民种田所使用的工具也较为落后，目前多数人仍然是使用人力或耕牛进行犁田，并没有大型农耕机械的身影。无法使用现代化的生产工具，这点又是与当地的环境有关的。因为山里田地稀少，平坦易耕种的田并不多，所以人们开山垦荒，在山坡上造出梯田来进行耕种，而这些山上的梯田也因地形因素没办法进行大型机械化作业，只能使用原始的劳动耕作方式进行耕种，人力、牲牛成为最主要的劳动力来源。

再次，大高坪的田地分散，有的田在平地上，有的田在山坡上，有的田甚至在山坳里，所以要到田里去的话，有时需徒步一段不短的路程才能到达。如此便可以理解那些寨子里分得田地离家远的村民，比分得田地离家近的村民所多出来的那一分辛苦和无奈了。我们在当地进行调查时曾经与当地村民一起到他们自家的田地里去，或与他们一同采摘瓜果，或去看看田水，一般都要走半个小时左右。例如我们与大高坪4组下龙寨WCX的女儿一同去她家西瓜地摘西瓜，就走了将近二十分钟的路程，首先穿过四组一旁的水田,然后爬上田边的土山,土山上并没有稳固的台阶,都是村民自己踩出来的毛路,一路上芒草野枝在小路两旁生长着,待到时已是大汗淋漓。又如我们与大高坪4组WTX到他的田里看田水,他的田就在4组对面的山上,开始走的一段路甚至不可称为路,因为要修建乡村公路,所以山边的岩壁将被截断或穿凿。因此我们上山时是要直接踩着并不稳固的从山体中插出来的石板往上走的,宽度仅仅容得下一只脚,而且石板的硬度不高,很容易断裂。上了山之后的土路,两边荆棘和杂草丛生,到了他的田时,已超半小时了。还有,我们与4组吴书记妻子及其妹妹一同去摘西瓜时,也要走过这条惊险的"上山道"。我们曾与一位5组吴姓村民去看他家牛棚旁的一座"小土地",从"龙林"苗寨后上山,一路翻山越岭,走了将近一个钟头。

山里虽有溪水泉眼,但是要灌溉农田,往往无法完全满足其需要。我们调查期间的四十多天里只下了两三场雨,有时甚至还会遇到提供生活饮用水的泉眼干涸的现象。例如我们一日前往高山上的"高寨",到了此处发现整个团寨的主要用水几乎仅集中于寨旁的一个大水井,水井旁有一口不大的蓄水池,有妇女在此处洗刷水桶,也有人在洗衣服。但是井里的水几乎已经见底,询问她们没水怎么办?她们只是笑着回答说"没办法"。又如,我们在大高坪4组居住期间,也遇到水井没水的情况,这时便只能等一天,而且没水时村民会拿一些东西将水井口遮挡起来,以示保护。那时,有许多村民大叫今年很旱,无奈又要收不了粮,可见当地的用水是多么不便。这样的现实,也使得农田灌溉用水成为一个不得不叫人操心的问题。面对旱情,人们无能为力,山下有河水作为灌溉源的稻田还好些,山上那些田则会直接龟裂,农作物干脆连穗花开不了,有的就算出线了,也只是结空壳而已。

生产方式和生产工具的落后使得生产力水平低下,田地的分散和质量参差不齐使得种植规模无法扩大,再加上灌溉不均或灌溉不能的问题,更限制了当地农业质的发展。地肥、水足、光够,田才能高产,在相同时间内完成更多的农作业,田才能多产;要能防灾抗灾,田才能好产。但是大高坪村的村民所面对的现实,使得当地的粮食种植,在客观上不可能进行以供应市场需求并赚取利润为目的的商品性质的种植,所以,当地的粮食供应方式是自己种自己吃。再者,从主观上来说,一般的农村家庭,家里已经自有口粮来源,谁还会再花钱去将自己"喂得过饱"呢?除非是在口粮不足的情况下。但是对于当地勤劳的草苗人来说,这种情况几乎不会发生,如果真的发生了,当地人会告诉你,他们还可以吃别的食物,比如南瓜、红薯、玉米等,而这些作物也是他们用自己的双手和汗水收获的。因此，在大高坪，粮食的自给自足是一件再普通不过的事情。

既然田里已经种上了村民的口粮，那么地里的各种作物是否也是村民用于自给自足产品呢？答案是肯定的。村民在自家的菜地里种上各种蔬菜瓜果，这些蔬菜瓜果和田里的稻米一样，都不是为了拿去贩卖而进行生产的，都是村民为了满足自身的需要而种植的。

（二）生产资料

2009 年，大高坪乡政府对大高坪的农业生产条件做了概况调查。经统计，截至 2009 年，大高坪行政村内有一个村委员会，村里全部都是乡村农业户，共 276 户；全村均为农业人口，共 1437 人。在劳动年龄内的劳动力人数为 894 人，在劳动年龄内的乡村从业人数为 814 人，其中男 394 人，女 420 人，具体构成：农业从业人员 723 人，工业从业人员 0 人，建筑业从业人员 0 人，交运运输、仓储及邮政从业人员 0 人，信息传输、计算机服务和软件从业人员 0 人，批零售业从业人员 21 人，住宿和餐饮业从业人员 39 人，其他从业人员 44 人。整个大高坪村所有村组通自来水、通车、通电话、通电、通邮。当年，进行农业生产时所用的化肥情况（按实物计算）为：氮肥 9 吨，磷肥 10 吨，钾肥 0 吨，复合肥 14 吨。当地，农用柴油使用量 0.4 吨，农药使用量 0.9 吨，耕地面积为 1041 亩，其中水田 970 亩，旱地 71 亩，坡度为 25 度以上耕地面积为 230 亩。[①]

表 2-1　大高坪村农业生产条件情况表（2009 年）

项　　　目	数　　量
人　力　资　源	
1. 村（居）民委员会个数	1
——其中村委员会个数	1
2. 乡村户数	276
（1）农业户	276
（2）非农业户	0
3. 乡村人口数	1437

---

① 数据由大高坪乡政府办公室提供。

续表

项　　目	数　量
——其中农业人口	1437
4. 乡村劳动力资源数	992
——其中劳动年龄内	894
5. 乡村从业人员数	814
——其中劳动年龄内	814
(1)男	394
(2)女	420
(1)农业从业人员	723
(2)工业从业人员	0
(3)建筑业从业人员	0
(4)交运运输、仓储及邮政从业人员	0
(5)信息传输、计算机服务和软件从业人员	0
(6)批零售业从业人员	21
(7)住宿和餐饮业从业人员	39
(8)其他从业人员	44
水电交通	
1. 自来水受益村数	1
2. 通汽车村数	1
3. 通电话村数	1
4. 通电村数	1
5. 有邮路及农村投递线路的村	1
6. 农村用电量	21859
生产物资	
1. 按实物量计算(单位:吨)	
(1)氮　肥	9
(2)磷　肥	10
(3)钾　肥	0
(4)复合肥	14

续表

项　　　目	数　量
2. 按折纯量计算(单位:吨)	10
(1)氮　肥	1.84
(2)磷　肥	2
(3)钾　肥	0
(4)复合肥	6.16
3. 农用柴油使用量(单位:吨)	0.4
4. 农药使用量(实物量)(单位:吨)	0.9
5. 年初实有耕地面积(单位:亩)	1041
6. 年末实有耕地面积(单位:亩)	1041
——其中常用耕地面积(单位:亩)	1041
(1)水　田	970
(2)旱　地	71
7. 坡度 25 度以上的耕地面积(单位:亩)	230

下面,通过耕地、水源、劳动力、农业生产工具等方面,对大高坪当地的农业生产资料的基本情况进行叙述。

1.耕地

截至 2010 年上半年,大高坪行政村共有耕地面积 1134 亩(水田面积 1089 亩,旱地面积 45 亩)。当地共有人口 1574 人全村 312 户,人均耕地面积是 7.36 亩。乡政府对各村组农户稻田总面积进行了统计:大高坪 1 组、2 组、3 组,即"高寨"的稻田总面积为 378.13 亩,其中,1 组为 117.80 亩,2 组为 117.86 亩,三组为 142.47 亩;4 组"下龙寨"的稻田总面积为 100.88 亩;5 组、9 组"龙林"苗寨的稻田总面积为 188.71 亩;6 组"两部桥"的稻田总面积为 74.30 亩;7 组"排楼"苗寨结的稻田总面积为 50.93 亩;8 组"田坝"的稻田总面积为 168.53 亩。各个村组如果以单一团寨进行比较的话,8 组田坝的稻田面积是最多的,8 组田坝的人口在单一苗寨中也是最多的。从这点便可以看出当初当地开展"农业学大寨","学龙江颂"活动时,为了鼓励农民"就近种田",搬迁人口的确是根据当地的田地多少来定的。

表 2-2 大高坪村各村组农户稻田面积统计表

单位:亩

村　　组	稻田面积
1 组	117.80
2 组	117.86
3 组	142.47
4 组	100.88
5 组	95.81
6 组	74.30
7 组	50.93
8 组	168.53
9 组	92.90
共计	961.48

表 2-3 大高坪村各村组人均稻田面积统计表

单位:亩

村组	稻田面积	人口(人)	人均稻田面积
1 组	117.80	160	0.74
2 组	117.86	182	0.65
3 组	142.47	193	0.74
4 组	100.88	179	0.56
5 组	95.81	153	0.63
6 组	74.30	160	0.46
7 组	50.93	97	0.53
8 组	168.53	268	0.63
9 组	92.90	182	0.51
共计	961.48	1574	0.61

　　结合表 2-2,我们便可以知道大高坪行政村当地各村组的人均稻田面积情况,详情见表 2-3。由表 2-3 我们可以看出,以人均稻田面积来说,大高坪各村组的数据并不理想,人均一亩都无法达到,这也与当地的自然条件有

关。如前所述，当地的耕田稀少，而且位置分散，这便成为制约农业进行产业化发展的一个硬伤。

2.水源

通道侗族自治县境内的气候特点是：春季多变，寒潮频繁；雨季较长，夏秋多旱；严寒期短，无霜期长。一般雨水来自春季，到了夏秋两季，便容易遭受旱涝灾害，要么就一连几周不下雨，天干大旱；要么遇上强降雨天气，当地就会发起洪水，遭受洪灾。冬季雨水不多，容易干旱。村中主要饮用水源来自各个村组中的水井，一般一个村组有2～4个水井不等。以大高坪4组下龙寨为例，寨子里就有三口水井。水井并不是我们想象中的地上砌好圆口的那类井，而是依山围出来的泉眼，村民为了保护水源，会在泉眼周围砌上砖墙，从而形成一个盛水的水井。一般水井边上都会放有盛水的用具，有时是塑料瓶，有时是水瓢。有些井里会放上两条鱼，亦可起到监测水质的作用。还有些村民会从井里向自家拉上水管，自己制造"自来水"。4组的三口水井分布：第一口在寨子最顶上一家的屋后；第二口往寨子顶上第二家的大门门口，这口是大家最常用的饮用水水井；第三口在寨子边上一家的厨房后门处，这口水井基本上是该家私用的。大高坪村的水井并不算多，例如8组田坝似乎只有一口水源丰沛的井，就在乡公路旁，这口井的周围砌成了一个平台，两旁有简陋的水泥台基，水井本身用一个小水缸圈住，经常有人围坐在井边纳凉喝水。5组、9组龙林苗寨有一口公井也是设在路旁，就像田坝一井的设置，这口井正对龙林苗寨寨头的那座风雨桥，水井旁砌成平台供人们休息。说实话，山下的水源情况要比山上的水源情况好很多，因为在高山上，我们只见到过一处水井，就在高寨鼓楼一边的靠山处，这也是高寨最大的一口水井。据介绍，它的责任比较艰巨，要供应整个1组、2组、3组三个组的生活用水，所以时时发生"断水"的现象。高山上溪水、河流极少，所以人们的饮用水成为一个令人头疼的问题，较难解决。

2011年8月7日，适逢下了一场雨。可这场不大不小的雨，在村民眼里，并不能缓解炎炎夏日的缺水问题。

　　你说下了这场雨，那个田应该都不干了吧？哪里哦，那个田都开裂了。现在下雨也填不了多少，水都到那个裂（缝）里面去了。干旱啊，要还下大一点就好了，还下久一点，下一天。①

　　像今天下这一阵雨，那田里面还是水短暂得很。它那个水哦，正好把那个裂谷满了……如果继续下咧，就可以，就只这一点就不行。旱情还是没有缓解咯。②

一般井水并不用于灌溉，只用作生活饮用水。村民基本上直接饮用井水，也有一些人会打回家之后，用炉灶烧开再饮用，无论怎么说，饮用水毕竟是珍贵的。山下的灌溉用水主要来自前文提到的"大高坪溪"，山下的村组基本上是沿着"大高坪溪"而建的，所以生活用水和灌溉用水基本仰仗于它。水的问题直接影响着人们的生活质量，如洗澡的用水就是一个问题。在大高坪还没有人家中安装有热水器，甚至自来水也并不多见，就算有自来水管，其水源也是来自附近的泉眼。因此大家在平常生活用水上都很节省，所以热水器这种对水的需求很大的家电，目前来说，当地根本无法使用。大家洗澡时使用的热水都是用炉灶烧的水，一般一家人洗澡只烧一锅水，然后掺兑着冷水使用。夏天的时候，年轻人可能会选择另外一种方式洗澡——泡水。在经过大高坪8组田坝的"大高坪溪"下游建有一个简单的水坝，水坝离8组新建的风雨桥不远，就在其上游约50米处。水坝的出水口形成了一个小小的水潭，夏天的时候，村里的青年有可能会来此地洗澡。

每个村组都有鱼塘，鱼塘是个人承包的，村组里至少会有两到三个鱼塘。没有鱼塘的村民一般会在灌溉条件较好，水量充沛的稻田里养鱼。

3.劳动力

大高坪村和通道侗族自治县境内其他村寨一样，随着改革开放以后打工经济的兴起，年轻人几乎都外出打工了。这主要是因为传统的劳作虽然可以解决温饱问题，但却难以维系家庭所需支出的越来越多的现金，"有饭吃，没钱花"成为大高坪村民生活中的最大问题。在家庭沉重的经济压力下，大高坪村大量青壮年劳动力只有走出家口，通过外出务工挣钱补贴家里，以滋养自己的家庭生活。我们前去调查时正值盛夏，正值当地的农闲时

①　根据访谈录音整理。访谈时间：2011年8月7日，访谈地点：大高坪4组下龙寨凉亭内，被访谈人：草苗妇女。

②　根据访谈录音整理。访谈时间：2011年8月7日，访谈地点：大高坪乡上中心小学前小卖部内，被访谈人：草苗男子（大高坪乡中心小学老师）。

期,在村里基本上看不见青壮劳动力,因为他们都外出打工了。留守在家的,多为家中的长辈们即父辈、祖父辈。据了解,村民外出打工,往往根据家里的情况而定,一般是季节性外出务工,家里有事或者农忙时,他们就会回家干农活,农闲时又会外出务工。有的阖家外出的,自己家的田地,要么留给亲人房族代为耕种,等收割时自己回家收田;要么都租给别人种,事先与别人协商好交给自己多少斤谷子,等到收割的时候就直接以谷交租。如果家里只是青壮劳动力在外打工,还有老人在家的,老人还有能力看护农田的,就会留下部分田(足够自家口粮的田)自己耕种,剩下的交给亲戚房族打理,也不收租;如果劳动力不足,就会租给别人去种,自己收一点粮食当作田租。

我们曾在大高山下岔路口小卖部与一位 4 组吴姓村民聊天,他告诉我们,他今年将家里的三亩田交给了别人打理。

> 我家两坵田(大概三亩),这里有,山上还有。我今年我没种田啊,
> 都出了让别人种,给别人克了,收也给别人收。儿子不在家,跑到广西
> 克了。别人给个两三百斤谷子,自己也懒得种了。你要是出给别人种,
> 就直接讲一声:今年给你种,明年我……我就自己种。就是给别人种三
> 五年,都没要写什么东西的。要是送克别人种,就更没有要什么东西
> (谷子)了。你没要那么多啊,你一家人……孩子们都去啊,你没要这么
> 多啊,存在那里也存不了。①

可见,在大高坪村因外出务工将家中的田地交给别人打理已然是一种常态。或租或送,都只需口头承诺(两者间口头上约好),并不要求立定合约,写契约文书,这主要是因为当地的草苗或多或少都有姻亲或者房族关系,彼此之间比较信任。由于家中劳动力不足,将田地转交他人耕种,一方面可以保证家中的田不抛荒,另外一方面也是因家中不需要过多粮食,觉得没必要那么辛苦。因此,这种"给田给他人种"的方式,在村民看来可谓一件两全其美的好事情,既可以满足别人的耕种需要,又可以保证自家的田不会荒废,得到种田补助。当然,像这样放心地把自家田地交予他人耕种的现象,主要在于当地草苗间强烈的族群认同和家族房亲关系。

---

① 根据访谈录音整理。访谈时间:2011 年 8 月 5 日,访谈地点:大高山下岔路口小卖部,被访谈人:吴姓男子。

4.生产工具

大高坪当地村民使用的农业生产工具,较常见的有犁、犁耙、三角耙、木耙、方铲、镰刀、喷雾器、扁担、簸箕、竹筐、竹罩、渔网、鱼捞、鱼篓、竹笼、木打谷机、电力碾磨机、老式舂米机、耕整机、水泵等。

犁,我们在大高坪当地看到的犁还是较为原始的犁,这种犁可用人力也可使用耕牛进行犁地。犁耙有钉齿,能够将田土成片翻平。

三角锄头,村民通常使用三角锄看护田地,主要用途是平整水田,铲除田埂路边的杂草。

木耙,有两种,一种是平整没有锯齿的,一种是有锯齿的。两种木耙的主要用途是在晾晒谷物时,用来将谷子耙散开。

方铲,一般用于铲田、铲地、挖土,有时也有村民用它来铲草,或当成简易的筲箕。

镰刀,主要用途是割草,割水稻镰刀的柄有不同长短,根据所需修割的东西选取使用。

柴刀,一般用来砍树枝或者坚硬的灌木,或用以修整木材。当地的草苗会自己用木头制作一个装柴刀的小柴刀套,使用时直接从腰间拔出,颇为方便。

喷雾器,用于喷洒农药。

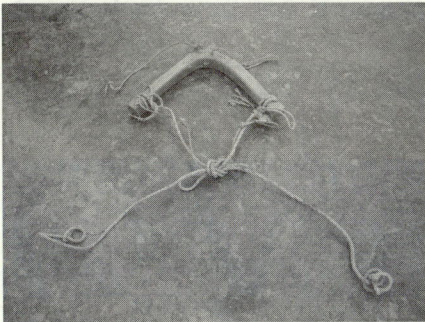

图2-3　犁的牛鞅(固定牛脖子部分)

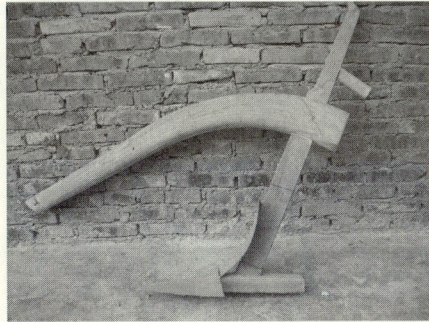

图2-4　犁(犁地部分)

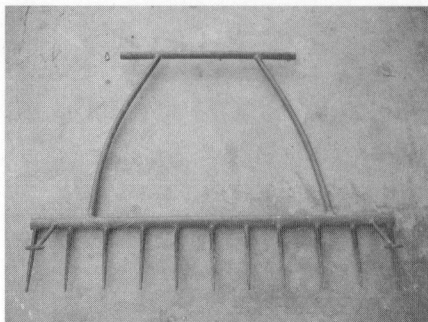

图 2-5　犁耙（有锯齿）

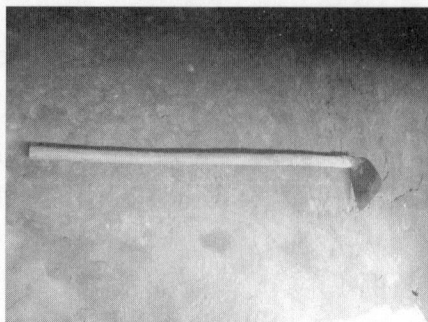

图 2-6　三角锄头

图 2-7　正在使用三角锄除草的草苗妇女

图 2-8　正在使用三角锄看护田地的草苗妇女

图 2-9　无锯齿木耙

图 2-10　正在使用锯齿耙晒谷的草苗妇女

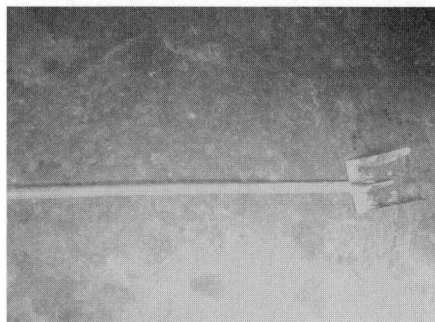

图 2-11　方铲

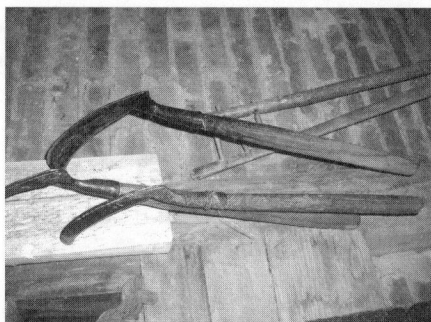

图 2-12　镰刀

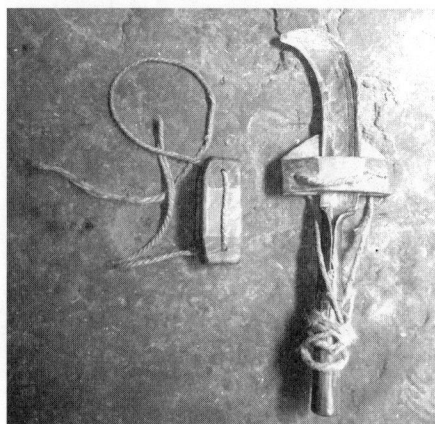

图 2-13　柴刀和柴刀套

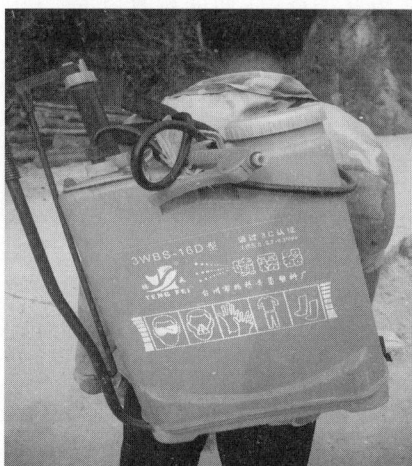

图 2-14　喷雾器

　　扁担,主要用于担挑东西。有木制和竹制的。以竹制扁担较多,楠竹是削制扁担的好材料,一般选向阳长在山脑上老得发红发紫的老扁竹,且节疤较密肉质层厚实的楠竹。竹扁担的形状是中间稍宽大,两头略窄,并削有一浅蹬,防止挑物滑脱。也有的扁担是把两端稍微削尖削薄,用火熏烤后弯纤变翘。根据扁担用途的不同,有柴担、草担、尖担、扁担等。柴担是专门用来担柴禾的,两端扁尖,便于插进捆紧的柴把,中间呈自然圆形。草担是专门担稻草的,形状象柴担一样,粗大一些,稍长一点。尖担是专门用来担青草和山菁的,中间为扁圆体,离梢端一尺左右处留有一个短小枝为叉,穿草上肩时有防止溜下的作用。扁担总体形状是扁体形,用来担谷子、挑粪等,有无钉扁担(中间呈泥鳅肚形,两端略扁而粗,防箩索脱出)和有钉扁担(在两

47

端各钻相离二寸远的两孔,插紧木钉或竹钉,让粪箕等用具的系落在两颗钉子的中间,不至于脱落)。各类扁担长度,一般与成年人打开双臂同宽。

簸箕,圆盘形。根据大小分为三种,大号的叫晒簸(晾晒蔬菜瓜果、糯米粉、糯米、草药等物),中号的叫米簸(用来簸米,将石碓舂出来的米和糠分离),小号的为细簸(簸米时装碎米或用来遮盖笭筐等)。三种簸箕的编织方法一样:底面的篾片都是过刮刀匀刀,制成竹席块状,周边绕起用竹片弯成圆形,用青冈藤或三月烂藤绞边,在它的底面下还用竹篾加工成外套,使其更为结实。

筲箕,呈"U"形,用于盛放生菜瓜果,或用来装铲垃圾、水泥、石沙等。

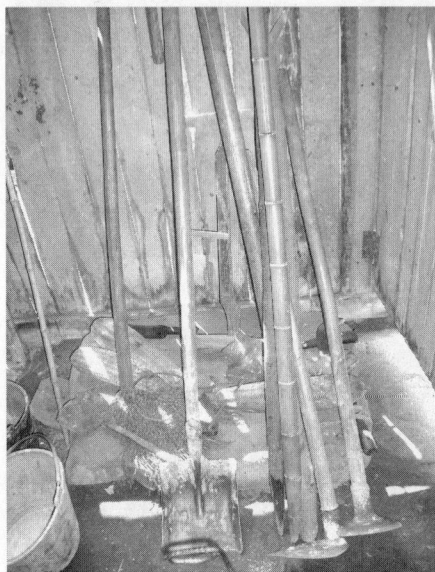

图 2-15 和方铲、三角锄放在一起的扁担

笋筐,主要用来挑谷子和装其他东西用。大高坪草苗每家每户总是有几担笋筐。笋有大有小,大笋可装一两百斤,小笋只能装几十斤,最小的笋,只能装十多斤。小笋它没有笋索,不是用来挑的,而是在打谷时用来撮扮桶里的谷子用,实则是篾斗。笋为竹篾编织而成。竹篾系老楠竹劈成,不但细,而且还很均匀。笋的形状底为方形,身为圆形,没有盖。笋口都是用煮过的老笋篾绞边,笋底用硬竹片支撑,有的地方笋身周围也用竹片支撑。笋是没有系的,它用绳索从笋底兜起来,穿过笋口的横篾,均匀地分四个方向从笋口套起来,以便扁担担挑。

竹篮,其形状和式样很多,大体分为方形、圆形、椭圆形三种式样。在通常情况下,有底、有边、无盖,能装固体不能盛液体,边有用篾块绞制成的系耳,以便人们提携。篮的容积不大,盛物不多。但用途广泛,可用来装瓜果蔬菜、服装、编织刺绣工具等等。竹篮由经纬篾片相交制成,有圆形和椭圆篾箍散夹其中织成,篾片相交之间有网眼形、方矩形、三角形、平缝形、严密形,制作的工艺有粗、精之分。

竹罩,呈圆体形,有盖无底。常见的有鸡罩、裙罩、鱼罩、菜罩等四种。在编织中篾与篾之间的缝有平密形、方眼形、三角形和网眼形。其大小除平密形以外,其他形状的眼窟视情况而定。有的在盖顶留有一大孔眼,有的没留孔眼。鸡罩是用来关鸡、鸭家禽类的用具,由圆围箍篾和经篾网织而成,篾之间有大小不同的眼,盖顶留有大圆孔,圆孔用一木板等物盖住。裙罩是用来烘小孩屎片类的用具,也是由圆箍篾和经篾网织成,篾间有眼,盖顶无孔。菜罩是专门用来盖菜的用具,编织更为严密,盖顶中心有的用篾,也有的用一块圆形的木板,在上面往往要配置弓形的耳子,方便人们抓拿提开和关罩。菜罩既能挡灰尘,又能透气。因此罩盖里面的饭菜不会变馊,同时也防止猫和鼠的糟食。

图 2-16　挑着稻穗的草苗妇女

图 2-17　挑着野草的草苗男性

图 2-18　筲箕

图 2-19　盛放着干草药的簸箕

图 2-20　箩筐

图 2-21　椭圆形竹篮

　　渔网、渔捞、鱼篓皆为捕鱼用具，其中渔网需购买，渔捞和鱼篓村民则可自己制作。渔捞分为两种，一种是圆盘状渔捞，这种渔捞是用竹片条弯成一个圈，然后将草苗妇女自己钩织的网面固定在竹圈内，下部往下延伸一部分，形成锥子形；另一种有手柄，制作时，拿一根较长的竹片，用火从中间将其烤软，然后

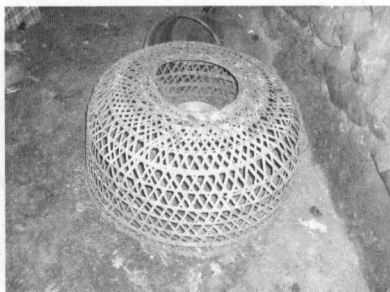

图 2-22　竹罩

弯曲形成一个圆形空间，用铁丝将两边固定住后，用铁丝或者布条长线缠绕，制作成手柄，再取来自制的渔网，缝在弯形的圆柄上，然后用铁丝等将其固定，这种有手柄的渔捞就制成了。

　　鱼篓可以用来装鱼，形状似一只小靴子，实际上是两个用竹篾编成的竹篓呈 90 度结合在一起，口上有小盖。

　　竹笼，用于关养鸡鸭等家禽，像是一个竹篮，呈圆长方体，有一个活动的小门。

　　吹谷机、老式舂米碓等，这些都是过去使用比较多的农业器具。随着社会的发展，经济的日益好转，电力农用机械正逐步进入当地，所以像这些老旧的农具目前使用的人并不多，已几乎淘汰。但是有些家庭中对于这些农机仍保养得较好，仍能使用，而且当地电力农器械并不算多，所以老式吹谷机和碓仍能发挥较大的作用。

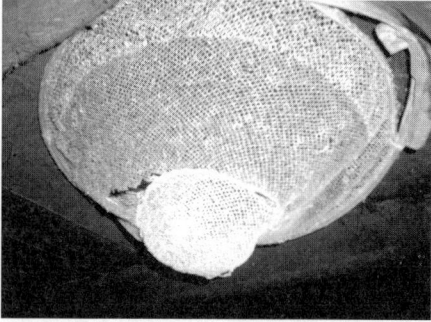

图 2-23　圆形渔捞

图 2-24　有手柄的渔捞

图 2-25　用有手柄的渔捞捞鱼

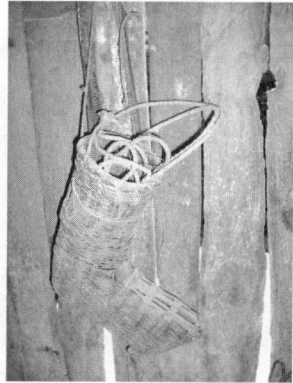

图 2-26　鱼篓

图 2-27　竹笼

图 2-28　吹谷机

　　电力碾磨机、耕整机、水泵等,都是与老的农用机械相比较而言,较为现代化的农业用具。电力碾磨机主要用于碾磨各种稻谷、糯米,有时还会被用来碾磨草药、糯米粉等。耕整机主要用于耕作田地,犁田耙地。我们在 8 组田坝路边看到一台(见图 2-34),其型号为广西容县永邦机械制造厂生产的 1Z—31 型号耕整机,配套动力是 2~3kw,耕作效率是 0.053hm²/h。在 7 组排楼一户人家里也看到一台(见图 2-35)。

　　抽水机,主要被用于农田灌溉,鱼塘换水。2010 年为了抗旱,大高坪各村组购买了水泵,其中 8 组田坝购买最多,一共 7 台,花费 3920 元;4 组下龙寨购买了 4 台,花 2030 元;7 组购买 1 台,花费 450 元。

图 2-29　老式舂米碓 1

图 2-30　老式舂米碓 2

图 2-31　电力碾磨机 1

图 2-32　电力碾磨机 2

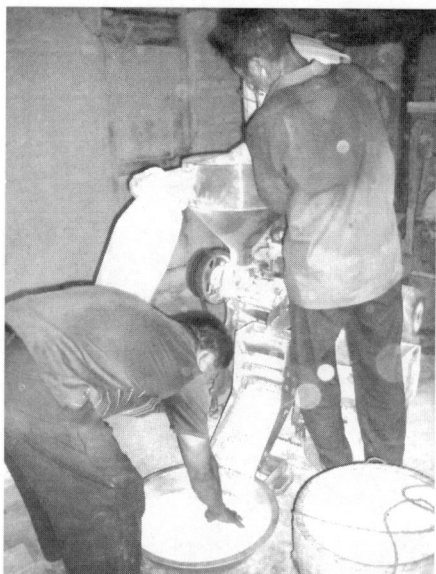

图 2-33 正在使用电力碾磨机碾磨稻谷的
草苗村民

图 2-34 耕整机 1

图 2-35 耕整机 2

图 2-36 正在使用抽水机为鱼塘换水的
草苗村民

(三)水稻的耕作

通道种植业历史悠久,宋人江少虞《宋朝事实类记》记述"辰、沅、靖等地,土地平旷,适宜耕作,前代已得到开发"。《元史·列传》载:元大德元年(1297 年),"诏民耕种,使蛮疆日渐开拓"。通道是"九山半水半分田"的山区县。1950 年全县耕地面积仅 7.8 万亩(其中水田 6.8 万亩)。之后,随着县境面积的不断扩大,农田水利基本建设力度的不断加强,到 2005 年,全县耕地面积达 19.57 万亩(其中水田 18.25 万亩)。①

水稻是通道传统的主要粮食作物。长期以来,通道各族人民在八斗坡下、渠水两岸肥沃的土地上,充分利用优良的自然条件,从事粮食生产。临口、下乡、溪口、芙蓉、播阳等地的开阔大田坝,是境内有名的粮食产区。水稻是通道农业的主要项目,全县总耕地面积的 90% 以上都是用来种植水稻,稻谷产值占农业总产值的 50% 以上。但由于历史的原因,通道文化科学技术落

图 2-37　抽水机

后,耕作粗放,无法进行良种选育和提纯复壮工作,使丰富的种子资源不能得到充分利用,严重影响了良种种性的发挥和农作物产量的提高。加上农业生产经常遭到水旱虫灾,产量很难保证。到 1949 年,全县粮食总产仅 2253 万公斤,平均亩产仅 115 公斤,人均粮食仅 245 公斤,自给严重不足。旱粮作物有一部分还是原始的刀耕火种,广种薄收,产量更低。由于生产力落后,各族人民生活困难,遇到灾荒,只得上山挖芒粑度日。②

通道人民在长期的农业生产实践中,总结出符合本地实际的独特的水稻和其他农作物栽培技术。水稻播种育秧,20 世纪 70 年代以前推行温室催芽分批播种。20 世纪 80 年代后杂交稻推广"日浸夜露,三起三落"的方法,秧田推广"湿润秧田"。20 世纪 90 年代后,采以大田分厢深水播浅水育为主,秧田基肥以人畜粪为主,辅施追肥。秧苗二叶一心,施"断奶肥",插秧前

① 通道侗族自治县概况编写组:《通道侗族自治县概况》,北京:民族出版社,2008 年,第 100 页。

② 通道侗族自治县概况编写组:《通道侗族自治县概况》,北京:民族出版社,2008 年,第 101 页。

7～8天,施"送嫁肥"。由于境内山地多,耕地分散,面积小,难以推行机械化耕作,新中国成立至今,水稻插秧方式仍手插为主。水稻的田间管理在20世纪50年代以后,逐步推行"深水活苞,浅水分蘖,苗足晒田,足水打苞,有水抽穗,干湿壮籽"的科学管水方法,中耕除草两次。20世纪90年代推广使用化学除草剂后,只进行一次中耕或不中耕。

近二十年来,通道境内推广的水稻栽培新技术主要有:(1)起垄栽培。垄面栽稻,沟中养鱼,水面养萍。该技术1990年获农业部全国农牧渔业丰收一等奖。(2)杂交中稻丰产栽培技术。选用优良组合,适时早播,培育壮秧,插足基本苗,科学施肥管水,加强病虫防治。该技术1992年获农业部农牧渔业丰收二等奖。(3)水稻"双两大"栽培。第一期育小苗,第二期二叶一心时寄插,第三期大田移栽。(4)水稻软盘旱育,抛秧栽培。采取塑料软盘育秧,秧苗长到二叶一心时起盘抛种,省工、省肥、省种。

其他农作物的栽培技术方法多样。红薯主要在清明前后下种,多为露地育苗,矮蔓斜插。20世纪70年代推广起垄栽培,产量大增。西瓜于20世纪80年代后改露地直播为营养钵育苗移栽,改单一种瓜为间作套种,提高单位面积产量,同时推广人工辅助授粉,提高坐果率。柑橘在20世纪70年代实行"统一规划,成片建园,带状开垦,深穴移栽",20世纪80年代采用"等高开梯,深撩壕,选用良种,足肥大苗,三路配套"的要求建园。20世纪90年代以来,引进优质品种,推广高接换种,改造劣质果园。油菜在20世纪70年代推广育苗移栽,产量大幅度增加。[①]

千百年来,通道人民辛勤耕作,因地制宜,总结出一套科学的符合本地实际的耕作方式。通道境内水田有一熟制、两熟制和三熟制。一熟制即水田只种一季稻谷,收获后即犁田泡水,或荒闲过冬,开春即种稻谷。两熟制即一年两季作物,主要形式有:稻—稻,一季早稻一季晚稻。油—稻,种一季油菜一季中稻。稻—肥,种一季中稻一季绿肥。稻—菜,种一季稻谷一季蔬菜。瓜—稻,种一季西瓜一季晚稻。两熟制占水田面积的60%,是水田耕作的主要形式。三熟制即稻田一年收三季农作物,有稻—稻—肥,即一年收两季稻谷一季绿肥。稻—稻—油(菜),一年种两季稻谷和一季油菜或蔬菜。三熟制在20世纪60—70年代较普遍,1981年后,三熟制种植减少。通道境

---

①　通道侗族自治县概况编写组:《通道侗族自治县概况》,北京:民族出版社,2008年,第105～106页。

内旱地耕作也有一熟制和两熟制。一熟制主要有春夏种一季玉米、红薯、棉花等，入冬土地荒闲。两熟制主要形式有"红薯＋玉米"间作套种、"玉米＋饭（黄）豆"间作套种、油菜—红薯等。[①]

大高坪当地所种的水稻基本为一季稻，当地村民水稻种植分为春种、夏管、秋收、冬闲四个基本状态。在清明时节开始插秧种田种水稻，民间有说法"泡桐花开就种田"，当地过去以山上的泡桐花为标志，来断定开始耕种田地的时间。耕地犁田插秧一系列农事结束后，青壮年劳动力便会纷纷外出，到广西、广东、浙江各地去打工，剩下妇女、老人、小孩在村子里看护田地。待到农历七月中旬至八月初时，在外打工的人便会回来，男女老少一齐上阵，下到田里收割稻谷。待到八月中秋过后，接近于九月初，青壮劳力便会再次出村，形成第二波外出务工潮，直到农历十二月初才会回来，呆在家里准备过年。年后，元宵节还没过便有许多人出外打工，这些人直到清明前后又会回家种田，然后再次出去。基本上当地草苗村民大多数家庭都要经历这么一个周期历，种田和外出务工双重循环，也形成了当地最为常见的经济结构。以下记录对大高坪村民农田耕种活动的访谈。[②]

笔者（以下简称"笔"）：夏天是闲的时候吧？

吴姓村民（以下简称"吴"）：嗯，就是这段时间，六七月份。

笔：农历六七月份？这只是你，还是大多数人都是这样？

吴：大多数人都是这样的。（手指路人甲）他的话比我们还闲，哈哈哈。

路人（以下简称"甲"）：一般情况下都是这样的。

吴：因为天太热，你做不了工啊，是不是。

笔：那也是。那忙的时候呢？

吴：啊，夏天没有忙了。春秋忙啊。

甲：春夏秋冬的，就是这样的。

吴：春是最忙，春种嘛。秋收，也忙。

笔：春天那一般是几点钟起来啊？

---

① 通道侗族自治县概况编写组：《通道侗族自治县概况》，北京：民族出版社，2008 年，第 106 页。

② 访谈时间：2011 年 8 月 8 日，访谈地点：大高坪村四组，被访谈人：吴姓村民、路人（姓氏不明）、中年妇女。

吴:起来……的时候就是……五点钟这样。

笔:五点钟就起来啦?

吴:五点钟就出去拿牛去咯。五点钟……五点过六点这样。

笔:怎么起这么早?

吴:拿牛啊,拿牛起来,回来才吃早餐啊。先去耕牛先,然后九点钟再回来吃啊。

笔:你那个牛不是放在田里面的吗?

吴:去早点没那么热啊,那牛有力啊。你要叫它出太阳了,那牛就推不了咯。

笔:出太阳牛就走不动了。

吴:嗯。

笔:那就是五六点起床,然后六七点的时候……

吴:五点钟,六点钟这样。

笔:然后呢?吃早点。

吴:没有没有。先耕牛先,然后再吃早点,一般都是这样。

笔:先耕牛啊?几点钟?

吴:五点过六点多钟就去耕牛啦。

笔:耕牛耕到几点?

吴:九点钟这样,一般是这样。

笔:耕到九点然后回来吃早点。

吴:有的时候不回来,拿过回去,去上面吃。

笔:哦,就有时候在田里面,有时候在家。

吴:有的时候就回来,有的时候还继续耕到十一点这样。

笔:要到十一点呀。

吴:有的时候就回来了。要是那个天下雨啊,有一点雨啊那种,那就耕久一点咯,热的话就回来咯。

笔:热的话就回来,十一点?

吴:十一点这样。要是下雨啊,有一点雨就是。要是不下雨的话,基本上九点之后就回来了。

笔:不下雨九点后就回来了。那后面这几个小时你……

吴:就没做啦。

笔:休息咯。那就等于说要看看天气来做事了。

吴:肯定了。要比较凉……凉一点就搞久一点这样。太热了,九点钟的时候太阳就很大了,人也做不了是不是。

笔:像现在这样太阳就很大了。

吴:呵呵,对啊。

笔:那还是十二点半的样子吃中饭?

吴:是啊。吃完中饭又去看牛一次,就这样,你问他(手指甲),一般都这样的。

笔:吃完又去看牛啊?

吴:养它要,那时候是放啊,不像现在这样喂啊。

笔:放的啊?意思是说放牛。

吴:嗯。就是田边放咯,没有这个稻草的话。

笔:哦,就给它吃旁边的草。中饭之后就去看牛咯,几点钟?一点钟左右了哦。

吴:一两点这样。反正牛放完了就回来了,农村就是这样咯,很简单嘛。唉,也差不多天比较黑了就回来。

笔:你要一直看着它啊?

吴:不要,你可以去做其他的啊,反正你就是去做一下其他,又回来看一下它,最起码要知道它在那里啊。

笔:就是隔一段时间要去看一下牛咯。

吴:嗯,反正就是那段时间都在山上啊,是不是。要是不喂牛的那些人,都不知道他们做什么唉,是不是,那田地都给人家做了,不一样啊。

笔:那他们是不是出去做生意?

吴:那个不在我这个范围之内是不是,呵呵。

笔:一般是五六点就回家了吧。

吴:嗯。六点钟都已经天黑了。

笔:然后七点钟吃晚饭?

吴:嗯。春天的时候吃早一点。那时候天黑的快。

笔:那是不是睡的也早一点?九点钟可能就睡觉了吧。

吴:可能这样。九点多十点来钟睡觉了。

笔:也蛮早了。

吴:差不多吧,我们一般都会来这里玩一下咯,大概九点左右就散了。

笔：这是春天忙的时候，那春天闲的时候有没有？

吴：春天的话都没有什么闲的。在家忙的基本上都是这样。不在家忙的就是出去了。现在嘛，都出去打工了。老的少的都去打工了。

笔：那秋天呢？怎么个忙法？

吴：秋天的时候就是早上太早啦，可能有六七点钟起来，吃完早餐要等到出太阳啦，八九点钟的时候再去打那个谷子啊。

笔：你的意思是说早上有露水嘛。

吴：对啊。反正要等那露水散哦，要比较稀哦，你才能给谷子晒一下子。

笔：秋收就是忙打谷子，晒谷子咯。

吴：是啦，反正就这样，就是种田而已啊我们这里，也没做其他的啦，你看到我们这里棉花没种，没种什么东西是不是。种也是种一点点的，两三天不用就忙完了。

笔：打谷子要打多少天？

吴：十天这样，也有六七天的。这两年有机子啦，前两年全部用那个……那个……木……

笔：木头的那种？就是甩的那种谷桶……像一个盒子一样的那个东西。

吴：哦，对！甩的那种。那种就慢。

笔：那等于说，八九点钟就到田里面去，然后就割禾？

吴：嗯，做到十二点。

笔：割禾完了就打。

吴：哦，打到十二点这样，就回来啦。吃完饭，到三点钟这样就又去两三点钟。对了，中午的时候还要去晒那个谷子哦。

笔：那晒谷子又要搞一个小时吧。

吴：嗯，吃完饭马上晒这样，也有人晒完吃饭的，差不多。都要一个把小时。

笔：有吃完晒的，也有晒完吃的。

吴：反正说一般都是中午那个时候开始晒。有些是有人在家里面的那些就是，他去打了谷子一个小时就拿回来晒，家里面有人在那里搞啊。

笔：那等于说一点钟左右才吃饭了，有可能。

吴：嗯，一点钟这样，反正要晚点，打谷子的时候。

笔：吃完饭三点钟的时候又去了。

吴：去两个小时又回来，五点钟的时候，就开始收晒的谷子了。有的要收要到天黑，有的要收到八九点钟。

笔：还要收那么久啊？

吴：肯定啦，有时候用麻袋装的。要天黑，基本上都是天黑的。

笔：到时候路边基本上到处都晒满了吧。

吴：肯定了，那时候啊，全部是黄的金子，哈哈哈。

笔：可惜看不到了，我们这里不扬场的吧。就是把那个谷子扬起来。

吴：没有没有。就是在路边晒。晒到五点钟去，这样才来收，收一两个小时他要。

笔：就是七八点的时候。

吴：天黑。基本上天黑。

笔：然后八点左右就吃饭了哦……然后几点钟睡觉啊？

吴：也可能十点这样，那时候忙的晚一点。

笔：那基本上是十点左右就睡觉了哦。那冬天呢？

吴：冬天就是喝酒喝酒，还是喝酒，就没有了，哈哈哈。

笔：那不是一直在醉啊。

吴：一直是醉的，那时候睡觉就睡得晚，早上也起得晚啦，哈哈。

笔：冬闲……那现在经历的是夏闲这个阶段是吧。那春天忙的时候是几月份到几月份？

吴：春天忙的时候是清明过后……一个月。

笔：清明后一个月。

吴：对，一个月过一点。

笔：秋天忙是什么时候？

吴：七月末到八月半。今年的话要八月半到九月了。反正是八月份了。

笔：整个八月份总是忙的。

吴：有时候是七月半，前两年是八月……刚刚进到八月就忙完了。

笔：忙完啦？

吴：嗯，只有十来天咯。一个人才几分田，没什么谷子。

笔：那冬闲是几月到几月？

吴：冬天有人在家……有人在家就十二月份咯，只有十二月份。

笔：只有十二月份？是因为都出去了吧，所以要看有不有人在家。

吴：在家里面也没做什么，说实话，没什么做啊，也就是种些油菜。

笔：如果冬天在家的话，比如说他种油菜……那一天他怎么安排？

吴：一般就扯草啊，就是隔一段时间就扯草啊什么的，也不是很忙这样。

笔：六点钟起床？

吴：那应该不会，我们从没在家呆过冬天。

甲（中年男子）：就是上山去，有的是上山去捡那些茶油啊。

笔：哦，就是捡那个茶籽吗？

甲：对。

吴：茶油，现在打完谷子就茶油了啵。茶油那是两三天的事啊，捡茶油种油菜嘛。

笔：冬天的时候你们都不在家啊？

吴：都不在的。

甲：都不在，两三个月不在家的。

吴：三个月都不在。

甲：三个月，一般都是三个月。

吴：一般是九月份、十月份、十一月份都不在。

笔：那像你老婆她们呢？她们在家吗？

吴：她们在。

甲：她们在家。

吴：她们是留守妇女而已，嘿嘿。

笔：留守妇女。

吴：呵呵呵，是留守妇女而已啊。带一下小孩。

甲：全部出完啦。

笔：那村子不是空啦？

吴：百分之八十都出去了。只剩下老的跟小的了。还有一些留守妇女，呵呵。

笔：留守妇女，在家带小孩不方便出去的。

吴：对。

笔：那冬天闲的时候可能问她们清楚一点。

吴：那不知道。

老人（男）：她们不出去，带小孩。

笔（问一名妇女，以下简称"女"）：大嫂，你跟我讲一下吗？

女：讲什么？

笔：冬天闲着的时候，一般做点什么？

甲：一般就是带小孩子，女人就是带孩子呗。

女：没做什么，就是玩啊。

笔：不会吧，比如说早上大概七八点钟起来……去做什么？

女：嗯，起来之后就去山上砍柴之类的。

笔：要去砍柴？

女：对啊。

吴：冬天那个柴没有叶子你懂不懂？

笔：没有叶子，是不是比较好烧？

吴：不是好烧，是好砍。又没有虫，又没有那个黄蜂。

笔：哦，那除了砍柴外，还做别的吗？

吴：还有烧炭呗。

甲：就烧炭啊之类的，就是这样嘛，一般都是这样，冬天都没有什么事做。

笔：烧炭要怎么烧？

吴：外面有个窑。

甲：外面啊，外面有个窑嘛。

笔：这里外面有个窑？

吴：里面还有炭呢。

甲：里面还有炭。

笔：就是冬天要用时又把它挖开。

吴：又烧嘛。

甲：那个窑我去挖的哦。

笔：你去挖的啊？那是公用的窑是吗？

吴：呵呵……也不算是公用的，反正谁有柴谁去烧啊。

笔：谁有柴谁去烧，那就是公用的嘛。他烧了以后，就把炭拿走了嘛。

吴：那他不去挖,不去锄地的,他自己也不想去烧啊。

笔：哦……就是说他不修那个窑,他就不好意思去用?

吴：我也不知道怎么说,反正跟公用的差不多。那窑又不是我的,我只是去挖一下而已。

笔：那个窑有多大啊?

甲：有四担炭在那里哦。

笔：四担炭。

甲：四百斤这样……

吴：有六七百斤柴……

笔：六七百斤柴烧四百多斤炭出来。

吴：哦。

笔(问妇女)：你刚刚讲冬天的时候七八点钟起床,然后就上山砍柴去了。那大概几点钟回来啊?

女：十点来钟吧。

甲：十一点钟这样子吧。

笔：就是这段时间上山砍柴的哦……冬天雨多不?

吴：冬天是旱的。

笔：这里会下雪吗?

吴：会呀,有雪就没有雨咯,就干咯。冬天的话这个小河子比现在还要小。

笔(问妇女)：十点钟回家了,然后就做饭?

女：呵呵……

吴：做饭,吃饭!

女：做饭,吃饭,然后吃完饭咧又去砍柴,回来,就这样子。

笔：十一点钟就吃饭啦?

女：是啊。

笔：好像我们这里没有睡午觉的习惯哦?

吴：很少,一般都不睡的。

笔：然后几点钟又上山砍柴啦?

吴：两三点。

女：问他们! 他们知道的。

笔:他们冬天又不在。

女:不在也知道啊,小时候他们天天砍柴。

笔(问吴):你小时候去砍柴?

吴:肯定小时候去砍,现在谁去砍柴哦。

笔:现在小孩子不上山砍柴。

吴:现在没用……有钱啊。

甲:现在有钱用了咧,都是这样。

吴:像我们十一二岁的时候,都要去砍柴的,他们现在连刀都不会拿。

笔:哦……那十一点钟就吃饭了,两三点的时候又去砍柴啦?

甲:吃饭十二点了嘛。

吴:像这吃饭的时间都差不多的。七点钟起床,八点钟吃茶……砍柴砍到十点,一个半两个小时就回来了。烧炭的话就兜饭去咯。

笔:烧炭要烧多久啊?

吴:一天半到两天。砍那个柴就要砍两三天。挖个窑到山上。

笔:挖个窑到山上烧炭就不回来了吧?

吴:晚上吗?晚上回来。

甲:就中午不回来而已,

笔:中午不回来,整个下午也都呆在那边。

甲:反正一天嘛。

吴:有时候半夜都还要去封窑哦。

笔:啊?半夜上山?

吴:没办法啊。要去啊,不去的话,你那几百斤柴就浪费了。那个窑,你总是放风进去的话,它就会化的。

笔:它会没掉是不是啊?

吴:哦,就化掉克了灰啊。

甲:变成灰了呗。

吴:所以你要把那个壁那个气全部封死。

笔:你一般什么时候上山封窑?

吴:一般我就快天黑的时候上去。

甲:我一般晚上都不上去。

笔:晚上上山还是有点怕的。

吴:两个人哪有什么怕。

甲:两个人呗,两三个人一起去啊。

吴:怕就两个咯,不怕就一个。

笔:烧炭的话,大概是几点钟回家啊?比如说中午。

吴:那个不一定。比如说有时候两三个小时它里面就结火了。

笔:结火意思是……

吴:开始烧了里面。

笔:就是开始烘炭出来了?

吴:嗯。

笔:那就回来了,然后晚上再去封。

吴:晚上你就去封一下,封一条这么宽的……这样的一条缝,给那风进去,让它里面不灭火啊。

笔:哦,然后就让它慢慢在里面煨。

吴:嗯,给它两天这样……一天半这样……

笔:那你挖这个窑有多大?

吴:那一个人进去这样,可能一米六,一米五这样,这么宽,圆的。

吴:高的话就是有一个人蹲着这么高,还要高一点。

甲:他们烧瓦那个窑还要大咧。

笔:烧瓦,这边好像说以前有个瓦厂?

吴:以前有个,现在搞田。那个瓦厂现在去看的话,还有咯,不过是不成形了。

甲:就是去播阳那里,旁边那里有一个。

……

笔:冬闲还没讲完咧。

吴:完了啊。

笔:没有啊,说吃完饭两三点钟去砍柴。

甲:唉,一般都是两点又去砍柴,去砍一个小时就回来,就这样了嘛,就回来喂猪,吃饭就这样咯。

笔:那四点钟就回来了?

吴:砍柴的话,两个小时这样。

笔:然后回来喂猪。

吴:煮饭,吃饭这样……还要喂猪,也是一起,就都是那一段时间。

吃饭前喂猪哦。

笔：吃饭又是六七点钟吃咯。吃饭前喂猪？

吴：嗯，一般都是晚饭前喂猪。

笔：冬天还有什么活动？

吴：冬季的话，每天喝酒，嘿嘿嘿。

甲：每天都是大把大把的新娘咧，都是喝喜酒的。

笔：喜酒又喝的长，喝一次喜酒要喝好几天吧。

吴：没有，喝一天。

笔：冬天几点钟睡觉？

甲：一般就是八九点钟的。反正九点钟到十点钟这样子，一般都是九点钟睡觉。

笔：八九点钟就睡觉了……春夏秋冬，一年的那个时间是怎么分配的？比如农历的春天是几月份到几月份。

甲：就按那个挂历来的呗，二十四节气啊。

笔：按挂历啊，那农历的春天是三月份开始吧？

吴：我们应该不按那个挂历算。

笔：那怎么算啊？

吴：农忙来算啊。

笔：清明咯。不是以立春为春天？

吴：说是也这样说，我们这里不按那个季节啊。

笔：那你们怎么算呢？

吴：现在都差不多过秋天了是不是，到收谷子的时候了。

笔：现在是农历七月，农历七到八月的时候收谷。

吴：嗯……七月八月收谷。

笔：那八月之后咧？

吴：八月之后出去咯。

笔：出去到几月份回来？

吴：十二月份，九月份到十二月份都出去的。

笔：收谷是七月开始，到八月半。

吴：但是每一年的不同啊。有时候是七月，刚刚进七月就开始啦。

笔：有时候是刚刚进七月就开始收谷。

吴：七月份就开始晒，晒完就收，就这样。

笔：晒是什么意思？

吴：晒田啊，田要晒干才进得了啊。

笔：哦，晒田！那就可以吃鱼了是吧。

吴：对！一般都是七月十四日晒田的多，今年就晚。

笔：晒完就收，收完就差不多到九月啦。

吴：就快到中秋啊，中秋就出去啦。

笔：中秋过完就出去？

吴：中秋过完就出去。

笔：打工打到十二月底就回来。

吴：进十二月，十二月初回来。

笔：十二月初回来。然后一月份二月份在家过年。

吴：一月份就出去了，农历正月就出去了。一直到清明。

甲：正月出去，初几就出去了，一般都是这样……

笔：啊？那还没到元宵节。

甲：一般元宵节前就出去了，在外面过。

笔：等于说过年没几天在家咯？

吴：一个月啊。

笔：过年哪有一个月？

吴：十二月初到一月初，不是一个月？

笔：十二月那段时间还没过年啊。

吴：新年的话就几天咯，一般就是十天。

笔：十天左右哦，一般都初几出去啊？

吴：要不初八左右，一般都十五、十六日……初八日和十六日出去最多。这两年元宵节都差不多没有了。

笔：元宵节吃汤圆吗？

甲：我们这里都不吃汤圆。

笔：哦。那一月份出去了，到几月份又回来？

吴：清明回来。反正清明回来要挂青。

笔：这一段时间出去打工了，然后清明回来挂青。

吴：对，对。反正种田的种田，不种田的就是出去。

笔：清明后，种田或者是再外出打工了？

吴：四月到五月就是插田，插秧。

笔：插一个月啊？

吴：有些晚，有些早啊是不是。有些快，有些田多啊。

笔：你家一般是什么时候插？

吴：我家的话一般都插十天。

笔：插十天插完了。你家（对甲）要插几天啊？

吴：他们跟我一样的。也是十天。

甲：一样的。

吴：人也是一样多，田也是一样多。

笔：哦，人多一点就快一点。可能插个二十天或者一个月。

吴：一个月的没有，二十天的可能有哦。去年今年都插了差不多二十天。

笔：男男女女都去插吧？

甲：都去。

吴：女的扯啊，男的插。

笔：女的怎么扯呢？

吴：就是去那田里面搞那个秧苗呗。那秧苗在田里面是成片啊，你要把它拔出来先啊。就是它以前撒种……培育的时候是很密的嘛，你要移栽啊，移栽肯定要把它搞出来啊。

笔：哦，就是移栽。四月份左右，女的去扯秧苗，然后男的插秧。

吴：对。那个种子培育四十天左右，就开始插。

笔：这种子是自己留的还是去买的？

吴：买的。

笔：都是买的，不能留吗？

吴：那糯米是自己留的。

甲：就是糯米能留呗。

笔：其他的大米是留不了的？

甲：留不了的。

吴：其他的就是留种，第二年也不好吃。

笔：哦，这样呀。那插完秧苗后，五六月份的时候还有什么忙的？

吴：就是看它咯。要是天气……那田地是干的话，看有什么办法不。

笔：那等于说是五六月份差不多到七月份都在看田。

甲：都在看田，都是这样。

吴：就是都不给它干。那……有六七十天。

笔：这样讲，就是打工的时间就是过完年后到清明。

吴：一般像比较正常的话就是一月到清明出去，然后从清明后回家管田了……中秋到十二月初又出去。

笔：那是不是有人清明回来挂青又去外面继续的？

吴：那个你不管你就打工啊，你自己管你就种田啊。

甲：那个没有田种的就出去的。

笔：有的人把田租给别人，就叫别人帮忙搞咯。

吴：那他肯定成天出去打工啊。

甲：那就出去打工了呗。

笔：租田出去，然后等打工，别人就给他钱还是……？

吴：随便怎么都行，反正都是一样的。给钱给那个稻谷都差不多。

笔：我们刚刚讲的都是种田的事，那种菜咧？

甲：种菜嘛，一般就是收完谷子就可以种了呗。

笔：不是说白菜萝卜啵，是说现在平常吃的茄子啊，豆子啊，辣椒啊……

吴：那……现在吃的就是一两个月之前种就这样咯。像西瓜就是插秧那时候种的，还有海茄、辣子……

笔：哦，就是插秧那时候种，都是种一点，够一家人吃就够了吧。

甲：西瓜，海茄还有辣椒那些都是插秧那段时间种的。

笔：那插秧那段时间吃什么？

吴：吃那个洋芋。

甲：吃那些韭菜啊什么的，吃野菜啊。

吴：因为那个洋芋，你可以……过完年，正月就可以种了。

笔：韭菜呢？

吴：韭菜啊，那个兜（根）总是在那里。割掉它，冬季要盖好哦。

笔：冬季要盖好？

吴：是呀，雪泡的话不行，不给它雪泡就行啦。韭菜不比麦子，不能太冻了，冻了就长不出来了。我们这里也种麦哦。

笔：少吧，没看到几个人种麦子。

吴：很少。

......

通过以上访谈，我们可以了解到许多有关当地农田耕种的信息。首先是生产活动的基础安排，在每个月，草苗们是打工还是种田，这情形详见表2-4。其次，在春夏秋冬四个季节里，大高坪草苗村民每一天的基本活动情况，详见表 2-5。

表 2-4　大高坪草苗生产活动基础安排表

月份（农历）	农业生产、外出务工等相关活动
正月中旬、2月	年后，青壮劳力于正月内外出打工，一般是元宵节前（其中以初八、正月十六为高峰） 留守妇女、老人等在家种植洋芋，看护韭菜等
3月、4月	通常在清明前后开始耕田、插秧，在外打工的人回家，一般时间在 10～20 天左右（有简单分工：女性择苗，男性插秧） 插秧同时种植各种蔬菜瓜果，如西瓜、茄瓜、辣椒等 若家中无田或已经将田交给他人租种，则继续在外打工
5月、6月、7月	清明将田种好后，多数青壮劳动力便会再次外出打工，时间持续三个月左右 在家的人则负责看田、看水，保证田地不干，同时看护瓜果蔬菜
7月中旬（7月底）、8月	一般为收割水稻的时候，在外打工的人回家参与收割，晒谷等；水稻收割完后便可种植油菜，上山采拾油茶果
9月、10月、11月	9月初再次外出打工，有可能不过中秋，或过完中秋再外出务工 在家的人开始种白菜、萝卜等
12月	12月初，外出打工者回家，准备过年
正月初	过年，年后又准备外出务工，一般过年在家十天左右

表 2-5　四季一日基本活动情况表

时　间	活　　动			
	春	夏	秋	冬
0 时	睡觉	睡觉	睡觉	睡觉
1 时				
2 时				
3 时				
4 时				
5 时	起床			
6 时	耕田	起床	起床	起床
7 时		早餐		
8 时		做工、看田	早餐	早餐（吃茶）
9 时	早餐（家） ／ 早餐（田）		打谷	上山砍柴
10 时	家中 ／ 田间	回家		回家（在家）
11 时				午餐
12 时		午餐	回家（在家）	
13 时	午餐	休息	午餐	休息
14 时	看牛		休息	上山砍柴
15 时			打谷	
16 时				回家、晚饭前喂猪
17 时	回家（在家）	做工、看田、喂牛	回家、收晒谷	
18 时				吃饭、喝酒
19 时	晚餐		晚餐	
20 时	休息	晚餐		
21 时	睡觉	休息	休息	睡觉
22 时		睡觉	睡觉	
23 时				睡觉
24 时				

　　我们曾采访大高坪4组下龙寨的一位草苗妇女,其日常作息大致是:夏天早上六点左右起床、做油茶,吃过早餐后,七点左右去看田,到九点左右回家,十二点午餐,十四点左右砍柴,十七点左右回家,十九点左右做晚饭,二十点吃饭,晚上看会儿电视,二十二点左右睡觉。冬天的时候,起床时间后延一小时左右。① 这与表2-5所列村民日常活动时间情况基本上是相吻合的。

　　为了更详细地了解大高坪村的农事活动,我们还专门去采访了熟悉农事活动的王主任。②

　　　　笔:王主任,麻烦您说说那个种田的事情咯。

　　　　王:种田嘛,一般就是农历的二月二十左右开始。

　　　　笔:先做什么?

　　　　王:二月就是先放水进去,犁耙嘛。

　　　　笔:放水进去,怎么个放法?是不是把水淹过那个土?

　　　　王:对,那水要淹过那个土,也不要太深啊,第一次放太深不好犁啊。犁好以后就耙啊。

　　　　笔:这个一般要做多少次啊?

　　　　王:一般……一般是要做三次,犁耙一次,犁耙一次,搞三次哦。

　　　　笔:犁一次要放一次水吗?

　　　　王:不是啊,放水就是说过年以后啊,那田是干的嘛,一般就在二月二十左右放水进去,就犁一次,犁一次就耙一次,这个才叫一次。

　　　　笔:犁一次耙一次就叫一次。

　　　　王:这叫一次哦,又过十天半月啊,又犁耙一次。

　　　　笔:过十天半月又犁耙一次哦。

　　　　王:嗯,又犁耙一次哦。

　　　　笔:就是说这一套动作要连续搞三次。

　　　　王:第三次咧……第三次要到谷雨前,那个芒种以前咧,就又犁耙一次,然后就插了啵。

　　　　笔:我们这里也按芒种那些来从事农业吗?听有些人说不懂这个东西。

―――――――――

① 访谈时间:2011年8月23日,访谈地点:大高坪村4组,被访谈人:草苗妇女。
② 访谈时间:2011年8月23日,访谈地点:大高坪村5组,被访谈人:王主任。

王：农业一般是按那节气来的。芒种前，就要插了。那个秧田呢，它就要在谷雨节前撒……就是第二次犁耙的时候，安排在那谷雨前撒种子啦。就是要撒下去一个月，也就是要到第三次（犁耙），第三次也就是要到芒种前了嘛。然后就栽。

笔：一个月哦，撒种了之后那这段时间要干嘛？要除草还是要杀虫？

王：不除草，就杀虫的。

笔：杀虫。

王：嗯，一般咧它有了两叶，三叶……或者叫两叶一心，三叶一心那时候，你要打一次虫。就在快要插的前四五天，又打一次虫。这样那个病虫害就少了啊。秧田的面积咧，发的小的就好，是预防这个虫。

笔：具体是到第三次犁耙之前又打一次虫？

王：是到第二次犁耙就打虫了。两叶一心到三叶一心打一次虫。到快要插的时候的前四五天。

笔：快要插的时候还要打一次？

王：嗯，快要插的时候，就前四五天，打一次它就不带那些病菌进到大田去了。

笔：哦，这个就是在小田里面育苗的时候哦。

王：对，是秧田啊。

笔：这个完了之后就到那个大田了吧？

王：嗯，就到大田了。大田就要犁耙，就今天早上犁，或者是前两三天犁都可以，但是耙一定是今天耙就今天栽这样的。

笔：就是说可以先犁好，然后当天耙。

王：一般现在都是这样……多了也都是五六亩田吧。有的他全部犁过完了，再从一头耙过去，今天插得多少就耙多少。我今天插了一亩我就耙一亩，插得两亩我就耙两亩，就是这样的。

笔：哦，是这样的。

王：以前都是用牛搞啊，现在用机械也不固定了。今天早上把机子开进田里去，我要插一亩我就犁犁耙耙一亩，这样都可以的。

笔：哦。那这个时间是几月份？

王：这个是……四月。四月插田了。

笔：四月插田了，那就是二三月份放水犁耙。

王:它这田啊从二月份开始犁耙嘛,因为这个水也小,它发春水啊很小的,你不能够一家伙全部犁耙完啊,所以就是慢慢的来的。

笔:从二月犁到三月份去了。

王:嗯,一般就犁到三月份,有的要犁到四月份去了才犁耙完啊,有些是在山顶上那些水很小啊,要下大雨来啦。基本上呢犁三次,有些啊四五次都犁耙去。

笔:还有四五次的啊?

王:有哦,有四五次,因为水小就不得不多犁多耙。那个土就不会很干……渗透下……

笔:就是说让那个土软一点。

王:嗯,土软一点……这样的。

笔:然后四月份就插田了?

王:芒种前……插田。以前哪,是芒种在中间,两头都插,现在一般都是在芒种前四五天就插完,现在比以前快多了,现在因为有的是机械化嘛,很多人用那个耕田机啊。以前都是用牛的。

笔:那大家都按这个节气做事吗?

王:农活基本上按照这个的,基本都是……季节都是这样的啊,以前没有文化的,他也看到人家搞就跟着搞……还有,山上有一种树叫桐油树啊,桐油开花,快要开花的那段时间,一般都是在那个谷雨左右啦。他一看到桐油开花就要撒谷子的了,要浸种啦。

笔:那等于说要是他没有什么文化,他就是看桐油,看桐油花。

王:对,对! 这是千百年的经验……

笔:那是经验咯,那像你懂文化的就是知道它这个是芒种……

王:就是看季节,芒种,谷雨,看二十四节气。

笔:那清明在哪个时候啊?

王:清明一般是在二月的二十几或者三月初几,在这段时间的。拿公历来讲,一般是在4月5日或4月4日,公历是固定的。但是农历咧它是在二月二十几或者三月十几,它就在这段时间。因为农历和公历相差差不多一个月去了。

笔:就是说二月份就开始犁田了,就等于是备耕的阶段。

王:哎,备耕。然后到这个清明啊,有些就在清明撒种,在清明到谷雨啊……这十五天,它相差只十五天嘛,有的早的在四月四、四月五就开始浸种了,有些咧,再过清明了十天还是十五天才浸种的。

笔:那撒种是什么时候撒啊?

王:撒种一般就是在清明到谷雨这一段时间。

笔:麻烦您再按月份来讲讲吧。农历的。

王:农历啊? 农历那不对哦,这个是四月那不对哦。

笔:不对了?

王:这个写公历吧,用公历讲,公历和二十四节气也好对啊。

笔:那就按公历算咯。

王:按公历讲嘛,公历就是 2 月份是农历的 1 月份了,也差不多。

笔:公历大概二月份的时候就开始备耕了,就开始犁地了。

王:对啊。

笔:还是按照农历吧,农历才有二十四节气啊。公历没有。

王:这……它也套的起来的啊。你看它四月五号和四号就是清明节。

笔:嗯,那清明就是在这两天嘛。

王:在这两天。

笔:但是清明在农历的月份是三月份左右。

王:三月的十几以前,它是这样的。有些年份在二月二十几哦。不固定那一天。

笔:不固定那一天。等于说是大约在二月底的时候开始备耕,放水啦,犁地啦。

王:二月……二月二十左右开始备耕。

笔:嗯,就开始犁田,犁耙。

王:哪里有水的就先搞那里,哪里没有水的就等到下雨。有水,一直搞到四月份才搞完。虽然只是这几亩田哦。

笔:有的要搞到四月份才把那个田犁完……

王:等有水啊,把那个田全部犁耙好。那个时候你必须先搞秧田啊,有水的搞秧田啊。

笔:等于说是找一洼有水的田,先把那个种子先秧出来,是吧。

王:对,其他的就慢慢搞。清明到谷雨这段时间就浸种啊。

笔:先浸种。

王:一般浸种就只要三天到四天咯。撒呢一般在谷雨那几天撒的,还落后几天也有。

笔：谷雨那段时间就浸种撒种。

王：浸种撒种就是三四天，一般三天。

笔：这个是几月份啊？

王：谷雨就是……四月二十左右了。

笔：就等于四月底咯。

王：嗯，四月底，公历的四月底了。公历和那个二十四节气也套得起来的。

笔：那你说的二月二十日放水，这是公历吗？

王：这个是农历。

笔：这个是农历，那等于说是三月底的时候放水。

王：哦，是啊。

笔：然后这段时间就是犁耙。

王：浸种，撒种，但是有些还没搞出来，就要继续犁耙出来那些田。

笔：哦，就等于说是同时做的。

王：反正就是要把那田全部搞出来，有的要等到那个农历的四月初八日，一般的农历的四月初八日总是要下大雨的。最迟也就是五月初五日，那个端午节，有的端午节才插完。因为他就是把秧搞起来，放在那里好好的排起。要等有水的时候，有水起来再插，有些田要这样。

笔：四月八有个什么节？

王：四月初八日是……就是糯米节了，那个黑糯米啊。

笔：那个黑糯米……就先不讲那个了。还是说种田吧。浸种撒种了之后就开始管田了吧。

王：对，你要管它就是说那水，头几天你要把撒种下去还要把水放干啊。

笔：还要把水放干？

王：放干就让它晒，有点点小点裂缝，然后咧它有这么……有了一公分高了才慢慢又灌一点水给它。

笔：又灌一点水进去。

王：它越长高就加一点，越长高就加一点。

笔：主要是看秧苗加水进去哦。

王：一直搞到一寸多这样。

笔：那段时间看田大概几天去一次啊？

王：这个……撒上去三天你再灌水，有的撒上去四五天。

笔：灌水之后每天都要去看它吗？

王：嗯……起码两天要去一次。你等于说边管秧田要边犁耙。

笔：哦……这样的。

王：撒下去一个月就可以插了嘛。一个月……一般的最迟的也就是四十天，那秧就比较老了，从科学的角度来讲应该是三十天到三十五天。

笔：开始插秧了哦。

王：那时咧还短小一点，嫩秧要好一点，那老秧啊……还是插早一点。

笔：插秧的时候怎么弄啊？

王：到撒下一个月左右，可能一个多月了就扯起来插了。插秧的时候就是第三次犁耙了啵。第一次是把田犁出来，第二次就是为了保水，第二次主要就是插秧。

笔：第一次就是犁田，第二次就是保水。

王：保水啊，起到保水和那个杀虫卵的作用。

笔：第三次就是插秧了。

王：对，是这样了。如果那些缺水的田啊，就多犁几次，有四次五次都有。

笔：犁多保水。

王：嗯，犁多保水……这个……到插了吧。

笔：一般是五月份？

王：四月底。

笔：农历还是公历？

王：如果早的话咧那个……那个黑糯米节啊，有的农历的四月八以后就开始插了，四月八以后就可以插了。

笔：农历的，那是农历嘛。

王：农历的四月八以后……如果早的话也是可以的。

笔：你就说普遍的咯。

王：五月……反正五月前吧。

笔：农历的五月份之前，那等于说是公历六月份之前咯。

王：啊，对对。

笔：公历的五月份左右一般就开始插秧了。

王：他插的话咧现在都是一家一户了，一般要插三到八天，三天到一个星期左右。

笔：三天到一个星期左右……就是男女老少都可以去插。

王：都插。男的咧就早上犁田耙田嘛，女的咧就早上采秧，一般咧是下午插的多。

笔：下午插的多。早上的时候就把秧搞出来，把秧拔出来，下午的时候就插秧。

王：对，如果有人多的话咧，边插就边有人扯。

笔：边扯就边有人插，那这个还是看家里劳动力的多少吧。

王：哦，看劳动力的安排，拿我来讲，我就两个人在屋里吧，爱人早上采秧，我就犁耙，下午两个吃了中饭以后再去插。

笔：那秧苗放在田里面晒太阳。

王：有水嘛，有水不要紧啊。捡起来它是一把一把，用那个稻草捆好的。

笔：那做这些农事的时候，有没有什么祭祀的活动？

王：没有，不要！

笔：没有这种。什么时候插完？

王：这个芒种节……芒种节左右就全部插好啦，在芒种节前插好这样。

笔：那后面的农活是怎么样的？

王：它刚插上的时候也很小么，也是要去看它的。

笔：几天去一次啊？

王：三五天去一次吧。

笔：三五天去看下水。

王：它那个秧苗长高了，你露鱼了，就再加点水。因为我们这里都是喜欢放鱼的。他插田啊，这个田只要犁耙出来他就放鱼了。只要一次犁耙出来啊。

笔：只要有水的他就开始放鱼了。会鱼把种子吃掉吗？

王：秧田不放啊，其他那田可以放啊。

笔：就是芒种前后就插完了，然后要长多久可以收割？

王：那个要到白露节前才收割……白露节前几天就可以了。

笔：那之前那些节气都不做什么了？

王：在这个还有一点要注意，就是你插秧到收割这段时间嘛，插下去一个星期之内呢就要撒那个……现在都是撒那个除草剂啊，你就不用去薅了，它那些草啊杂草自己就腐烂掉。

笔：这个除草剂要撒多少次啊？

王：他那个金稻龙一般的一亩撒二十斤。

笔：一亩撒二十斤，是要隔三天，三四天去撒一次吗？

王：没有啊，就只撒一次啊。撒除草剂，这个是减少劳动时间的，不用去薅就省了一步嘛，撒除草剂又还有一步……打虫，防病治虫。

笔：杀虫。也要隔两三天去一次吗？

王：没有。插了一个星期以后……十天左右就可以防虫治病了，不一定等它有病有虫再去打药，那就迟了。最好是就是十天半月内你就第一次，第二次要到破口期，它不是快要到抽穗那时候啊，破口期的时候又打一次药。现在一般就只打两次了，你打多了恐怕对人身体有影响了。

笔：打完了，然后就等到七月十四放田放水吧。

王：一般是农历的七月十四，就可以放了嘛。

笔：放田放水就开始抓那个鱼是吧。

王：放田啦，放完之后就抓鱼，抓鱼以后咧就……放水十天以后就可以收割了。

笔：收的时候怎么收？

王：收就是割下来，然后用打谷机打谷子。我们这里就在田里面，在田里面割了，他一把把放咧，就一把把拿到那个脱粒机去。

笔：就在田里面直接脱粒了。

王：是哦。那脱粒机……那平平的两个人就拉得动啊。

通过以上访谈，我们可知大高坪村民的基本农事安排：首先是备耕。一般在农历二三月份进行备耕，备耕包括犁耙、浸种等步骤，第一次犁耙田地大约在农历二月底（二月二十日左右）时进行，所谓犁耙，即犁一次耙一次地为一次犁耙。第一次犁耙过后，每十天再进行一次犁耙，目的是让土地松软，田地达到可耕种状态，一般进行三次犁耙，也有土地缺水的，会进行四次，甚至五次。犁耙的同时进行秧苗的栽培，栽培秧苗须在谷雨前下种，撒种后要让土地晒上几日(一般为三日左右),待土地出现细小裂缝使得种子落入土缝中,便开始灌水培养。待到秧苗出现"两叶一心"、"三叶一心"时,打一次虫,一直到要插秧前四到五天,才进行第二次杀虫,秧苗培育时间一般为三十天。插秧前进行第三次犁耙。第二,插秧。一般在农历的四月初八前后,开始插秧。插好后,一周或是十天左右进行病虫害的防治,半个月内撒一次除草剂,再到秧苗破口期时进行一次杀虫作业。之后,便是看管好田水以及日常除草了。第三,收割。一般收割在农历的七月十四,收割前会先把田水放掉,这时也是抓田鱼的时候,让稻田晒上十天左右,便可下地收割。当地没有扬场的习惯,收割、脱壳等作业均在田地内完成。据了解,收割后有些家庭会在田里种上萝卜、白菜,有的会种上青肥,有的会撒上草籽。

2008年9月,大高坪乡农业技术推广站在4组和7组的中稻测产和示范片验收总结报告中说道:"根据平时的观察、考种、现场测产验收和收割后到农户家中调查,天优396该品种(组合)生育期适中,株叶形态优良,后期剑叶直立不披,叶片较窄,茎秆粗壮,基部较空,高耐肥,抗倒性强,根系发达,高度适宜,穗大(27.1克/千粒)粒多。后期落色好,结实率高且米质优,作一季中稻栽培全生育期约127~130天,示范片农户一般亩产在500~600公斤。其经济性状为:亩平有效穗17.36万,平均每穗总粒数187粒,每穗实粒数176粒,结实率为93%,千粒重27.1克"。这是对当地水稻生长情况的一个较为科学的反映。另外,大高坪乡农业技术推广站还提出了示范技术措施,在一定程度上反映了当地的水稻种植栽培方式:"1.适时播种,小苗带土移栽:秧田应施足基肥,苗床耙匀整平,选择晴好天气稀播、匀播。在二叶一心期前打好多效唑,注意防好病虫害,培育壮秧,及时带土移栽。示范片大多数在5月24日—26日播种,在6月16日前基本移栽结束,栽植密度为(6+10)寸×6寸。2.平衡施肥,重施有机肥:肥料以亩施纯氮12公斤,N、P、K比为1:0.6:1为标准,即用45%兴湘复合肥30公斤,活性硅镁钙肥50公斤作基肥,同时要求每亩大田施农家肥10担以上。3.早追分蘖肥,及时晒田:移栽后3~5天,亩用尿素7kg,钾肥5kg作分蘖肥,并化学除草一次;晒田复水后,幼穗分化3~4期,亩用钾肥5kg,并看苗补充尿素作穗粒肥,并于始穗期和齐穗期,分别亩用谷粒饱1包(50g)兑水60kg叶面喷施。同时薄水勤灌,当亩平苗数达18万~20万时,及时晒田控苗,减少无效分蘖。4.搞好病虫防治,确保丰产丰收:示范片病虫防治除采用了频振式杀虫灯诱蛾外,平时对病虫害采取定丘块定时调查,确保防治不错过最佳时机,力保病虫损失率控制在 3％以内,为示范成功奠定了扎实的基础"。

2010 年,当地已统计的春夏粮食作物播种面积情况是:谷物播种共 975.48 亩,均为中稻和一季稻,其中杂交稻 901 亩,优质稻 60.48 亩,春玉米 14 亩。[①]

(四)蔬果及其他经济作物的种植

根据《通道侗族自治县概况》记载,除了种植水稻外,通道人还在山地上大量种植红薯、玉米、黄粟、付粟、豆类、小麦、马铃薯等旱地作物,尤以红薯为最,是旱粮之首。红薯品种有红、白两种,全县广为种植。2005 年种植 16700 亩,总产 178 万公斤(折谷)。玉米俗称包谷,如 20 世纪 80 年代末开始引种杂交玉米。2005 年全县种植面积 7500 亩,总产 150 万公斤;黄粟又称小米,有籼糯之分。因黄粟多以放火烧坡后撒种,常常引起森林火灾,农民称之"败山粮",播种面积逐年减少,20 世纪 90 年代后基本消失。付粟俗称"产籽",分籼、糯两种,现仅有零散种植。豆类有大豆、饭豆、蚕豆、豌豆等,以种大豆为主,多为田埂或旱地种植,2005 年种植面

图 2-38　喜获新鲜蔬菜

积 3200 亩,总产 20.5 万公斤;马铃薯俗称"洋芋",20 世纪 50 年代从外地引进,作为粮食的补充作物,80 年代后,由于稻谷产量提高,马铃薯逐渐转为蔬菜产品上市,面积缩小,现年种植约 1000 亩左右。

蔬菜 2005 年种植面积 2.46 万亩,鲜菜总产 53100 万公斤,有白菜类、根菜类、芥菜类、绿叶菜类、茄果类、豆菜类、瓜菜类、甘蓝类、薯芋类、香料菜类、水生菜类、野生菜类、食用菌类 13 种类型,并且每年都有大量新品种

---

① 　数据由大高坪乡政府办公室提供。

引进。

通道是茶油之乡,茶油是当地人传统的主要食油。油茶树遍布全县各乡镇,尤以陇城、坪阳、甘溪、坪坦等南部乡镇为多。通道茶油以质好量大而享誉省内外。1949年后,通道除传统的油茶树不断扩大种植外,还引进了新的油料作物油菜。1952年油菜种植605亩。20世纪60年代引进推广甘蓝型油菜良种、胜利油菜等,栽培面积逾千亩。之后,不断引进新品种,栽培面积不断扩大,栽培技术不断改进,产量不断增加。2005年油菜种植2.2万亩,亩产70公斤,总产154万公斤。

通道种植经济作物品种多样,除油菜外,还有棉花、生姜、烟草、茶叶等。棉花种植在20世纪50年代为生产盛期,但由于栽培技术落后,产量较低。60年代之后引进新品种,产量不断提高。2000年后,引进杂交棉花良种,种棉产量大幅提高。2005年种植800亩,亩产80公斤,总产6.4万公斤。20世纪60年代引进攸县、沅陵、靖州茶种,在马龙乡旱龙进行扦插繁殖苗木1.5万株,开梯土建园,先后在马龙、陇城、双江、坪坦等地建茶园8个。1985年以来,马龙茶三次被评为全区第三名,1991年被评为省级优质茶。目前,通道茶树种植主要集中在南部乡镇。①

2009年,大高坪当地已统计的秋冬播种面积情况是:油菜籽320亩(其中双低油菜318亩),蔬菜72亩,其他秋冬播种物391亩(其中绿肥270亩,青饲料84亩)。②

2010年,大高坪当地已统计的春夏播种面积情况是:豆类89亩,薯类27.6亩,油料363.1亩,棉花40亩,烟叶(晒土烟)17亩,蔬菜131亩,瓜果类43亩(其中西瓜33亩)。③

大高坪村当地经常种植以及食用的蔬菜有白瓜、冬瓜、白菜、茄子、番茄、辣椒、豆角等。有的村民家中自留有菜种和菜苗,有的村民会去"乡上"的小卖部购置菜种。一般来说,自留的菜种、菜苗通常以豆类、韭菜、辣椒等为主,白菜、萝卜、芹菜等是买种的。我们在调查时,记录了"乡上"小卖部内的菜种类型。当时八月份,夏末秋收的季节,当地已经开始贩售各种白菜、

---

① 参见通道侗族自治县概况编写组:《通道侗族自治县概况》,北京:民族出版社,2008年,第102~104页。

② 数据由大高坪乡政府办公室提供。

③ 数据由大高坪乡政府办公室提供。

萝卜、芹菜等蔬菜的菜种了。具体种类有：文图拉西芹、山东五号（白菜）、小杂 56 号（白菜）、马耳早萝卜、精选 87－114（大白菜）、新丰抗 70（鲁白八号）大白菜、新丰抗 90 大白菜、晋菜三号（白菜）、新西兰华冠尖叶油青甜菜心王（668）、大叶香菜、优选上海青、大叶菠菜、九斤王大萝卜、神鹿 5 号（大白菜）、京丰一号（甘蓝）等。

　　一般春季当地种植豆角、四季豆、黄瓜、红薯、玉米、西红柿、茄子、辣椒、西瓜、高粱、地瓜（白薯）、芋头、白瓜、苦瓜、丝瓜、冬瓜、南瓜和少量空心菜，食用的则主要有竹笋、野菜、萝卜、菜花、白菜、韭菜等。夏季当地处在作物维护阶段，主要食用的有豆角、四季豆、黄瓜、玉米、西红柿、辣椒、西瓜、韭菜、白瓜、苦瓜；秋天主要食用红菜薹、萝卜、白菜、莴苣、空心菜和夏天剩下的蔬菜；冬天主要食用白菜和萝卜。

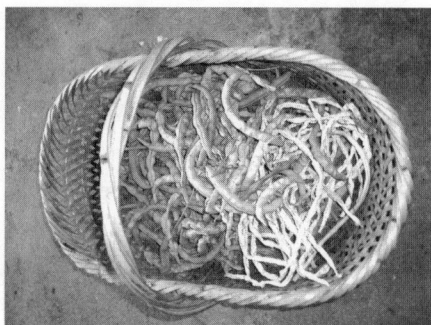

图 2-39　玉米　　　　　　　　　　图 2-40　豆角

　　下面将在"乡上"小卖部内众人买种子的情形实录如下：

　　　　笔（问老板娘）：你这里卖种子哦？

　　　　老板娘（简称为"老"）：买葡萄吗？

　　　　笔：在卖葡萄啊，不是在卖种子吗？这是 latsang[①] 啊。

　　　　老：这是 latsang，哈哈，它很香的。

　　　　笔：是啊，很香。你收啊这个？

　　　　老：我收啊。一斤一块多钱。

　　　　笔：一块多钱。收了是去榨油吧？

　　① Latsang：方言，即山苍子，又名山鸡椒、山姜子、木姜子，属落叶灌木，果近球形，径约 5 毫米，成熟时黑色。性味辛、微苦，有香气，在当地被用作香料。亦可入药，具有温中散寒、理气止痛的功效。

老:是啊。拿到播阳去咯。

笔:这里有多少斤啊?

老:二十多斤。

笔:哦! 你这里还卖菜种子的吧。

老:是啊。

笔:是不是这里的菜种子基本上都在你这里买的啊?

老:是的。

笔:这边种什么菜比较多啊?

老:白菜和萝卜。

笔:等把那个谷子割完就种这些咯?

老:嗯! 现在可以种啦。

(此时周遭来了几个购买种子的草苗妇女,大叫着"呀,这个好吃,就是这个!""还有菠菜咧!")

笔:这都是种来自己吃的吧?

老:对啊。自己吃的。

笔:你这有多少种啊?

老:嗯……

笔(拿起一小袋种子):这一袋多少钱啊?

老:三块还是两块来着?

笔:这些种子在大高坪都可以种吗?

老:都可以啊,只要拿到这里来的就都可以种的。

笔:那这里有没有什么农业技术指导啊?

老:农业技术指导?

笔:就是那种教你怎么种田怎么种菜啊。

老:没有的啵。

笔:你这是去哪里进的货?

老:很远很远。

笔:很远很远是哪里啊?

老:靖州。

笔:到靖州去了。对了,你们家有小车的哦,开车去的。

老:是。

笔:这次进了多少个品种的种子?

老：好多种。几十个品种吧。

笔：哦。那番茄啊，茄子、辣椒也是到你这边搞的种子咯？

老：那些都已经过啦。基本都能卖得完哦。

笔：这是今天刚刚拿过来的？

老：昨天拿来的。

……

笔：芹菜种？这里有人种芹菜？

女（甲）：有！只不过我们这里种的都不是黄黄的，一般都变成绿绿的。

笔：变成绿绿的？

草：因为我们有那些肥水啊。

笔：那很好的嘛。

女（甲）：对啊，很嫩。

笔：这里都喜欢种什么多一点啊？

女（甲）：白菜萝卜比较多嘛。种萝卜搞那个酸……

笔：那你们种这个，是不是按照这上面写的种啊？

女（甲）：不是的，各有各的方法啊。一般都是差不多这样。

笔：像种萝卜怎么种啊？

女（甲）：那个我讲不太清楚，我是从外面回来的，哈哈。

笔（问甲）：你买了多少钱的种子？

女（甲）：五块钱。

笔：这也太折价了吧？

女（甲）：没得多少种子嘛。

笔：买那么多才5块啊？

女（甲）：是啊，捞了。

笔：捞了。赶快就回去种啦？

女（甲）：没有，要等它下雨。那个土太硬啦，不适合种的。

笔：怎么种？

女（甲）：我也不懂得，这个都是老人家去种的。上年纪的都懂多，像我们这些都不懂的。

笔：都不懂的，都从外面打工回来。

女（甲）：有的做生意，有的打工，有的是玩，哈哈。

85

笔(问另一名草苗妇女,简称"乙"):你会种吗?

女(乙):我啊?会啊。

笔:这个怎么种啊?你讲讲呗。

女(乙):这个怎么种啊,挖地就种呗,哈哈。都是在地里种的。

笔:在地里种。

女(乙):现在是暂时在地里种,到时候收稻子了就到田里面,就种一点啊。

笔:就把它移过去。

女(乙):移过去也可以。

笔:到时候到田里面种,怎么种啊?

女(乙):就是先把地挖好了,再挖一个一个小小的坑,然后把种子放进去,拿那个粪盖起来就OK,哈哈。

笔:啊,就一个坑就放一颗种子吗?

女(乙):哪里放一颗啊。放多哦。随便你放几颗。

(旁人:放三个啊,十个啊。)

笔:那那个坑里面不是长好多出来啊?

女(乙):是啊。到时候长起来就去挖掉。

(旁人:去挖掉,哈哈……)

笔:这个平常看它麻不麻烦啊?

女(乙):肯定麻烦啊。除草。

笔:除草一般几天去一次咧?

(旁人:就像那个农场差不多的嘛,跟农场差不多,就一样的种法咯。)

女(乙):还要下肥。

笔:一样种法,那它那个除草的话,多久时间去一次啊?

(旁人:爱去就去呗,哈哈哈……)

笔:那怎么可能?

(旁人:有了就去呗,长草了就去呗,哦。)

女(乙):这种很简单的,就是施肥比较麻烦,还有就是除草。

笔:施肥一般是隔几天去一次啊?

女(乙):那也不要,就是种一次大概要除两次草就OK了。

笔:两次草就好了。

女(乙):嗯。

笔:那也不用天天去看咯。

女(乙):哪里要天天去看,不用啊。

笔:放在那里就好了。

女(乙):是啊,等它有一点大了就可以拿去吃了,就留一颗在那里养大就可以了。

笔:留一颗在那里长大。

女(乙):唉,其他小的就可以拿去吃了嘛。

笔:哦。那这个菜种下去的时候不用拜神什么的吧?

妇:哪里要拜什么。这很简单的。

笔:很简单。那像现在的那些番茄啊,豆子啊,辣椒啊,种起来麻烦吗?

女(乙):那个……那个要麻烦一点。

笔:啊?那个要麻烦一点。比如说辣椒怎么种啊?

(转而询问一草苗男子)

笔:这个你会种吗?

男:这个谁不会种!种辣椒之前,土地要松土,平整好,也要施好肥。

笔:多少天除一次草?

男:这东西有草就除嘛,没草除它干什么咧?

(我们转而询问老板娘)

笔:你这一包才一块钱啊?那么便宜,你这路费挣得回来没有?

老:一包挣得两毛钱。[①]

以上为我们提供了一幅村民购买菜种的生动场景。小卖部不仅售卖一些日常百货,还供应各种各样的蔬菜种子。这些菜种是小店老板自己开车从靖州批发来的,在当地都可以种植。她将一包包菜种放在一个纸盒里,摆在小店门口供村民自行选购。单价为 1 元/每包(利润 0.2 元/每包),大多会销售一空。前来购买蔬菜种子的基本上都是女性,有年轻人也有老年人。小店老板还兼收购一些山货,例如收购 latsang(山苍子)(1 元/每斤),待收购到一定数量后,就将其拉往播阳镇转卖给加工山苍子油的人。据观察,小

---

① 访谈时间:2011 年 8 月 7 日上午,访谈地点:在"乡上"小卖部。

店还是一个信息的集散地,聚集于此的人们相互间搭讪,无拘无束,对外来者也没有什么戒心,态度十分坦诚。她们热情地告知我们:一般会在秋冬季节种植萝卜、白菜,先挖地松土,再在地上挖小坑将一些种子放入,然后浇上粪肥,看护时一般种一轮只需除草两次,不需每天都去,待菜苗长大一些后,需要间苗,就是将一些弱苗和拥挤苗拔掉,余下的让其继续生长。萝卜白菜可以说是当地冬季最主要的蔬菜,特别是萝卜,所谓"萝卜小人参,补气又强筋",一直吃到开春。而春天主要是种豆角、辣椒、茄子、南瓜、黄瓜等瓜菜。

笔:听说种辣椒要比种白菜萝卜要复杂一些,对吧?

女:那肯定了。

笔:怎么个复杂法?

女:辣椒先要育苗咯,然后拔出来,又去种。

笔:怎么个育苗?

女:怎么讲呢,就是先把地弄成这么一块,像那个桌子一样嘛。然后把那个辣椒啊,茄子啊种子种下去,等长到这么长了,大概发芽6或以上的叶子要拔出来,然后再移栽到地里去……

笔:育苗的时候要怎么管它?

女:怎么管它?哈哈……等着它长出来啊。

笔:长出来的时候不要施肥吗?

女:不施肥的,就刚种的时候给它施一点。长出来还那么嫩嘛,还那么小,不能施肥哦。

笔:然后等它长到这么高就拔出来,移到山上面的地里去。

女:嗯。在晴天的傍晚或者阴天进行,雨天不要移栽。

笔:然后……管水管肥这种呢?

女:呵呵……辣椒定植时浇一下缓苗水就可以,辣椒苗期需肥量不大,可以施一点底肥,但一定要有距离,不然辣椒苗就会烧死的。差不到到开花结果时,再多施一些肥。

笔:那除草呢?

女:除草,要不就用手去把那个草拔掉啊,或者用锄头去除。

笔:那茄子、豆子的种法克辣椒的都一样?

女:那不是,茄子和辣椒差不多的,也要育苗的。豆子就不是这么回事了,是直接种在地里的。等它长长了之后,就用竹子、棍子什么的搭架子,让它自己爬上去。

笔：那施肥呢？

女：和别的那些菜都差不多，种下去后就给它施两次三次肥这样子，不会有很多，如果你给它的肥料放太多了不行的，受不了的，会烧死。①

可见，大高坪村民种辣椒、茄子时，一般采用育苗移栽的方式进行。简单来说，就是在春分到清明前选择一块土壤合适的平地，先整地施底肥，适时播种育苗，出苗后进行移植，生长期中及时追肥、浇水，并及时做好除草、病虫害防治工作。由于这些蔬菜，基本上是为了供家庭食用，所以大多依靠传统经验来种植。

而对于水果种植，大高坪村更是相对较少。

赶场……基本就是去走一下，买一点吃的东西啊。像那些菜啊什么的，我们基本上都不买，自己种。像那些水果，就要买一些。我们这里，以前那些水果都是有的，现在基本上都没有，全部都没有了，砍掉了。以前李子啊，还有那种梨啊，橘子啊，枣子啊，那些都有的，但都不怎么结那个果，主要是没有去管理嘛，好多都砍掉了。②

我家种的有一百兜（棵）梨子啊，没怎么管。这几年还蛮结的，我也没用看，小把戏（小孩子）他们没在家，就懒得去管。我又没爱吃这个，也没去卖这个。卖的话，三块钱一斤吧。如果有人管，搞得好还差不多。屋头就我一个人在家，他们都跑出去打工去了，有搞木头的，也有做砖的，有时候会托人带一点钱给我，所以我的菜也没要种多。什么西红柿啊，辣椒啊，豆角啊，茄瓜啊，都有点，七七八八加起来，种了两分没到。天热得很，也吃不下，有时候就炒一碗菜。有人种西瓜，我没种，想吃买一个就吃两天。③

可见，大高坪当地草苗村民如今种植水果的并不多，曾经种植过柑橘、李子、桃子，但因技术以及养护不到位等原因，使得产量不高，从而影响了当地农户的生产积极性。如今多数人也不再进行果树的种植，有些村民也反

---

① 访谈时间：2011 年 8 月 7 日下午，访谈地点：大高坪村 4 组下龙寨，被访谈人：草苗妇女。

② 据访谈录音整理。访谈时间：2011 年 8 月 7 日下午，访谈地点：大高坪村 4 组下龙寨，被访谈人：草苗妇女。

③ 据访谈录音整理。访谈时间：2011 年 8 月 7 日下午，访谈地点：大高坪村 4 组下龙寨，被访谈人：吴姓男子。

映,因家中劳动力都外出了,打工的打工,做生意的做生意,在外挣钱远比在家种地要收入多且快,所以也"懒得去管"这些果树。久而久之,果园经济也就停滞了其发展的脚步。当地人食用水果有几个途径:从集市上、小卖部购买水果,如各种柑橘、葡萄、梨子、香蕉等。春夏时,山上的野生杨梅树都会结果,当地人便以此解馋,夏天基本上以西瓜为主。我们在当地进行调查的那个夏天,发现每家每户几乎都种有西瓜,人们在西瓜成熟的时候,把它们一个个肩挑担扛的搬回家里,在阴凉通风的地方存放起来。嘴馋的时候就切来解渴,有条件的家庭还会将其冰冻起来。

图 2-41　摘西瓜

图 2-42　摘西瓜回家

另外,当地经济作物有油茶树、棉花、油菜、烟叶等,但是所得并非贩卖,村民收获后也只是供自己使用而已。截至 2010 年 5 月份统计,大高坪村共有油茶林 526 亩;棉花种植近 580 亩,其中,一组 65 亩,二组 63 亩,三组 73 亩,四组 63 亩,五组 82 亩,六组 44 亩,七组 27 亩,八组 92 亩,九组 70 亩;油菜种植共 613.6 亩,其中一组 77.5 亩,二组 64 亩,三组 87.5 亩,四组 70 亩,五组 62.5 亩,六组 68 亩,七组 45.5 亩,八组 59.3 亩,九组 80.3 亩。

(五)旱涝灾害及病虫害

大高坪当地的主要农业灾害为旱涝灾害和病虫害。

旱情通常是因为天久不雨造成的。2010 年,据当地旱情报告指出:"自 3 月份以来,大高坪乡一直持续高温少雨天气,到面前为止,全乡的降雨量仅为 10 毫米左右,较往年降雨量严重偏少。高温少雨天气导致我乡水源供水不足,溪水断流,给全乡正常农业生产造成了严重的影响。到目前为止,全乡因干旱无法耕种的水田面积为 956 亩,其中大高坪村 421 亩,龙寨塘村

194 亩,黄柏村 193 亩,地了村 148 亩。"①

洪涝灾害通常又是因为当地突遇暴雨引起的。2009 年,大高坪乡政府《关于请求解决农田水利设施维修经费的报告》中就说道:"今年遭受了'6·9'特大雷雨袭击,诱发了一系列的山洪和地质灾害,导致全乡部分农田水利设施损毁严重。"

旱涝灾害的发生通常都是由当地的气候以及天气变化而引起的,同时反映出当地对抗灾害的能力不足。

当地的病虫害以稻飞虱、稻纵卷叶螟、二化螟等为主,另外,有些种有柑橘的农户还会遭遇柑橘大实蝇的袭击。

2009 年 5 月 23 日,当地农技站监测数据稻飞虱发生程度②为 1,平均为 19;卵量 26,平均为 25。发生面积 46 亩。稻纵卷叶螟发生程度为 1,平均为 13;卵量为 18,平均为 17。发生面积 78 亩。二化螟发生程度为 1,平均为 27;卵量为 9,平均为 23。发生面积 32 亩。

2009 年 6 月 25 日,当地农技站监测数据:稻飞虱发生程度为 2,虫量为 66,平均为 71;卵量 980,平均为 985。发生面积为 325 亩。稻纵卷叶螟发生程度为 2,虫量为 87,平均为 90;卵量 509,平均为 560。发生面积 267 亩。二化螟发生程度为 1,虫量为 16,平均为 20;卵量为 67,平均为 68。发生面积 21 亩。

2009 年 7 月 3 日,当地农技站监测数据:稻飞虱发生程度为 2,虫量为 87,平均为 67;卵量 830。平均为 830。发生面积为 376 亩;稻纵卷叶螟发生程度为 3,虫量为 109,平均为 107。卵量为 780,平均为 690。发生面积 690 亩;二化螟发生程度为 1,虫量为 34,平均为 36;卵量为 88,平均为 92。发生面积 39 亩。

2009 年 7 月 9 日,当地农技站监测数据:稻飞虱发生程度为 2,虫量为 92,平均为 87;卵量 784,平均为 816。发生面积为 341 亩。稻纵卷叶螟发生程度为 3,虫量为 98,平均为 101;卵量为 821,平均为 825。发生面积 703 亩;二化螟发生程度为 1,虫量为 36,平均为 37;卵量为 93,平均为 95。发生面积 46 亩。

---

① 相关资料由大高坪乡政府提供。
② 发生程度:发生程度为 1~5 级,1 级为轻发生,2 级为中等偏轻发生,3 级为中等发生,4 级为中等偏重发生,5 级为大发生。

由此可见，这三种病虫害发生时来势汹汹，而且集中于5月下旬至7月中上旬阶段，所以此时是当地防治病虫害的农事季节。除了上述三种病虫害外，到了8月中下旬还会发生一些其他病害，如纹枯病、红蜘蛛、锈壁虱等。

二、林业生产

通道侗族自治县境内群山丛集，林地广阔，森林资源极为丰富，是湖南省重点林区之一，被列为全国林业百佳县。大高坪草苗聚居地周边山林密集，大高坪人爱山，养山，靠山，森林资源得以保护与合理利用。

(一) 山林权属

通道的山林权属，在中华人民共和国成立前，以私人所有为主，集体山林主要是团寨的风景林、坟山树、放牛坡及庙、庵、会山等，县街山林极少。中华人民共和国成立后，在土地改革中，依据《土地改革法》，对地主的山林予以没收，对富农出租的山林予以征收，公益事业的山林予以保护。对没收和征收的山林，分配给贫下中农，荒山荒地除各村寨养牛坡外，划给各乡公有，通道侗族自治县人民政府仅在部分地区留国有林。这时全县的山林，除国有林和集体公山以外，全部为个体农民所有。在农业合作化运动中，个体农民的山林变为初级社集体所有，社员仅保留房前屋后的零星树木。

1958年，原高级社的山林及公益林、荒山荒坡地，全部为人民公社所有。

1962年，农村人民公社进行体制调整，实行以生产队为核算单位，将人民公社的土地、山林固定到生产队，实行"三级所有，队为基础"的管理体制。在"四固定"工作中，全县山林分为国有林、社有林、队有林，此外还有固定柴山、固定养牛山、社员自留山等。

改革开放以后，从1982年开始，通道开展林业"稳定山林权属，划定自留山和建立林业生产责任制"（简称林业"三定"）工作，在"四固定"的基础上对全县山林权属进行重新界定。

至1983年5月，山林定权发证工作基本结束。此后，在深化林业体制改革的工作中，一部分社员自留山林又采取折股和租赁的办法，转为集体林场经营。

2003 年开始林权换发证工作,到 2005 年,林权换发证工作已基本完成。[1]

2009 年,大高坪苗族乡"基本完成全乡林地外业勘界,勘验林地 2072 宗,27337.35 亩,占总面积 84.06%。其中村权属不清或林地存在纠纷有四村,共计 247 起,面积 4858,9 亩(播阳镇陈团村与大高坪乡地了村 2 组、3 组、4 组正义山场面积 3003.8 亩,占总面积 9.24%),占总面积 14.94%"。[2]

(二)林木种植

据大高坪乡林业站统计,当地种植的林木有杉木、马尾松、油茶树、楠竹、板栗、柑橘、李子树、桃子树、中生阔叶树等。其中杉木种植共有 4031.3 亩,中生阔叶树种植共有 2615.7 亩,马尾松种植共有 1009 亩,油茶树种植约有 380 亩左右,楠竹种植共有 324.28 亩,李子树种植共有 46.1 亩,板栗种植共有 42.55 亩,柑橘种植共有 17.1 亩,桃子树种植共有 5.1 亩,五倍子种植共有 2.6 亩。境内多栽植林木为杉木、中生阔叶树、马尾松,其次为油茶树和楠竹,剩下的诸如板栗、柑橘、李子、桃子、五倍子等就少了很多。

杉木,被誉为"西湖木",境内有芒杉、油杉、青枝杉、线杉等品种,分别在海拔 450～900 米之间。这种树木生长快,成材早。材积生长高峰在 20 年到 30 年之间,连年生长量为 0.01 至 0.02 立方米。综合生长率为 9.24%,其中幼林 26.98%,中林 12.7%,成林 3.26%。杉木材质好,用途广,是境内输出的主要产品。[3]

马尾松,俗称枞树、松树,是境内的优势树种,遍布全乡的山山岭岭,沟沟壑壑,垂直分布在海拔 450～900 米之间。据 1979 年林调树干剖析,马尾松树长前 5 年缓慢,5～20 年为生长高峰期,连年生长量 0.5～0.9 米;材积生长在前 10 年速度缓慢,连年生长 0.001～0.004 立方米。50～80 年达生长高峰,连年 0.02～0.05 立方米。马尾松树木综合生长量达 7.56%,其中幼林 18.5%,中林 7.59%,成林 2.7%。有的飞籽能力可达 500 余米,种子不论落到什么地方,只要黏了土就能发育生长,采取封山育林的办法不用几

---

①　参见通道侗族自治县概况编写组:《通道侗族自治县概况》,北京:民族出版社,2008年,第 112～113 页。

②　参见《2009 年度大高坪乡林地林权换发证工作总结》(内部资料)。

③　参见石佳能、林良兵、吴文志主编:《独坡八寨志》,北京:中国戏剧出版社,2011 年,第 85 页。

年即可成林。[①] 种植马尾松，在当地容易遭遇一种十分严重的病虫灾害，即松梢螟。松梢螟为当地主要病虫灾害之一，主要危害 2～5 年的马尾松嫩梢，2009 年大高坪乡受灾面积达到 2807 亩。2010 年 5 月，据统计，大高坪乡发现松梢螟面积有 2894 亩，其中大高坪村发现松梢螟危害面积有 1300 亩。对于松梢螟的防治，大高坪乡林业站给出的建议：一是营造混交林，适当密植，加强抚扶管理，提早和增大密闭度，可以抑制害虫的发生和危害；二是在幼虫期和蛹期剪除被害梢，或在 10 月至翌年 4 月底前剪除被害梢，并集中烧毁；三是在林基地内安放杀虫灯。防治时间在 3 月底 4 月初。[②] 详见表 2-6。

表 2-6　大高坪松梢螟灾害情况统计表（2011 年）

造林户	生物 种类	寄主 树种	危害 树林	造林 类型	发　生　面　积			
					合计	轻	中	重
大高坪村	松蛸螟	马尾松	3	退耕还林	960	960		
大高坪村	松蛸螟	马尾松	3	工业原料林	470	470		
大高坪村	松蛸螟	马尾松	4	工业原料林	12	12		
大高坪村	松蛸螟	马尾松	4	工业原料林	65	65		
大高坪乡	松蛸螟	马尾松	5	一般工程	200	200		
大高坪乡	松蛸螟	马尾松	5	一般工程	287	287		

　　20 世纪 70 年代以前，境内由于交通不便，森林利用率很低。除了木质较轻的杉木作为商品材销售外，大多做柴火之用。20 世纪 70 年代以后，随着乡村公路的开通，森林资源得以合理利用，杉木和马尾松被群众称为"摇钱树"。20 世纪 80 年代以后，林副产品如茶油、五倍子、松脂等得到较快发展，为大高坪草苗增加了不少经济收入。

---

①　石佳能、林良兵、吴文志主编：《独坡八寨志》，北京：中国戏剧出版社，2011 年，第 85 页。

②　相关资料由大高坪乡林业站提供。

三、畜牧水产

据 1949 年《通道生计志》载："农家多附带牲畜养鱼，每户最低限度喂养牛一只，猪一只，鸡鸭各五只，养鱼百尾上。除牛作耕作之外，余均以自食。"[①]至今，大高坪草苗依然延续着这一传统。

鸡、鸭是大高坪当地农户家中经常饲养的家禽，养殖方式基本上以放养为主，平常将鸡鸭放养于户外或鱼塘中，任其在村寨中觅食，或在路边草地里寻找虫子，或在地上寻找谷粒稻渣，或在田地里啄食稻苗及田中害虫。不过，一旦稻苗开始抽穗，当地农户就会用农具，将长在路边的水稻往田里压，以防止四处走动的鸡禽啄食稻谷。由于当地人养殖的各种禽类大多数是为了满足自己家里的食用需要，并不以营利为目的，所以没有发现有使用饲料进行催长的现象，鸡鸭等禽类食用的基本上尚属纯天然食品，多为稻谷、谷糠、剩饭剩菜等物，有时还会将吃不完的西瓜、黄瓜、西瓜皮等瓜果切削成小块或直接扔给鸡、鸭食用。晚上的时候，便会用鸡笼将鸡禽关起来，到了白天再放出。当地养鸡没有专门的鸡舍，基本上都是养在家里的第一层。

当地农户家中饲养的牲畜以猪、牛为绝大多数。牛多为耕牛，饲养其主要目的是进行耕地等农作业。猪多为牲猪，饲养其主要目的就在于食用，通常一家养一到两头，待到有喜事或到年关时进行宰杀。据说杀猪后有一个小的风俗，即现杀的猪，在马上上桌食用时，要在饭桌边点一炷香，烧点纸钱。猪、牛的饲养采取圈养，喂食也不多见饲料。喂养耕牛多采取放牧和喂草相结合的方法，即将其放到山上或田里吃草，又在圈养时将牧草、稻草以及山中各种可供食用的草类放在牛圈内进行喂养。养猪一般用剩菜剩饭做成潲水进行喂养，还会用田间地里生长的烂西瓜、黄瓜等瓜果蔬菜进行喂养，人们夏天时吃西瓜剩下来的西瓜皮，也是喂猪的好饲料。为了使得牲畜生长顺利和快长快大，有些村民会在自己家的猪圈门前柱上贴起写有"六畜兴旺"的红纸以求其康健。猪圈在过去通常养在家里的第一层内，容易造成污秽的环境，如今随着生活的质量提高，基本上都已经把猪圈搬离了住家，

---

① 转引自石佳能、林良兵、吴文志主编：《独坡八寨志》，北京：中国戏剧出版社，2011年，第 85 页。

大家自己修建猪栏,或用木制,或用水泥砖石建成。在大高山老寨上,有些村民会将猪放出在房屋旁的草地上放养,让其吃草。当地人养牛并非大规模圈养,基本上每家不超过2头,个别人家中会因某些原因多养,但绝大多数村民家里养牛都只是用于耕地。由于当地田地稀少,所以一家养上1~2头已经足够。

图 2-43　剪豆角皮做鸡鸭饲料的草苗老太太

图 2-44　喂猪

图 2-45　新鲜蔬菜和喂猪料

大高坪当地没有桑产产业。

渔业基本上是以鱼塘养殖和稻田养鱼为主。当地人喜好饲养鲤鱼,常听人说不吃没有鳞的鱼,说吃了容易反病,所以大多数都是养鲤鱼。以大高坪四组下龙寨为例,这个寨子里仅有两口鱼塘,鱼塘中都养了许多的鱼。还有一口鱼塘目前放空,在我们走之前,鱼塘的主人决定把鱼塘重新利用起来养鱼,于是在鱼塘里焚烧稻草、木柴和垃圾。鱼塘养鱼,村民平时喂养方式就是使用剩饭剩菜喂养,西瓜皮、烂瓜果等也是喂养鱼类的饲料。鱼塘养鱼还有一个习惯,有些村民会在鱼塘上架起一个简单的竹棚,只用几根竹竿便可，然后在鱼塘边种植藤类，比如白瓜、黄瓜、苦瓜、丝瓜等，让这些藤蔓顺竹竿攀爬，长成一个藤蓬，并以此作为鱼类在夏天时躲避烈日的阴凉所在。有时池塘里会发生一些问题，例如缺氧，那么村民就会换水或抽水进鱼塘；有时候鱼塘内发瘟，村民就会向鱼塘内撒药进行治疗；有时候鱼塘内会生满藻类，导致水中氧的不足，这种时候或是治疗，或是束手无策。稻田养鱼也是大高坪当地极为普遍的一种渔业养殖方法，基本上在较为宽阔平整且水源灌溉条件充足的田地里，大家都会放养一些鱼苗。

> 我的田租给别个种了，但那田里面的鱼却是我养的。等那谷子黄了，起码要到七月二十几了，就可以放鱼了。那水一放，哪里深点鱼就到哪里来，就可以把鱼全收了哦，这些鱼都是留着自己吃的，新鲜的吃一些，有的就放到坛子里面搞腌鱼……我们这，可不是家家户户都有鱼塘的，但田里栽谷子也可以养鱼的。田里的鱼苗有的三月放，有的四月放。有的是栽完谷子才放。我是四月份放的两百多条啊。一坵放八十多，另一坵放了一百多。你问鱼苗哪里买？自己有苗就有鱼种啊。一百多条鱼，大概三四十斤……呃……也可能没得，那田小，那水没深，养不大。去年放一百六，得了一百四，死了二十条。这鱼在田里养着，还是要看的，时间不定，天像热的时候，最好天天都去看一下哦。就怕漏水去了，那水源没多……怕鱼死。至于要不要撒什么东西给鱼吃，那没要的，就吃田里面的东西，有的有粪啊，主要还是去看一下水，那水不给它漏去就可以。田里的鱼，放的都是鲤鱼，长不大，就两个手指这么粗。不像我鱼塘里面放的鲤鱼，要大一些，可以长到四个手指粗。鱼塘里的鱼呢，也是那坵田倒过来的。鱼塘里的鱼有二百八十条咧，大的只有六十……六十多条。和那田里都是一路放的，这里放八十多，那里放一百六十……塘里面放了两百八十。今年鱼苗，就是拇指这么大，等冬天过了以后再去放田里去。①

可见，大高坪当地向稻田里投放鱼苗，基本上是随着春耕进行的，而且在稻田里放养的鱼一般长得比较小，又不撒饲料，堪称纯天然放养。而且这种养育方式在当地不仅是村民惯常使用的，更是政府大力提倡的。

20 世纪 50 年代，通道侗族自治县人民政府下发《关于大力发展养鱼事

---

① 据访谈录音整理。访谈时间：2011 年 8 月 5 日，访谈地点：大高坪村路边小卖部，被访谈人：吴姓村民。

业的通知》，动员群众充分利用农田塘库养鱼，总结推广牙屯堡乡桥寨村稻田养鱼的经验，全县稻田养鱼产量占水产品总量的 80%。1980 年，县委在落实家庭联产承包责任制中推广双江公社琵琶大队第一生产队采取的"耙老鱼以池为家，早稻插田鱼发花，防病治虫进深沟，中耕晒田鱼搬家"的经验，全县迅速出现了稻田养鱼热。1981 年，全县稻田养鱼近 6 万亩，产鱼 260 吨，被评为湖南省稻田养鱼先进县之一。1983 年，引进杂交鲤鱼苗 20 万尾。1984 年，通道渔业资源调查与区划获省区划成果三等奖。1988 年稻田养鱼 11 万亩，产鱼 651 吨，占水产品总量的 85.8%，创通道稻田养鱼史最高纪录。1990 年，参加地区万亩稻田养鱼高产竞赛，通道示范推广垄栽稻萍鱼新技术获国家农牧渔业部丰收一等奖。1998 年推广"田、沟、凼"模式化养鱼技术，在陇城、马龙、双江、牙屯堡、独坡等乡镇推广标准模式化稻田养鱼，受到省市好评。到 2005 年止，全县稻田养鱼面积超过 12 万亩，产量超过 1100 吨。[①]

当地牲畜疾病多发的有牛口蹄疫、猪口蹄疫、禽流感、猪瘟、牛出败、新城疫、狂犬等病症，当地进行牲畜动物的工作主要交由乡畜牧站进行。据统计，截至 2010 年上半年，乡共免疫猪口蹄疫病 7207 头，免疫猪蓝耳病 6986 头，免疫猪瘟 6838 头，免疫猪肺疫 2450 头，免疫猪丹毒 2041 头，免疫仔猪副伤寒 1675 头，免疫牛口蹄疫病 2106 头，免疫牛出血性败血症 1873 头，免疫羊口蹄疫病 2734 只，免疫羊痘 395 只，免疫羊四联苗 386 只，免疫羊传染性胸膜性肺炎 385 只，免疫鸡禽流感 4550 羽，免疫鸡新城疫Ⅰ系 2580 羽，免疫鸡新城疫Ⅱ系 3950 羽，半年全乡境内无重大动物疫情发生。[②]

---

① 通道侗族自治县概况编写组：《通道侗族自治县概况》，北京：民族出版社，2008 年，第 124～125 页。

② 相关数据资料由大高坪乡政府提供。

表 2-7　大高坪村 2010 年一季度畜牧水产生产情况表

项　目	计量单位	数量
一、出栏肉猪头数	头	126
头平均肉重	公斤	75
猪肉产量	吨	9.45
二、出售和自宰的肉用牛	头	56
头平均肉重	公斤	110
牛肉产量	吨	6.16
三、出售和自宰的肉用羊	万只	0
只平均肉重	公斤	0
羊肉产量	吨	0
四、出售和自宰的肉用家禽(鸡、鸭)	只	2100
只平均肉重	公斤	1.5
禽肉产量	吨	3.15
五、禽蛋产量	吨	0
其中:鸡蛋	吨	0
六、牛奶产量	吨	0
七、山羊毛产量	吨	0
绵羊毛产量	吨	0
八、期末大牲畜存栏	头	238
其中:牛	头	238
其中:1. 役用牛	头	165
2. 肉用牛	头	73
3. 奶牛	头	0
九、期末猪存栏	头	369
其中:能繁殖的母猪	头	18
十、期末山羊存栏	只	0
期末绵羊存栏	只	0
十一、期末家禽存笼	只	1526
其中:鸡	只	1283

续表

项 目	计量单位	数量
其中:蛋鸡	只	0
十二、蚕茧产量	吨	0
其中:桑蚕茧	吨	0
柞蚕茧	吨	0
十三、水产品总产量	吨	1.7
附:1.预计上半年肉猪出栏头数	头	
水产品总产量	吨	3.12
2.预计全年肉猪出栏头数	头	
水产品总产量	吨	6.7

四、务工与消费

　　大高坪当地有务工潮,而且这种务工潮是按照一定的时间规律进行的,这种规律的形成,又是以当地水稻种植生产的农事安排为参照的。在农闲时,当地青壮劳动力多外出打工,外出务工经商,也成为当地人民家中重要的经济来源。因为呆在家里,除了各种政府发放的农田补贴、山林补贴等,至少从满足基本生活需要这点上来说,村民可谓过着自给自足的小农经济生活,吃不花钱。所以人们在种田之余,会选择外出务工,以此来扩大家中的经济来源,从而使得当地人的生活水平以及观念逐步发生变化。根据大高坪苗族乡政府计划生育办公室提供的大高坪村人口流出统计资料,2007年至2011年人口流出情况如下:

　　2007年有2人流出,其中1人迁往浙江省金华市,1人迁往广东省广州市;2008年有6人流出,其中1人迁往浙江省金华市,1人迁往广东省广州市,2人迁往广西壮族自治区柳州市,2人迁往广西壮族自治区玉林市;2009年有1人流出,至广西壮族自治区玉林市。2010年有56人流出,其中36人迁往广西壮族自治区的柳州、玉林、南宁等地,9人迁往广东省的惠州、广州、东莞、汕头、深圳等地，6人迁往浙江省的宁波、金华等地，3人迁往湖南的衡阳、长沙、怀化市等地，1人迁往北京。2011年有12人流出，其中11人迁往广西壮族自治区的南宁、贵港、玉林、柳州等地，1人迁往福建省南平市。合计2007—2011年五年间流出人数共77人，迁出目的地主要集中在广西、广东、浙江等地，迁出原因以务工、经商为主。

　　实际上外出务工人员远远不止这些。我们在调查时得知，有些村民会外出几天或十几天做些"零工"，通常前往附近的乡镇或广西三江、贵州黎平等地，做些扛木、伐木、修屋盖瓦之类的体力活，通常劳务费为100元/天。在一些东部沿海地区打工的村民，如宁波、金华等地，有些月工资在2000～3000元，若是两夫妻同在一厂做工，那么一个月就有4000～6000元的收入。又有些在南部省市地区，如广州、东莞、深圳的工厂里做工的村民，他们说自己的工资每个月在1000～2000元。在外务工经商的村民，涉猎打工范围基本上在工厂、建筑工地等处，多以出卖体力挣钱，也有的曾在外销售保险，开公交车，开摩托车，做小贩，回收废旧物品等。

　　在外挣钱回家花。村民挣钱归来，有助于提高自己家庭的生活水平，其中最直观的体现便是修建新屋，这是大高坪当地村民消费的一个大头，一般建一座新屋需要花十几万元。当地村民的荷包，因外出打工挣钱而日渐丰鼓，人们渐渐能够满足自己搬离旧屋，搬进新居的愿望。我们调查时正值夏天，晴好的天气对修建新屋来说再好不过，村中处处都能见到正立木动工的新居修建场景。过去大高坪草苗的房子基本上是木质结构，而如今人们修建房屋，开始慢慢走上使用砖瓦的道路，有的干脆直接建成了水泥结构的砖房，不得不说这是一个巨大的改变。

　　除了将钱花在修建新居，购置家具上，当地村民的消费还主要用在筹备结婚、送礼、外出赶集等地方。

　　在大高坪，一对新人准备结婚，家里需要为他们置办婚礼，头等支出就是喜宴，除了猪肉外，还要两万元左右。大高坪村四组下龙寨WDD的母亲为我们算过一笔"结婚账"，首先自家有存粮，基本上不需要去买了。猪肉，一般得准备至少700～800斤猪肉，也就是三头猪。她家现在有两头，要是孩子要结婚的话还得再买一头。鞭炮、礼花花费2000～3000元不等，看自己经济情况来决定排场，那时WDD结婚就花了1000元的炮。鸡、鸭、鲤鱼至少每样100斤，算来便要300斤禽鱼肉，有很多人不喜欢吃草鱼，当地人认为有病的话，吃草鱼会反病，所以准备鲤鱼。除去自家养殖的鸡禽和鱼类，还需要购买一些饲料鸡和饲料鸭，饲料鸭肉每斤 12 元，饲料鸡肉每斤 10 元。酸肉、酸鱼也要买 50 斤左右，每斤 30 元，算下来大约就是 1500 元；还要买鸡脚 100 斤，每斤 9～10 元，另外牛肉、蛋、花生、糖海带、柑子、苹果，糖一共花费 1000 多元。酒水要准备啤酒、葡萄酒、甜酒（橙汁饮料）等。米酒可以用自己做的，要将近 200 斤，但这笔花费是不算在两万元内的，烟又要花掉几千元钱。几年前，WDD 结婚花掉 1 万多元，要比现在便宜点。由此可见，兴办一场较为普通的婚礼，需要花费大量的金钱和时间，因为是人生大事，这些钱不得不花。每做一次婚礼，村民都尽量搞得热闹，搞得喜庆。这是从准备婚礼的家庭角度来看的，从参加婚礼的人的角度来看，一般去贺喜的人都会准备一些鞭炮，几元到几十元，甚至几百元不等，这也是一笔花销。接着还得打红包，红包的数额不定，一般来说，亲友贺礼在 10 元、20 元、30 元、50 元到 100 元不等。

送礼的情形一般就是去参加各种喜事，例如婚礼、三朝、满月、周岁、生日等，有的人不仅给红包，例如三朝，贺喜的亲友还会买上鸡、被褥等前往恭贺。除此之外，还有谢师也会送礼，比如村民有什么病痛或者伤筋动骨了，当地人会到草医家中求药看病，又或者草医师傅到伤者家中进行诊断。之后，伤者家属会酬谢草医师傅，或给三四十元，或给五六十元，钱数不定，随伤者家权衡，有时多的话也会上百。当伤者痊愈后，还会拿一些米、谷、酒、鱼、肉、鸡蛋、香、纸钱等前往师傅家中谢师，这时或又会给个红包以示谢意。

大高坪有赶集的习惯，赶集被称为"赶场"或是"掰场"。当地的赶集日子有多天，具体说来如下：以公历算的话，逢每月以 1、6 日结尾的日子，赶的是独坡的集，乘巴士需要 7 元；逢每月以 2、7 日结尾的日子，赶的是牙屯堡的集，乘巴士需要 10 元；逢每月以 3、8 日结尾的日子，赶的是播阳和青芜州的集，乘巴士需要 5 元；逢每月以 4、9 日结尾的日子，赶的是双江的集，乘巴士需要 16 元；逢每月以 5、10 日结尾的日子，赶的是团头、洪州的集，乘巴士需要 10 元。村民赶集一般购买村中没有的蔬菜、水果、豆腐、做菜香料等物，要补充肉类的话，猪肉、牛肉、鸡、鸭、鱼等也是赶集时可以买到的，除此之外，集市上有各种日杂用品、糖果小吃、布匹彩线等货物。另外，赶集时也是为自己手机充话费的时机。下面是谢林轩亲历赶集的记录：

> 2011 年 7 月 23 日，我与大高坪四组下龙寨吴书记二儿子 ZH 一同去播阳赶集。早上大约 7 点左右，在大高坪四组村口等车，村民要去赶集的就等在路边或坐在凉亭里闲聊，也有的村民是自己开着摩托车去

的。7点半车来了,按着喇叭提醒要去赶集的村民上车。上车后,发现已经没有座位了,原来,车从"乡上"出发,有些村民赶早从起点坐车。坐在车上的村民看起来都很高兴的样子,让人觉得赶集是一件快乐的事。

人们手上或拿着编织袋,扶着扁担,或挎着布袋,是准备在集市上看见合适的东西就用这些袋子装回家。车走到上大高山的路口会稍微停一下,让路旁等车的村民上车。到大高坪吴五、九组龙林又会停一会儿,让等车的人上车。随后车上人渐渐多了起来,接着到了八组田坝还会再停一次。基本上接完这波村民后,车便一路行驶,前往播阳。在路上会经过几个侗寨,这时也会有侗族村民上车,大家相互礼让,挤在车内,目的都是去赶集。车走了约一个小时左右,随着山路绕来绕去,终于在8点10分左右到了播阳镇。下车后,人们把放在车后箱内的行李和东西都取出来,然后往集市走去。

赶集的地方是一条长街,延伸下去估计有一公里左右,看不到头,两边是店铺和还没摆上货物的摊子。这时集市还没有开始,比较冷清。但是也能看出即将热闹的前奏,人们开始向这条街道聚集,店铺也开始开门做生意,摊贩也渐渐把货物拿来摆上架子。大约10点左右,集市开始热闹起来。这时候店铺都已开门,摊贩开始吆喝做买卖。前来赶集的人络绎不绝,在集市上行走可谓摩肩接踵。来赶集的人覆盖各个年龄层,基本上以中老年为主,有男有女,有侗族,有草苗,有花苗,有汉族,人们或穿着民族服饰或着便装,场面十分热闹。集市上贩卖各种各样的物品,集市两边的商店也开张迎客,把自家门口摆满货物,供人挑选。集市上的商品有水果(香蕉、提子、西瓜、葡萄、苹果、梨子、桃子、芒果、葡萄等)、蔬菜(多是老年妇女蹲坐在菜市的地方,将各种蔬菜瓜果放在竹篮里兜售,有茄子、苦瓜、木耳、辣椒、豆角、四季豆、莴苣等),其他菜类(豆腐、豆腐皮、干鱼、熏鱼、鸡蛋、皮蛋、咸蛋、海带、土豆、洋葱等)、肉类(有小肉摊一个,老板是一位男性,他将各种排骨、猪头、肥肉、瘦肉、五花肉摆在一块木板上贩卖,主要卖猪肉和牛肉,还有卖鸡、鸭的,将关有鸡鸭的笼子摆在路旁,等待客人挑选。还有卖鱼的,老板将一个大木盆用塑料布铺垫起,朝里面灌水,用来放鱼),各种调料和原料(五香粉、盐、味精、鸡精、酱油、醋、料酒、火锅底料、麻辣鲜料、辣椒粉、辣椒酱、芝麻油、烧酒曲、十三香调味料、八角、五香叶、花椒、白术、姜、蒜等)，生活用品(洗衣粉、香皂、肥皂、洗洁精、蚊香、洗发水、杀虫剂、牙膏、手电筒、卫生纸、塑料桶、脸盆、塑料拖鞋、凉鞋、竹席等)，生产用品和日杂五金(各种镰刀、柴刀、水瓢、锅铲、菜刀、剪刀、灰铲、火钳、锤子、四方耙、钉耙、锁链、锅碗瓢盆、漏勺、筛勺、勺子、叉子、饭盒等)，其他用品(布匹、彩线、织锦、衣服鞋袜、帽子、鞋垫、腰带、裻袄、侗苗服饰、光盘、玩具、糖果、香烛、纸钱等)，还有一些特殊的摊位，例如街边一个和尚装扮的人操着一口北方口音在大声叫卖，他的摊子上都是一些看似不名贵的玉器首饰(手镯、手链)、佛像、护身符、金银珍珠项链、手镯、戒指等物。有些拿着一桶桶的米酒，摆在路边贩卖，看上去就像是工业原料一样。还有一些老人，跷着二郎腿，坐在路边，贩卖草药。有个帮人拔牙的摊子，有一位顾客正愁眉苦脸地坐在凳子上，接受老板拿着拔牙的钳子钻子在自己嘴巴里鼓捣，拔牙摊子上摆放着医用工具和一些药品。有一个卖老鼠药的，用扁担挑着两个大箩筐，一边放着一大堆的死老鼠，一边放着他要介绍给别人的老鼠药。集市上的商店也很多，林林总总，有糕饼店、米粉小食店、网吧、服装店、五金杂货店、五金建材店、烟酒糖果商店、中国移动播阳营业厅等，基本上想买简单的生活日用品，也都能找得到。有些店铺把摊子摆在自己店铺门前招揽生意，货物堆得满满的，看上去丰富多彩，供应充足。

当天是大高坪四组下龙寨吴书记的二孙子 LS 的生日，所以我和 ZH 一同在集市上逛游，为晚上的生日宴准备需要的东西。ZH 拿了一张他大哥给他列的购物清单，他便按照这张单子购买。以下是他购买物品的清单：肉(4 斤)，十四元一斤，共 56 元；鸡肉(3.2 斤)，8.5 元一斤，花了 35 元；鱼(3 斤)，八元一斤，共花 24 元；牛肉(3 斤)，15 元一斤，共花 45 元。蘑菇买了 3 斤，香料买了半斤，2.5 元一斤，花了 16 元；豆腐 1 斤，花了 5.5 元；蛋糕 66.5 元。共计 248 元，之外还交了 20 元的手机话费。10 点半，我们一同去蛋糕店买蛋糕，之后便回程。10 点 45 分上车，赶集结束。

据村里人介绍，集市是 10 点到 12 点的时候最热闹，因为夏天天气热，所以过了中午，日头变大，人也就会因为热气慢慢散去。

村民生活在村子里，有时需要买些什么，不单只有赶集才能买到日常用品，在每个村组中亦有一个私人的小卖部可以满足日常基本所需。如果村中的小卖部不能满足，那么在"乡上"有四五家小卖部，经营范围也比较广，从日杂五金到农业生产用具,从衣服鞋袜到食品百货,也是在一定程度上能够让村民买到一些日常生活用品的。以大高坪四组下龙寨为例,村中只有一间私人开设的小卖部,就在村口上阶梯的右边,等于说进入四组,右边就是一间小卖部。小卖部门很小,这间用来卖东西的房子与住家是连在一起的,门边摆着一台旧的柜式冰箱,冰箱内存以漓泉啤酒(3元/瓶)、康师傅冰红茶(2.5元/瓶)为多,其他还有娃哈哈果奶、几瓶冰绿茶、果冻、甜酒等,有时候主人家自己喝的茶水、西瓜什么的也会放进去。屋里进门就是货柜,这是一只玻璃木柜,十分老旧了,里面除了堆放着主家自己看的旧书外,还摆放着一些货物,如电池、扑克牌、香皂等,柜子上方用小篮子和小塑料筒装着各种小吃、糖果,如棒棒糖、麻辣豆腐干、棉花糖等零食。这些零食都很便宜,从五角到一元,十分受当地小孩子欢迎,经常看见小孩手中握着一元、两元钱走进小店,欢欢喜喜地拿着零食走出来,小一些的孩子总是叫着"基挡""基挡",以及"吃糖""吃糖"。小卖部的老板就是本村村民,负责进货的是他的女儿,实际上这个小卖部的真正老板应该是女儿,她负责从外面进货回来,或从播阳,或从麻阳(因为她是外嫁到麻阳去的媳妇)。她颇具商业头脑,还打算在家中开一间小网吧,正在询问拉网线的相关事情。不单单四组有,高寨上也有两三间小卖部,分别开在鼓楼下方,寨子中通向后山的一条路边和鼓楼上一段台阶的旁边有一间。这些小卖部都是卖些香烟、零食、冷饮,无出其右。六组也有,开在村组旁的街道边上;五九组也有,开在大路边上,进村组必定经过;八组也有,开在进村道路一旁,在村组中球场旁也有一个小店,是以前集体经济时期留下来的。小卖部是村民平时比较容易聚集的地方。村中的小卖部,便是这个几乎过着自给自足经济生活的村落,还有商业经济活动的体现,人们平常买个什么日杂小食都会光顾小卖部。除此之外,还有一些游走在村组间的小贩,也会不时地带来一些村民需要的东西,或是提供一些增加收入的途径。例如开着摩托车,前来贩卖自家生产的豆腐的侗族小贩,两元一斤,隔三差五来到村口,人们便会将他们的豆腐几乎买光。骑着摩托车,装着一个小喇叭,反复播放"卖汤圆"的小贩,也会不时地出现,但我们在调查期间只见过一次,或许是因为当地人没有吃汤圆的习惯,所以生意并不好做。又有进村收鸭毛的,收废旧塑料瓶罐的,收草药的,他们又为当地带来了一点增收的活力。

图 2-46　车上准备去赶集的村民

图 2-47　下　车

图 2-48　未开始赶集的集市街道

图 2-49　赶　集

图 2-50　集市摊贩——猪肉摊

图 2-51　集市摊贩——卖鸡

图 2-52　集市摊贩——水果摊

图 2-53　集市摊贩——水果摊

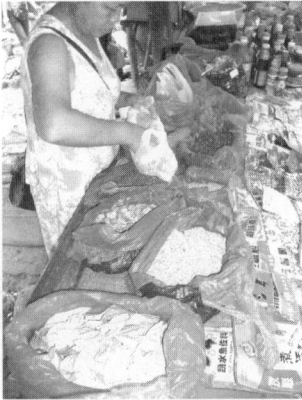

图 2-54　集市摊贩——香料摊

图 2-55　集市摊贩——佐料摊

图 2-56　集市摊贩——卖菜

图 2-57　集市摊贩——市场

图 2-58　集市摊贩——拔牙

图 2-59　集市摊贩——卖老鼠药

图 2-60　集市摊贩
　　——和尚的摊位

图 2-61　4 组聚集在小卖部前闲聊的妇女

第三章

风俗习惯

　　风俗习惯是特定社会文化区域内历代人们共同遵守的行为模式或规范，主要包括与人们日常生活密切相关的各种民俗事象，表现在衣食住行、传统礼仪、节日、娱乐等方面。大高坪草苗在其历史发展的长河中，不断创造、享用和传承着自己独具特色的风尚习俗，是其民族历史、生活方式、文化传统、心理素质和感情世界的反映。当然，大高坪草苗的风俗习惯也伴随着社会的变迁而有所改变。

一、衣食住行

　　谈到生活，人们最先想到的便是衣食住行。大高坪草苗作为苗族的一个特殊支系，在传统服饰、饮食、居住和建筑以及交通出行等方面也具有自身的特色。

(一)草苗服饰

　　在尚未与他人接触时，多数人都是通过对衣着的第一印象来判断对方的，通过着装我们可以得到许多的信息，至少这些信息能说服我们自己，以此来界定我和对方接下来的关系和去向。因此，衣冠常常成为我们对别人进行衡量的标准之一。不得不说，这样的做法既直白又片面，虽然有时能帮助我们快速获得一些资讯，但是尽信这外表带来的感观，容易将我们误导。不过，这也说明我们重视服装。

　　一个民族或者说一个族群的服饰，有可能正承载着这部分人的身份信息。它就像是一种既定的社会规则，客观地把我们拉到一条界线之外，让我们产生看似主观的判断。换言之，对于一个陌生族群，在我们还没有来得及深究他们的内在之前，几乎包括你在内的任何人，通常都会仅凭他们身上那区别于"我"的特殊服饰来认识他们。

调查时，当我们在村中问起村民，他们自己是如何确定对方是草苗的时候，得到的答案基本上有两种：一是看对方穿的是什么衣服，二是看对方说的是什么语言。无疑，草苗的服装对草苗来说，是一个很重要的族群标志，是一个珍贵的文化符号，是除他们之外的人认识和区分他们的一种途径。

有学者对草苗的服饰做过简要的描述："据我们实地调查，通道县有一部分苗族，他们称'草苗'，聚居于独坡、大高坪、团头等乡……妇女穿棕红色衣，衣长过膝。结婚前穿长裤，结婚后穿裙子。头巾颜色亦棕红色，两头绣花。妇女带项圈、手钏、耳环，但不带银链。男子的服装类侗族，包头巾，穿对襟衣。"[1]

1.服饰类型

（1）男性服饰

草苗男性的传统服饰包括头帕、外衣、裤子三个部分，以青黑色为主要基色，简单朴素，没有繁杂的装饰。与周边侗族男性的装束基本相同。他们的衣着通常为一件纯青黑色的对襟短衫，立领，衣上绣有两排对称的布扣，衣襟下部的左右两边各有一个口袋；裤子为纯青黑色的宽松长裤，裤头可左右对折，然后圈起，即使不捆带子也可以穿。头上包青帕，有长帕和短帕之分，长短不一，功用不同。短帕只有1米多长，缠两圈即可，而长帕有2米多长，在头上可绕缠几圈，所以一般在冬天使用，用于保暖。平日都没有装缀任何花饰，节日里则头插野山雉鸡羽毛，类似于其他苗族和侗族风格。

（2）女性服饰

草苗女性传统服饰具有明显的族群特点，通过女性的穿着比较容易辨认对方是否为草苗。其服装主要由头帕、长衣、腰带、百褶裙、绑腿和云头鞋六大部分组成，青黑色是全衣最主要的色调。

草苗女性常着一身青黑色右衽的长衣，衣襟长度适中，后摆遮臀，前摆及膝或稍短一些。衣领处是宽约1厘米的短领，短领由红、白、蓝、黑等颜色

---

① 伍新福：《中国苗族通史》（下），贵阳：贵州民族出版社，1999年，第991页。

的细小布条镶缝制成,领口装饰有两颗蓝莓大小的银质圆扣,小巧精致。右衽大概有三指来宽,成"厂"字形,衽边用丝线由红、白、蓝、黑、黄、粉等彩色布条镶缝而成,延至身体一侧;通常在"厂"字的两画交界部位,镶有四枚蓝莓大小银豆作为纽扣,在身体一侧接边处也有一到两枚银豆纽扣。一般年长女性身着的长衣的镶条要小些,年轻女性所穿的长衣镶条要大些。袖为长袖,但是长度未及手腕,只到下臂三分之二处,袖口外翻后是白红蓝三色布条做成的滚边,约三指来宽,其中蓝色的部分要比白红二色宽。她们判断一件衣服的好坏,主要是看衽边和袖口镶上去的各色布条搭配是否合理,线条是否流畅,针脚是否细密。

图 3-1　草苗男性传统服饰 1

　　因为衣服较长,草苗女性腰部往往会捆上一条用丝线精织细绣出来的花带作为腰带,苗语叫"社"。宽约五六指(4～7 厘米),长度在 220～240 厘米之

图 3-2　草苗男性传统服饰 2

图 3-3　草苗女性传统服饰 1

图 3-4　草苗女性传统服饰 2

图 3-5　草苗女性传统服饰 3

间,绕做上下两层即捆两圈。花带的底色为绿色,图纹分成三个部分,两边是两指宽的对称绿边,间有细细的蓝、黄色或其他颜色的细线,中间则是规律的彩色几何花纹样式,腰带的花纹样式有很多种类,绣的是什么花,带子就叫什么带。如黄粱花带、浮萍花带、谷花带等,所以腰带会有很多变化。女性们捆腰带时,会将腰带在身前打一个结,然后多出来的部分便自然向两边垂下,两端坠有的各种彩线流苏自然垂吊在腹前,可随步伐摇曳生姿,飒飒摆动。腰带制作精致,甚至连缝上细线流苏的地方也是两条小巧的彩色花边。

除了长衣外,草苗女性还会穿一条用青黑色的布料制成的百褶裙[①],苗语叫"温"(音译)。裙子与周边侗族女性所穿的裙子长度大致差不多,短及膝盖,没有花纹,但是裙褶的细密程度堪称精美,每一个褶皱都不到半厘米宽。据村民 W 介绍,草苗的裙子与侗族的裙子还是有一些差别的,主要是草苗的裙子会在裙头用一块双层布当做捆带,还会在裙脚加一个 3 寸左右的百褶节,这样就可以使得裙子变宽,女性在穿裙子坐下时可以让裙子的一部分落在两腿之间,不至于走光。现在中青年女性很少穿百褶裙了,劳动、赶集、上坡时都会穿裤子。青年女子多着现代流行女式时装。

女性的小腿上绑有绑腿,苗语叫"形"(音译)。绑腿呈圆筒状,可以分为日常装(单筒)和盛装(绣筒),两者的底色都是青黑色。盛装的绑腿比较讲究,上会镶有一大片几何花纹,花纹样式各不相同,主题繁多,有蛤蟆蛋形花、凳脚形花、鸦嘴形花等,花纹下部是蓝红黑三色的横条底,每条颜色有两指来宽,而平常的

图 3-6 草苗女性传统服饰之上衣

绑腿则没有大片的几何花纹,要朴素一些,只在靠近脚踝处镶有一条一指来宽的花边;绑腿上部会绑一条细长的花带以作固定和装饰之用,花带也是有盛装和日常装区分的,盛装的带上绣有几何形状的花纹,两头坠有装饰物,

---

① 草苗女性婚前不穿裙,婚后才穿裙。百褶裙也是区分草苗女性已婚和未婚的标志之一。

图 3-7　草苗女性传统服饰之腰带

有的是用彩色细线做成流苏,有
的是一串像风铃(呈菱形的小玩
意儿上,规律地缠绕着各色彩线
而成)一样的女红制品,然后再
缀上一些红红绿绿的五彩线缕,
走起路来,腿上的彩线或装饰物
也会随之摆动,别具特色,而日
常装的绑腿则没有彩线、女红玩
意儿等这些装饰,只是一根有着
几何图形的花带而已。

　　草苗女性还会用一条黑色
的头帕包住额头。头帕有短帕
(约 115～118 厘米)和长帕(约
180～210 厘米)两种。由于比较
长,所以使用时帕头会自然地垂

图 3-8　草苗女性传统服饰之百褶裙

在两肩上或放在背后。长帕不镶任何花饰,往往会在头部缠绕几圈,一般只
在很冷的天气才使用。短帕比较讲究,两边的帕头都镶有两指宽的花饰,绣
有几何花边或图纹(主题繁多,形象不一,图案有棉花、小人形、鸡肠、谷花、
蜘蛛形、螃蟹形、鹰形,等等)。一根头帕的优劣就看绣带和针脚的结构是否

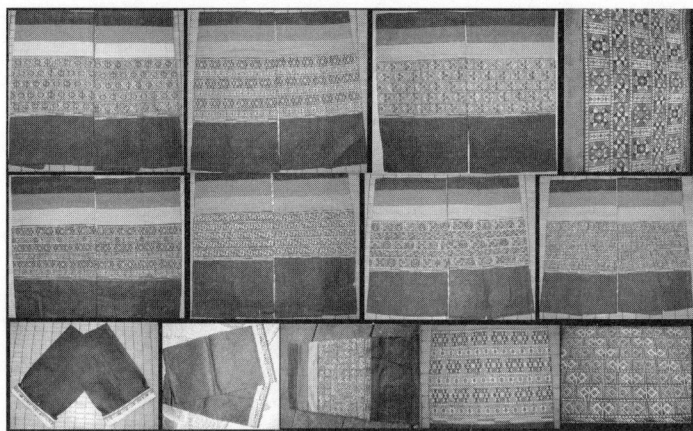

图 3-9　草苗女性传统服饰之绑腿

图 3-10　草苗女性传统服饰的头帕花纹

精细。

　　除此之外，草苗女性在节日或重大活动时还会穿云头绣花鞋。鞋头尖尖的，并且高高翘起，鞋底系千层布做成，鞋面绣着各类花草虫鱼。随着时代的变迁，这样的传统绣花鞋已渐行渐远。

　　草苗妇女的服装还配有各种各样的银饰，包括耳环，项圈，手镯等。其中耳环的样式比较多，有单个的圈状耳环，有两三个套在一起的同心圆耳环，有像小宝塔一样的耳环，有坠着小小的银锁的耳环等。项圈的样式比较

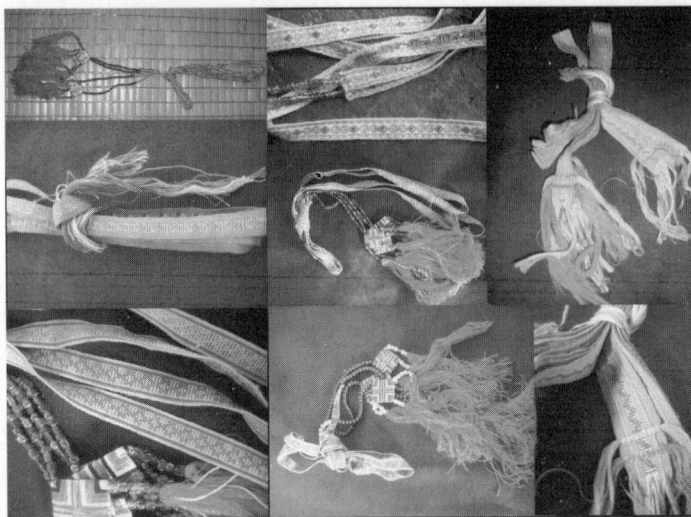

图 3-11　草苗女性传统服饰的花带及饰品

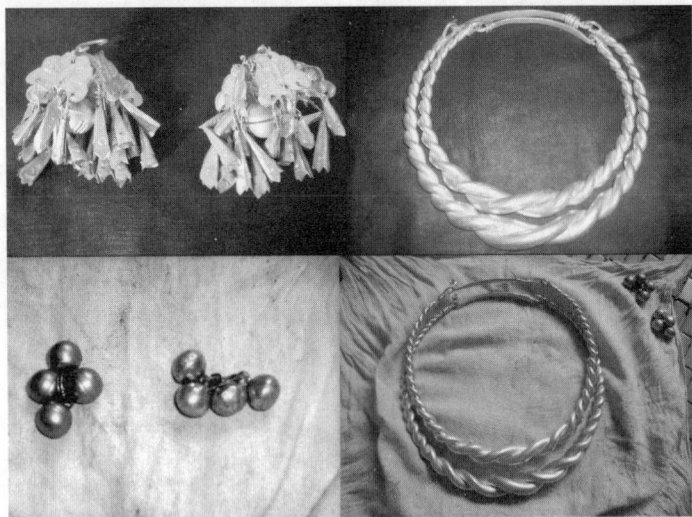

图 3-12　草苗女性传统服饰的银饰

统一,通常是一大一小两个叠套在一起,呈螺旋状。

　　一套完整的草苗女性的传统服饰其大致样貌是:头包青帕,上身穿斜衽长衣,腰缠腰带,下身着百褶裙或裤子,小腿扎绑腿,绑腿上绑有花带,脚穿云头绣花鞋,佩戴银冠、银耳环、银项圈、银圆扣、银手镯等。

总的来说,草苗女性服饰看上去并没有色彩斑斓的夺目感,一身黑衣显得朴实而清素,但是细节上却煞费功夫。从短领、右衽、袖口的简单镶缝,到腰带、花带、绑腿的精织细绣,从长衣、头帕的规整缝制,再到百褶裙千沟万褶的巧妙做工,无不凸显其在细节所费之心力,展示出素雅和谐之美的魅力。

图3-13 草苗传统服饰之"霞"

(3) 孩童服饰

草苗孩童服饰与周边侗族差异不大,形式、裁剪和大人服装一样,可以说是大人服饰的缩小版。值得一提,并具特色的是背带和童帽。

背小孩用的背带,苗语叫"霞"(音译)。一般都是黑底布料制成,有"单霞"(简单朴实,仅边上镶上红、绿布条)和"绣霞"(用丝线织绣各种图案而成)之分。另外还有一种用白布做底的"花霞",是将各种颜色的布料剪成各种图案,再用各种丝线将图案镶贴在布上制作而成。

背带通常由外宽内窄的双层构成,外层是活动的,外层头部两个角和内层尾部两个角各订一条三指来宽的布带。背小孩时,将四根带子在背者的胸前交叉打结即可将小孩固定,小孩的手脚一般从两侧伸出,孩子睡着时可将外层向上翻盖在头上,以挡风保暖。但是看上去时常会让外来者担心小孩会不会觉得闷,而事实上,草苗的妇女一直使用这样的背带来背小孩。

图 3-14   制作"霞"所用的花样

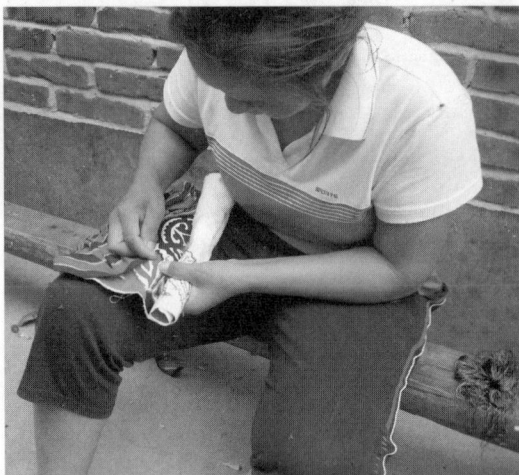

图 3-15   正在制作"霞"的草苗妇女

　　背带最吸引人的是上面的绣花。背面一整块都是精织细绣的各种图案,有牛角、扁担钩、鸡脚、太阳、蝴蝶等图形,图案的颜色五彩缤纷,红、蓝、绿、粉、紫、白等色相互运用,艳丽而富贵,十分抢眼。而这各种各样的图案从何而来呢?

　　我是从逊冲嫁过来的,做背带的花样是花 30 块钱从逊冲买来的,有太阳、蝴蝶、牛角、钩子、鱼骨、鸟等图案,全部都是剪纸。做花样时,拿一张纸临摹画好后,照着样子剪出来后再贴在布上,然后再将布按照贴好的纸样剪下来,这样就得到了背带上的各种图案。将剪好的布样在布上摆好,然后用彩色的丝线把沿布边缝制好,这样背带上的图案就做好了。①

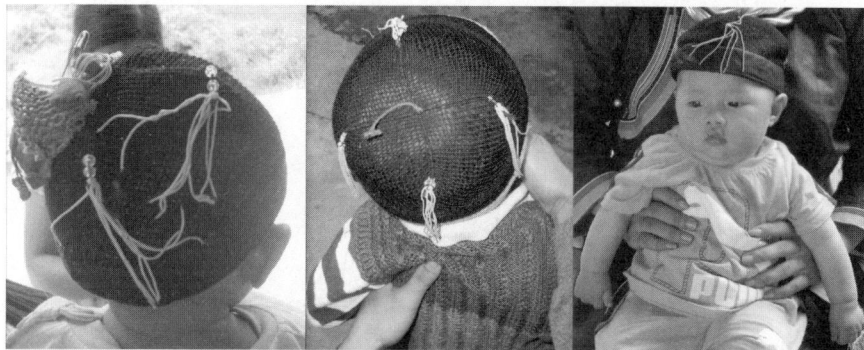

图 3-16　童　帽

草苗小孩戴的童帽,是用线钩出来的。我们调研期间所见孩童的帽子,系用黑色面线钩成的渔网样,小帽子上会有装饰物,或一些小彩珠,或彩线做成的简单流苏,或饰以一个驱邪用的小红角。至于为什么帽子要做成渔网的样子?有村民说,渔网是可以辟邪的,也可以驱鬼挡灾的,所以把帽子做成渔网状,就是为了求得这样的功效。

2.服饰制作

草苗传统服饰的制作是一项复杂的工程。传统服饰所用的布料为土布,而土布都是由草苗妇女用自耕自种的棉花,自纺自缠棉线,自织自染棉布制成的。其后的织绣则更是一个非常费时而又十分讲究的过程。

(1)织布

织布花费的时间和精力是相当多的,从采摘棉花到织布要经过漂洗、浆煮、拉牵、晒干、引线等过程,据了解,以前这里很多人家都种棉花,一家人的衣着都由妇女来承担,因此不管白天黑夜,寨子里总是织布声不断。近些年,村里种棉花的人家已经越来越少,许多姑娘、妇女也陆陆续续外出打工,

---

①　访谈时间:2011 年 8 月 4 日,访谈对象:佚名,女性,30 岁左右。

但留在村里的大多数妇女还是会在农闲时节每天辛勤织布。

织布是一项操作性很强、技术要求高、劳动强度大的一件工作,不但要心灵手巧,还要掌握过硬的本领。关于草苗妇女织布的相关情况,吴通爱先生是这样描述的:

> 棉花种出来后,草苗妇女便将棉花捡回,选好,晒好,先用机子除籽,再加工成棉絮。回家用小块光滑的木板将棉絮卷成拇指大的小筒。一般一个晚上卷 200 多根,将其捆成筒。再用自己做的纺纱机(苗语叫"虾")将小棉筒纺成线团(苗语称作"虾鸣")。再用自己做的机子(苗语叫"美拍")将线团拍成长短相同的纱(苗语叫"篾"),然后把纱放在碱水或苏打水溶液里煮上 3~4 小时,第二天早晨拿到河里洗净、晒干。再把从坡上挖来的浆薯(苗语叫"能蔑")捣烂成浆糊状,将纱放入其中,让它充分吸透"能蔑",再捏干、晒干。然后将纱线卷到竹篓上,整个过程苗语叫"贵篾"。卷成有十个竹篓后,再让熟练的女工在比较宽敞明亮的住户家里进行引线(苗语叫"虽假"),再梳理成卷筒。这个过程很讲究,必须选个好日子做,还要约一伙妇女烧油茶吃,以示庆祝。将卷纱筒放到织布机上即可开始织布。①

我们在吴副主任的陪同下,上山到"高寨"即大高坪行政村 1、2、3 组所在地进行调查,报道人是一位年逾 70 的老妇人,因被采访人不会说汉话,吴副主任担任了翻译的角色。她向我们陈述并演示了织布的一些步骤和作法。具体内容整理如下:

> 织布做衣是一件很复杂的事情,与以前相比,从步骤上来看并未改变多少,仍然要经过很多道工序。首先从原料上来说,在过去(至少二三十年前),都是自己种棉花,收棉花,晒棉花,除籽,用自己做的机子(吴主任说那种去杂的机子现在已经没有了,他也只是小时候见过,那是一个一人来高的木制机器)去杂,搓成棉条,然后再纺成线拿来织布;现如今,则多是去集市上买纱线回来进行纺织。
>
> 怎么将棉花织成布呢? 先是在棉花处理好之后,就搓成手指粗细的棉条,利用纺车将其抽丝成线,抽丝时会沾一点水使其产生一些黏力,让棉絮纤维更容易成线。在线被从棉条抽出来后,就将其做成一捆一捆的线圈,这时会用到一种绕线器(苗语称:mei^{21} p'ai^{55})。然后将线

---

① 参见吴通爱:《草苗服饰》,《大高坪吴氏家谱》,2010 年。

图 3-17 纺织工具

圈依照需要,分别再缠在线篓上予以保存以备之后制作成经线,或缠在梭子里直接制作成纬线。

制作经线比制作纬线需要更多的工具。先拿出线篓,然后将已经缠绕在线篓上的线一根一根缕出来,穿过一根悬在高处的木杆,木杆上镂空了几个小洞,线就从这里穿过,接着在平地上摆好两张像木凳一样的立凳,两张立凳相隔约三五米甚至更远,这个距离通常以家中备有的竹竿长度和自己的需要而定,立凳上有可以固定竹竿的对接口,此外立凳上还有几根木柱,线从小洞穿出来后就绕经这些木柱以拉绕成直线,然后可以等距的将直线取下缠成一捆线圈,线圈大小同样是根据自己需要而定,抑或将直线交叉缠绕在立凳上一边的两根要长得多的柱子上,以制作经线。这时拿出两个器具,一件是一块苗语称为 ko[35] 的竹签板,另一个是金属制称为 kou[55] 的挑钩,挑钩的一端是小钩子,另一端有一个小洞,小洞里这时也会穿上线。竹签板贴紧那两根被绕了线的柱子,然后挑钩就在一边,从竹签板上的缝隙中将对面的线钩过来,根据自己的需要,决定钩线的密度和数量,竹签板的作用大致是将经线将直将顺,防止细线缠绕在一起。

经纬线准备就绪,便是上织布机织布了。织布时将经线固定好分为两层,然后纬线每穿入经线层一次,就用一块专用的木板向下推压,以固定经纬线,此时就会发出"咔咔"声。当粗布做好之后就要染色了,染色期间会用木槌在石板上敲打,然后晾晒,如此几次,布就做成了。①

图 3-18 织 布

图 3-19 存放在木柜内的布匹

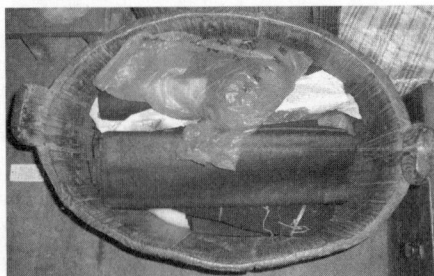

图 3-20 存放在木桶内的布匹

---

① 访谈时间:2011 年 8 月 5 日,访谈对象:佚名,女性,70 多岁。

图 3-21　晒　布

图 3-22　捶布用的木锤

图 3-23　纺线

图 3-24　捋线

（2）染布

在村子里几乎每家每户都会自己染布。因为织布机织出的白色棉布还不能用来做衣服，如果要用来做衣服就要染色。与古老的纺织技术相应，染色在草苗也是一门精湛的技艺。染制布料的过程与周边侗族的相同，只在着色上有点不一样，侗布是暗红色，而草苗的布料为青黑色，显得更亮更硬朗一些。

染布的过程很麻烦，归纳起来有制染料、染色、上皮、捶布、晾晒、蒸布等过程。染布主要由草苗妇女承担，工艺技术靠口传心授，代代相传。关于染布的技艺，吴通爱先生如是说：

先用水煮白布，洗净后晒干，再放进有染料的锅里煮，染料有粉料和岩料，染煮20分钟后取出洗净，再用自种的蓝靛草做成的蓝靛染料浸染，再用牛皮胶水浸透，接着晾晒成八分干后放在石板上用木锤锤打，再放到杆上晾。晚上卷好放入蒸笼并用枫叶封口蒸3~4小时，第二天取出晾干后再放入染桶中染，这样反复3~4次。染色的次数越多，用这布做成的衣服就越经洗，不易褪色。要是家里有姑娘准备出嫁，那用来作嫁妆的布料，还要用五倍子熬一锅水，趁水热的时候，将布匹从一头慢慢地边卷边放五倍子水，这样处理过的布料会更鲜亮。听说，这个过程在进行时不许跟任何人说话，途中如果跟人说话就不会达到效果，白费功夫。①

我们采访了大高坪村四组下龙寨村一位年近50岁的胡姓妇女，她向我们介绍了染布的过程，内容整理如下：

染布要用到蓝靛草、石灰、小苏打、牛皮、水等原料。制作染料的过程比较简单，首先将自己家栽种的蓝靛草②采摘下来，摘蓝靛草最好是天蒙蒙亮的时候去，因为新鲜水嫩的蓝草可以制作出优质的染液，然后将这些蓝靛草用清水侵泡在大木桶里，用枫叶等盖住再用砖石压上，通常是晚上开始泡，大概需要沤制两个晚上（如果是白天采的蓝靛草，那就得泡上大概两天一夜）。估计蓝靛草已经被泡烂了，色素都被稀出来后，就把草渣等捞出来，用布滤干净，剩下蓝靛草的水浆与石灰搅拌，搅拌时如果量比较大，妇女会戴上从集市上买来的胶皮手套，搅拌过后静待沉淀，这时沉在下面的就是膏状的土靛。有经验的人会将土靛一点在手上，如果色呈泛灰表明石灰放得过多，发暗表明沤的时间太长，只有呈深蓝色并发出亮光的才是好靛。用它染布颜色才正。

一般来说，一件草苗上衣需要用大概2斤的染料。染料有人收购的话，合5块钱1斤，做1斤染料大概需要2斤的蓝靛草。

染布时，先将染缸装满水和苏打调和搅拌，水的温度大概在20℃左右，温度低了就不好上染。往往1缸需要放1斤苏打（1斤苏打要3块钱）。等水"熟了"之后，将白布和染料放入水中，7~10天后，需要再次

---

① 参见吴通爱：《草苗服饰》，《大高坪吴氏家谱》，2010年。
② 蓝靛草：草本植物，叶长椭圆形，干后有变蓝色的特征，为中药大青叶的一种。

加入一些配料,如苏打、米酒、水和其他草料等。待水"熟了"之后,再放入1碗染料,搅拌均匀后,等大概半天时间,将布取出检查颜色是否均匀,如果上色情况较好,就等两三个钟头再将其放回缸中浸泡。到了晚上,就再放1碗染料。具体放染料的量以布的多少决定,染色时基本上天天得放一碗染料下去,到后期还得去集市上买一种红色的染料,如果放了红色染料后,布的颜色染好了就不需要再买,没染好的话还需要继续买来染。

等布的颜色基本染好了后,如果自己喜欢有光泽的布,就去集市上买牛皮,将牛皮放到水里面煮,直到煮烂成浆以后,就成了粘胶,然后将布放到一个木盆里,一点点均匀地涂抹在布上。边倒边捶打,让胶液将布充分浸透,慢慢就会变硬,之后将布放到太阳下去晒个八成干,又放到青石板上用木棰翻来翻去捶打,这样布的颜色又亮又不容易褪色。

上皮后的布还要放到甑子去蒸,甑子底部会垫一层稻草。蒸布的目的主要是为了固色和定型。蒸布要的时间很长,就会邀约几个人一起,喝油茶唱歌。

蒸好的布要拿去晾晒,这之后还要反复捶打,一直到发亮为止。

染布呢,还有一些讲究,比如说孕妇是不许染布的。

做衣服一套一次需要用掉一丈二左右的布,所以染布一次就得染三丈多的布。为了备用,有时候染布就会染十几二十来丈,可以卷成筒,堆放在箱柜里,如果没有用完,就会在来年的农历六月初六日拿出来晒一天,可以避免受潮受虫。村里差不多家家户户都有存下来的染布。可惜,现在年轻人会染布的人也越来越少。

年轻人都不喜欢穿传统服装,但结婚、过年等重大的日子还是会穿的。村里的老年人们还是爱穿自己制的衣服。像我在家给别人加工衣服,一件18~20元,有些老人没事做连15元的活也会接。但是太累了,现在楼上还有4件衣服没做完。如今,年轻人都不会做,也不想学,都出去打工了。[1]

村子里与这位胡姓大姐年龄相仿的女性,基本上都会做传统服饰,织作女红已经成为她们日常生活中十分重要的一部分。据胡大姐介绍,她做一对绑腿的话,如果是无花的,大概一天工夫就可以完工,如果是带花的,就说

---

[1] 访谈时间:2011年8月10日,访谈对象:佚名,女性,50岁左右。

不好了,看花的繁杂程度,有的要连续做上几天甚至更长一些时间。衡量一个女人是否聪明贤惠能干,看看她所织染出来的布是否美丽,如果她织染的布非常好看,全村的人都会夸赞。

(3)织绣

传统的草苗服饰都是由女性自己手工制作的,织绣是她们必备的技艺。据了解,以前如果姑娘不会纺线织布、编花、绣花的话,是嫁不出去的,所以每个草苗女孩从八九岁起,就开始学习织布、染布,学习编织花带和刺绣。编织花带主要是在织布机上完成的,花带的主体部位以绿色丝线织成,两端以彩色线装饰,图案各异,有桃花、梨花、李树花、油茶花、油桐花、杜鹃花、蝴蝶、鱼等多种花纹,颜色有艳丽的,也有素雅的。

通常编织一条宽约 4 厘米,长约 2 米的花带需要一天的时间,编织时非常容易出错,熬心费力,如果织错了一根纱,花纹就错了甚至无法编织下去,需要非常细致。据我们观察,草苗妇女织布、绣花、织锦,那些看似简单的操作,实际上需要高度的注意力、集中力和耐心来进行。而且,有些过程一个人几乎不可能完成,这时便需要其他人的帮助,这种情况,则为女性提供了交流与沟通的机会,变成了一个特殊的社会场景,而织绣的事情男性一般是不插手的,所以这个场景下便是女人的时间和世界。下面是几位草苗女性合作捋线,制作腰带经线层时的场景:

> 在场合作的有 5 位女性,她们之间的关系有姐妹、妯娌、母女、邻里。首先她们把制作腰带的细线捋好,分段绕在用来捋线的立凳上,接着再将彩线交叉绕在立凳凳面的两根长柱上。然后拿出竹签板和挑钩,开始钩线。中途,她们发现钩错了,便在七嘴八舌的讨论中,换了另一位妇女来钩线。之后钩线过程中,每隔一段她们会标记一次,用麻线绑上,以免出错,一个人拿挑钩钩线,另一个人把线捋顺捋对并放在钩上让对方钩过去。

> 在相互合作下,钩线进行顺利,待线都钩好后,一人拿来一根竹棍(苗语称 lait^{22} ya^{21},竹棍圆形指粗,一条麻线从中穿过,从两头露出)从竹签板的另一端将丝线分成两层,另一人将另一根竹竿小心翼翼地放进钩线与竹签板之间留出来的空间里,然后将麻线抽掉,使竹竿紧贴着竹签板与彩色丝线。然后她们将竹棍的麻线两端连在一起打结,并根据丝线的分层用一根其他的麻绳捆起来以示标记,避免线体混乱,并且还会拿出沾有红药水的棉签标记起每一段绕在立凳上的彩线。这时,

又一位妇女按照红药水的标记将丝线成捆取下,取时特别注意不让不同段的彩线混在一起。接着将竹签板取下来时必须更加小心,尽量保持竹签板和两根竹棍平行,让彩线不会杂糅在一起。

确定丝线没有断和乱后,一人拉住竹签板一头的竹棍向后退,一人握住成捆的丝线向相反方向退,力求保持一定距离并将丝线拉平,拉顺,拉稳。随后,拿着线的人会找一处稳当的参照物将线绑在上面并且保持不乱,另一人在一旁负责将长线捋顺和检查,一人准备好用来固定并卷线的木枕夹(苗语称:kao^{55} mai^{21},木枕夹有两个部分,一是木枕,二是一根指粗的圆木棍),拿着木枕夹的人,还得将这根棍子仔细地插进彩线层中并让其处于彩线层的头部,以方便将这层彩线从头部固定在木枕夹上,把棍子慢慢地卡在木枕夹的凹槽上,并注意不让线搅在一起。固定好后,会有人拿着木枕夹然后用力,将彩线卷上木枕夹,此时要保持线被绷直不凌乱,线层中的竹棍、竹签板平行,剩下的就是用力将彩线绕上木枕夹,其他人则帮忙把线层捋顺捋平。整个过程中,女性们除了交流如何捋线外,还会交流最近的见闻。[1]

草苗姑娘在出嫁前会花时间把今后要用的花带织好,少则二三十根,多则七八十根,因为这些花带不单单自己要用,在出嫁时还得送给男方家的女亲们。而每一条花带都要花上两个月的工夫才能做成。

而刺绣根据操作方式可以分为绣花和贴花两种。

绣花就是用绣针把图案一针一针地绣到一块布上面去,针法呢有好多种,平铺绣、连环结子绣、辫子花、蚊脚花,等等。贴花是将杨梅、喜鹊和稻穗等花式底样平贴于布上,再用多种针法按绣各种图案,再从图案周围用各种丝线固定在绣布上就可以了。[2]

据了解,手工织绣的女红都要求针脚整齐细密。草苗姑娘出嫁时,要送给男方亲友自己手工缝制的各类服饰,人们会通过考量这些女红是否优秀,来判断这个女孩儿是否拥有虚心学习、精益求精、勤劳朴实、尊敬长辈等美德。所以,她们往往通过从母亲或祖母那里学习怎样自己制作各种衣物,来学习和了解为人妻、为人母的道理或智慧,为自己的将来作物质上和精神上的准备。

---

[1] 访谈时间:2011 年 8 月 7 日,访谈地点:下龙寨村 WJK 家三楼。
[2] 访谈时间:2011 年 8 月 19 日,访谈对象:佚名,女性,40 多岁。

草苗是苗族的一个特殊支系,有学者从遗传学和体质人类学方面进行分析,认为草苗的早期父系来源可能是汉族,苗族和侗族应是不同过程融入草苗的。[①] 草苗具有自己独特的历史记忆和风俗习俗,草苗的服饰就是一个印证。从某种意义上而言,草苗的服饰对草苗来说,就是一个很重要的族群标志,具有"族徽"作用,是人们认识和区分他们的一种很重要的文化符号。

(二)草苗饮食

1.日常饮食

当地人一日三餐,夏季时早餐时间集中在 6 点到 7 点左右,午餐时间集中在 11 点半到 13 点左右,晚餐时间集中在 18 点到 20 点的时间段内。冬季就餐时间与夏季就餐时间差别不大,除早餐时间可能向后推迟 1 小时左右外,其他并无甚大改变。他们以大米为主食,米饭以干饭为主,有时也会准备稀饭。过去使用火塘烧柴做饭,但现在因修了炉灶,所以火塘的使用频率逐渐减少了。目前村内绝大多数用户使用柴灶进行炊事,有许多人家里还装上了一种铝制炉灶,当地人称其为"省柴灶"。无论使用哪种灶台,木柴仍然是当地最主要的燃料。

草苗的早餐一般是喝油茶。妇女会早起,煮油茶其工序是这样的:先烧柴,待锅被烧热后,放入一些生大米,迅速翻炒直到大米焦黑,再放入一些油,然后放入茶叶(茶叶是一大片一大片早已晒干了的,且没有切碎或撕裂),翻炒一会儿后加入冷水。搅匀后盖上锅盖,大火焖煮约三五分钟,等水沸腾后就表示茶已经煮好了。这样煮出来的茶,色泽深,味道却没有想象中的那样浓郁,茶水中淡淡的焦味和茶味,别有一番风味。早上喝上一杯,很是提神醒脑的。油茶可以单独饮用,但是早饭时人们通常是将昨晚的剩饭泡进茶水里,这样就得到一碗茶水饭。如果早上有客人的话,主人家还会拿出一些被称为"泡茶"的点心,泡茶通常是用来招待客人用的。"泡茶"一般是糯米做成,将一小部分糯米染上红、黄、蓝、绿等色彩,然后和原色的糯米杂在一起,这样看上去五彩缤纷,煞是诱人,但是这些染色的"泡茶"并不是

---

① 李辉等:《遗传和体质分析草苗的起源》,《复旦学报(自然科学版)》2003 年第 4 期,第 621～629 页。

村民自己做的,而是从供销社或是集市上买来的。村民将它们买回来后储存好以备用,待要用时,先根据自己所需取适量,放在屋外或通风处晾晒一番,等"泡茶"基本干了就收回来。然后烧一锅油,待油热了之后,把干的"泡茶"放进油锅里炸,炸到"泡茶"膨胀变成了米花就捞出来放在一边,把油滤掉,这样"泡茶"就做好了。早餐除了茶水饭和"泡茶"外,还有昨晚的剩菜,这样起到了不浪费食物的作用。如果昨晚没有剩下什么菜,那早上也会做上一两种小菜送饭,比如番茄、豆角、辣椒等。中餐和晚餐没什么特别,以干饭为主,但是有时可能因胃口而换食稀饭。除此之外,中餐和早餐要比晚餐丰富一些,而且一般这两餐,草苗的男性会喝一些自家酿制的米酒。

图 3-25　油茶

图 3-26　泡茶

图 3-27　一顿早饭

大高坪的草苗自己耕种水稻、糯米、玉米等粮食作物,蔬菜也多是自己种植的。一般春夏两季家里吃的蔬菜多是黄瓜、茄子、白瓜、辣椒、番茄、豆角、韭菜等，秋冬两季则以大白菜、白萝卜、胡萝卜、冬瓜、南瓜等为主。除此之外，还有如酸辣椒酱、酸豆角、酸鱼、酸肉等自制的食品，则是备足全年的。当地没有豆腐，或者说很少有豆腐卖，所以像豆腐这样当地没有的食物，村民就趁着赶集的时候从外边带回来。但有时也会有小贩进到村子里。

调查期间，我们在大高坪行政村4组下龙寨村路边曾遇到两位来此贩卖豆腐的侗族小贩。据了解，他俩是来自上乡的侗族夫妻，男性姓黄，两人做豆腐生意已经五六年了，以前没到大高坪这里卖过，说有一天开三轮车进来听别人说这里没有豆腐卖，于是就想来试试，就这样来大高坪卖豆腐了。一般带来三十多块豆腐，每块两元，上午就可以卖完。下午就去黄寨卖，村民自己会过来买。他们可以和草苗自由交流。据当地草苗村民说，原来乡里有人会做豆腐，现在是他们做了。

当地的肉类以猪肉为主，村里未见有屠户，但是有时候谁家杀猪宰牛了，多出来的肉也有可能拿到小卖部进行贩卖。或有什么重大节庆时，如果集体的肉类准备已经超出所需，那村民也可以从这机会中购买肉类（但是这种机会相对较少），如当时举行大高坪村8组田坝的桥庆时，宰杀多出来的猪牛肉便可贩卖给村民，村民也很乐意购买这种新鲜的肉类。除此以外，多数时间如果想吃肉的话，还是以赶集为主。除猪肉外，还有牛肉、鸡肉、鸭肉、鱼肉等也是较为常见的，而这些也多是赶集的时候才会购买。当地人喜好吃鲤鱼，所以多有养殖，但很少有人会吃草鱼，因为认为吃草鱼会使得旧病复发，而且草鱼味道没有鲤鱼好。除吃鲤鱼外，还会吃鲶鱼，在乡里有一家贩卖鲶鱼的商户，附近村组的村民经常会去购买。有时会吃狗肉，吃狗肉算是一场小小的值得呼朋唤友共同享受的宴席，所以常常吃狗肉便伴随着喝酒，是草苗男性开怀畅饮的时刻。另外，狗肉在宴席上，也通常是颇受欢迎的一道菜。总的来说，肉类仍是需要较为注意的食物，因为并非家家户户都能天天吃上鸡、鸭、鱼肉，对于较为富裕的家庭来说，肉食的负担并不算很重，但是对于较为贫穷的家庭而言，吃肉仍是需要稍加考虑的事情。

各种食材的烹调并无什么特别之处，无非都是煎炒煮炸而已，调料也无甚特变之处。但是狗肉除外，制作狗肉时，会加入各种香料如八角、花椒、辣椒粉等调料，还有一种当地称为"五香"的香草，外形像是韭菜一样，但是要更粗扁一些。

2.风味饮食

大高坪当地具有一些别具特色的风味食品,诸如酿肉、酸鱼、糍粑、米酒等,也是饮食生活中重要的组成部分。

(1)酸肉

酸肉,主要用料有猪肉、鸭肉等。酸猪肉都是大块大块的,外表看上去就像是生肉一样,肉色显得十分鲜活,食用的时候常常用剪刀剪成一小块一小块的,咬上去稍硬,而且又酸又咸,风味浓郁。所以食用的时候,有些人会将其稍稍加热一些,但多数是直接剪成条块儿状就上桌。酸鸭的颜色没有酸猪肉来得鲜亮,干瘪且略微发黑,看上去像是牛肉干,不同的是肉上洒满了淡黄色的干米粉末,咬下去也感肉质颇硬,很有嚼头,味道略咸。酸肉的制作,有云:"酸猪肉,于杀年猪之时,将猪肉顺肋骨切成4～6斤左右的肉块,于当天鲜腌。酸鸭鹅类,去内脏及头、脚后,整只腌。腌制大都以木庞桶为腌具,每放一层肉就撒一层盐,最后以袋装糊米封顶,加盖板,再以专用石头压紧,半年之后取食。但时间不限,可存放十年以上。食用时肉质暗红紧缩,味醇香偏咸。"[①]

图 3-28　卖豆腐的小贩

图 3-29　酸　肉

我们发现不同的腌制工具,对腌制食品的味道会有明显的影响,过去基本都是用木桶进行腌制的,现在仍有许多家庭延续这种习惯。这样腌出来的酸肉,风味独特,虽然口味浓郁偏咸,但是有一种无法言喻的特殊香味,比

---

① 石佳能、林良兵、吴文志主编:《独坡八寨志》,北京:中国戏剧出版社,2011年,第196页。

用塑料桶腌制出的食品味道要好得多。两者相比较,外表上,木桶腌制的酸猪肉色泽稍暗,肉质紧缩,而塑料桶腌制出的酸猪肉颜色鲜亮,肉色发白,肉质看上去没有褶皱;味道上,木桶腌制的酸猪肉气味香醇,尝起来没有异味;塑料桶腌制的酸猪肉相比之下令人感到有一股刺鼻的气味,尝起来口味也不如木桶腌制的酸猪肉香醇,而且刺激性稍强。

(2)酸鱼

酸鱼,是几乎大高坪草苗家家户户都会做的一种风味食品。外表看上去像是普通的腌制鱼肉,肉色仍在,被切成一条一条的,泡着鲜红的辣酱。酸鱼口味偏重,又酸又咸。据当地村民说,草苗酸鱼的制作与侗族无甚大差别。酸鱼的制作,有记曰:"酸草鱼大都以木庞桶腌制,收来草鱼之后,去内脏,入特制腌

图 3-30　酸　鱼

庞桶腌制,具体做法与腌肉相同。鲤鱼多以沿式补水坛瓮腌制,以其沿内之水为密封液,保持瓮内实物不变质而趋酸。习惯做法是:将鲤鱼去内脏,以细盐均匀涂抹,再用米酒或甜酒涂抹一道,滚上辣椒粉,用少量姜末拌椒末置于腹内,复合压扁后,放入瓮中。坛瓮底部置箩滤网架滤水,防止腌鱼沉水变柔。入瓮时,每放一层鱼加一层糟。加盖后,倒入密封液。密封液以茶油为佳,并灌满瓮沿,加强密封。置阴凉处,一个月后可食用。香辣适中,咸中带甜,色鲜味醇。熏制酸鱼:先去鱼内脏,用盐渍,滤干盐水后,摆放于箩帘上,以烟火慢慢熏至五六成干,再用甜酒涂抹一道,然后入瓮腌制。颜色暗红,醇香无腥,适宜惧辣之妇女和小孩。坛瓮腌制的特点是,随时可取,食用方便。"①

(3)酸豆角

酸豆角是平时饭桌上的一道小菜,用新鲜的豆角腌制而成,酸脆可口。其制法是将大小、长短一致的豇豆去蒂洗净,扎成小把,放入酸水坛瓮内,加

---

① 石佳能、林良兵、吴文志主编:《独坡八寨志》,北京:中国戏剧出版社,2011 年,第 197 页。

适量盐,两天左右即可食用。

(4)酸辣椒

酸辣椒是日常饭桌中经常出现的一种调味料,红红的色泽令人食欲大振,酸辣可口而且带点甜脆的味道很容易让人大快朵颐。酸辣椒的制作方法是:把熟透的红辣椒去柄,整颗地放入陈酸水瓮,有的会加一定数量生姜片,一般十天左右即可食用。还有的把红辣椒剁碎入坛,放适量盐,制成酸辣酱,其色泽鲜红,味道甚佳,可直接用来佐食。

图 3-31　酸辣椒

(5)糍粑

糍粑,通常是年节或者节庆时必吃的食品。糍粑用糯米制成,有两种制作方法,一种是先将糯米蒸熟,然后将糯米饭倒进石臼或是木槽内,用捶糍粑专用的木棒用力舂,将糯米饭打成团状,使得米粒全部烂掉,像浆糊团一样黏着,甚至直接黏在槌棒上掉不下去后,就把糯米黏团取出放在簸箕上,趁着它还热的时候,从中捏取出一部分,捏成匀称的黏团,然后压平,就做成了白白的糍粑。这样的糍粑可谓原味的。除此之外,还有写上红喜字的喜糍粑,若是在捶打时加入芝麻粉,那么这时的糍粑做出来就会有芝麻的香味,而且还是

图 3-32　糍　粑

黑黑白白的颜色。另一种方法是将糯米全部碾成粉末,然后晾晒,待要用时取来适量,加水和匀形成黏稠的糯米浆,然后在锅中放油。待油热后,将黏稠的米浆倒入锅中用油煎,煎到米浆变成黏饼状并且微微焦黄即可。糯米糍粑香糯可口,虽然没有什么味道,但是可随自己口味加糖或泡在油茶中食用,十分香糯可口。

(6)米酒

草苗的米酒是自己酿制的。米酒的度数不高,估计在二十多度左右,香醇可口。米酒是草苗男性解乏解渴的好东西,草苗男性若是在外做了一天工,晚上回家喝点小酒,便能消除疲劳。也有些人中午喝,下午一样上山做事,下地干活。米酒的原料是糯米,酿制米酒首先要准备许多东西,有谷米、柴火、水,煮酒器具等。第一步,先把用来煮酒的灶台擦干净,然后烧水,将灶台上的大锅洗干净。第二步,升火煮开水,同时将谷子碾好成米;第三步,等水开了,将米倒进去,等几分钟,将火灭掉。等待大概半小时,加冷水,然后再等待十来分钟,将米晾干。第四步,放入酒曲,搅拌均匀。第五步,放入缸中,封口,让其自然降温,放置大概半个月(热天放十天左右,但是放得稍久一些,会更香浓)。第六步,待酒曲都已经发酵好后,取出,置于大锅内,搅拌,然后烧火,将蒸酒器置于其上,再以一锅凉水置于蒸酒器上,以蒸馏之法蒸酒。第七步,导酒,刚开始从导管中流出的酒较淡,稍待一会儿,流出的酒就用容器装上。如此一来就可以得到自己生产的米酒了。刚刚蒸出来的米酒香味醇正,酒香浓郁还带有温度。

据观察,整个制酒过程中没有什么祭祀仪式,所用碾米机器是"好运来牌6号碾米王,型号6NF-2.2(80×228)"。蒸酒后剩下的酒糟拿来喂猪。

刚蒸出来的米酒是原味的,有些村民会往里加槟榔或者杨梅,有些或许会放一些冰糖,根据个人口味的不同泡制槟榔酒、杨梅酒等不同口味的酒。草苗就是拿这些自产自酿的山中"土酒"来招待宾客的,其中包含的情谊远比商店橱窗里的商品酒要浓厚得多。米酒除了大宴宾客,还有别的用途,有的人用米酒来和草药,敷治跌打损伤,也有人泡些药酒以求益寿养生,另外一些祭祀活动也需要米酒。在宴席上,喝米酒还有一些酒俗,例如"换杯"。草苗喝酒,也讲究上桌先干三碗酒,然后开始换杯喝酒,即拿着自己那碗酒来到对方面前,两人交换酒碗。此时将自己的碗递到对方的手中,对方接住,将碗中酒喝净,整个过程双方不松手,碗不离手,这样喝酒时四只手就化成了一个圆,颇有情谊不断的圆满之感。喝完后,两人轻轻碰碗,点头致意。喝"换杯"一般由晚辈起身,走到长辈身前,换杯时长辈先喝,晚辈后喝,以示尊敬。或主人前去向客人换酒,客人先喝,主人后喝,以示欢迎。这与我们平常所熟知的"先干为敬"恰恰相反,但是相同的是,都要把酒喝完才表现出尊敬和诚意。"换杯"若要做得圆满,需要与同席所有人都"换"过一轮,方算完满。

(7)油茶

油茶也是草苗的风情饮食之一,香浓可口的油茶同样也是草苗人宴请宾客时不能少的。

(8)蜂子

蜂子其实就是蜂蛹,在此也是一道佳肴。拿来油炸特别香脆。在此引述一段类似的描述:"夏秋时节,以蝗虫做诱饵,诱引母蜂取食,趁机于蜂腰套上白色鸡羽,以做标识,跟踪至蜂巢。于夜晚用烟火熏迷蜂群,然后挖取蜂窝,取其蜂蛹。少的有几碗,多则盆装有余。以白水煮或油炸,芳香无比。凡得蜂蛹数量较多者,喊来亲戚朋友,大享口福。"

以上介绍的饮食,仅作为对当地饮食的一种引介之用,以对当地草苗人的饮食风俗有粗浅的了解。实际上,当地的草苗人对自己的饮食文化也有自己的评价与看法,有人认为"在饮食方面(大高坪的草苗)也经历了一个(从)'只要吃得饱'到'既要吃得饱,也要吃得好'的演变过程。1949年前,大高坪苗族以食糯米为主,粳米次之,辅之以红薯、玉米、黄粟和马铃薯等。主要因为糯稻适应山区的冷浸田,糯饭耐饥饿,便于上山劳作携带。直到如今,用糯米做成的糍粑依旧是招待贵宾和馈赠亲友的礼品。1949年后,杂交水稻得到推广,由于产量高,味道香,适胃性好,很快取代糯稻的种植,人们食用糯米的热情也越来越淡薄。在菜食方面,有'苗不离酸'之说。以前生活困难,每年只是在过年时有猪杀。为了节约,便把肉腌起来,招待客人时才享用。如今,生活水平提高了,一年四季断不了新鲜肉吃,市场上随时有供应,酸菜腌肉也做得少了。苗族嗜茶食,比如早饭或傍晚时都有煮茶泡饭吃的习惯,称'煮油茶'"。[①]

随着现代社会的流波四处扩散,与其接触的群体几乎无一例外地会被其影响而发生一些变化,这种变化通过人们的生活反映出来。大高坪村的草苗民众,也悄然适应着现代化的潮流,逐渐改变生活的各个细节。

---

① 吴通清:《论大高坪民俗文化的嬗变》,《大高坪吴氏家谱》,2010年。

(三)居　住

1.民居分布

谈到居住,首先让我们来大致了解一下大高坪行政村中,个别自然村组的各户民房分布情况。以下以大高坪行政村4组,5组、9组,6组、7组、8组的民居分布进行简要说明。

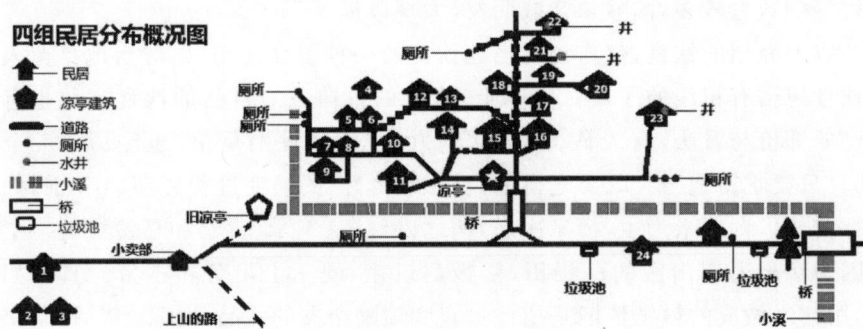

图 3-33　4组下龙寨村各户民房简要分布图

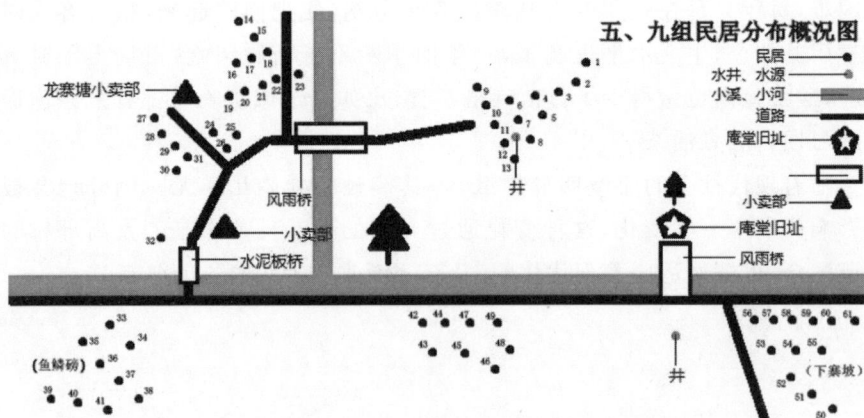

图 3-34　5组、9组龙林苗寨各户民房简要分布图

大高坪行政村4组,当地又称作"下龙寨",4组的规模不大,有人家36

户,人口179人,是当地离乡政府最近的自然村组之一。36户人家中并非户户皆各有一屋,有些民房里集中住着几户人家。这是因为家中几代同堂,兄弟子女尚未分家,所以住在同一屋檐下。

大高坪4组下龙寨村各户民房分布较为紧密(如图3-33)。图中房形标志代表民居,五边形标志代表凉亭等建筑,粗黑线代表道路(其中带有方块锯齿的道路表示阶梯,断开的虚线表示特殊道路),黑点代表茅厕,蓝点代表水井水源,蓝色条状代表小溪小河,空心长方形代表桥梁,圆边空心小长方形代表垃圾池。

大高坪行政村5组、9组所在,是当地被称作"龙林"的地界。龙林苗寨规模较大,共约有62户,335人,其中5组约30户,153人;9组约32户,182人。大高坪村5组、9组所在与龙寨塘村4组相邻。

大高坪5组、9组龙林苗寨各户民房分布以8户至10户以上不等的数量抱团分布,简要分布如图3-34。图中黑点代表民居,蓝点代表水。井、水源,蓝色条状代表小溪、小河,粗黑线代表道路,五边形标志代表庵堂旧址,空心长方形代表桥梁,三角形代表小卖部。

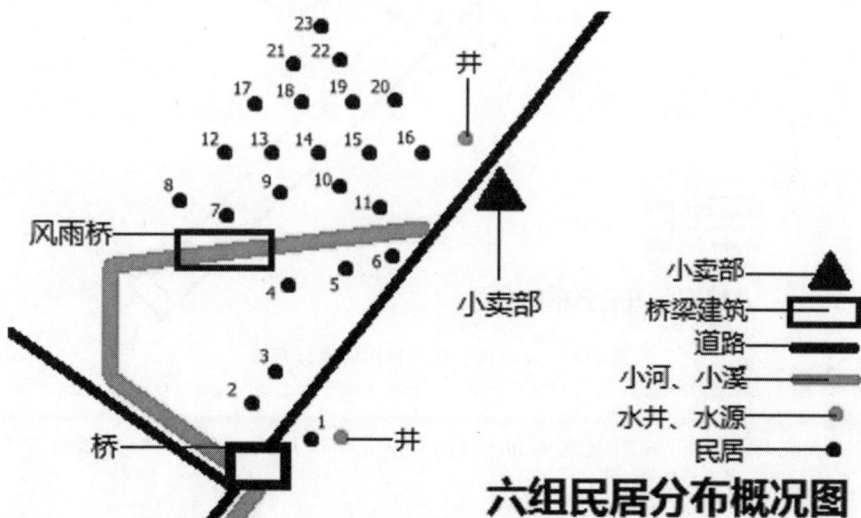

图3-35 6组两部桥村各户民房简要分布图

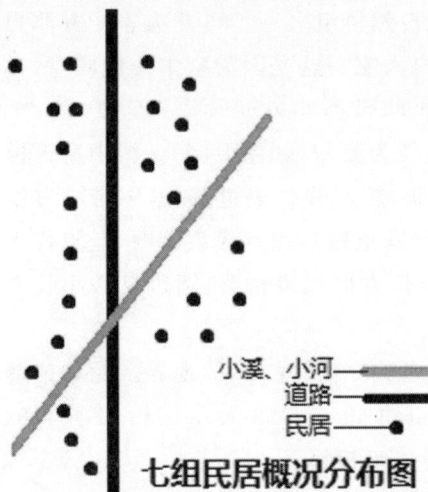

图 3-36　7 组排楼苗寨各户民房简要分布图

图 3-37　7 组排楼苗寨村寨地形分布图

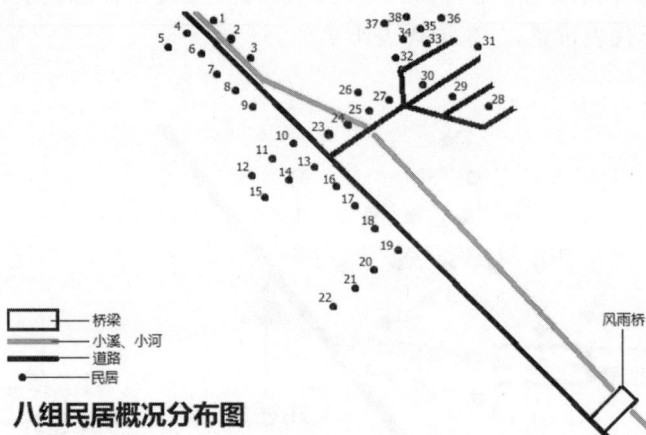

图 3-38　8 组田坝各户民房简要分布图

　　大高坪行政村 6 组又名两部桥村,规模较小,共约 32 户,160 人,与龙寨塘村 2 组、3 组相邻。

　　大高坪 6 组两部桥村各户民房简要分布如图 3-35。6 组的民居基本分布在一座山头上,村寨依山而建。

　　大高坪行政村 7 组位于排楼处,规模小,仅有 20 户,97 人。与排楼侗寨相邻,但村寨位置相对来说,深入山冲之中,交通不便。

　　大高坪 7 组排楼苗寨各户民房简要分布如图 3-36 所示,该图是根据大高坪村村委会第 3 普查小区地图上 7 组部分绘制的。另外图 3-37 则是由 7 组村民自己绘制的村寨地形分布图,在此将两张分布图一并列出,仅供参考。

　　图 3-37 中标注有大高山、山冲(包括高深冲、冲闹冲、豪亮冲、井水冲等)、水田、牛圈、河沟、风水(风景)树、民居等。排楼苗寨的民居基本集中于一处,水田多在山冲中。

　　大高坪行政村 8 组田坝,规模大,约有 54 户,268 人,地形较其他村组要平坦许多,田地也相对开阔一些。大高坪 8 组田坝村各户民房简要分布如图 3-38 示,8 组民居分布较为整齐有序,沿路排列。

2.民居建筑

(1)民居印象

图 3-39　草苗民居 1

图 3-40　草苗民居 2

图 3-41　草苗民居 3

图 3-42　草苗民居 4

图 3-43　草苗民居 5

　　大高坪草苗民居呈新旧杂处,以老旧木屋为主。旧的草苗民居为木质房屋,一般有三层,整个房屋色调是黑色的,也就是木头经历风霜雪雨后显出的老化的样子,斑斑驳驳。如果屋子直接建在平地上,第一层的悬空层就会加上木墙,变成一楼,通常是用来存放农用器具、木柴、木炭、酒酿酒糟等杂物和喂养牲畜的,一般还会设有一两口灶台,上顶大锅,或用于烹煮宴会用的饭菜,或用于蒸酒煮酒糟,或用于煮制喂养家畜的饲料。有时候,在一个角落里还会放有一只尿桶以解厕急。

　　老屋子一楼一般不高,而且昏暗潮湿,向上望去是二楼的地板,上面布满了蛛丝和不知名的菌斑,木头被腐蚀的样子很容易见到,而且走不惯的话,不注意会撞到横梁。上二楼的楼梯一般就在门边,贴墙而设。二楼是起居室,一般进门便是正堂,两边则是卧室和厨房。正堂一般就是会客的地方,但是这"客厅"肯定不是你想象中的样子——沙发整齐、电视墙布置精美,不是! 你要知道在当地,并非所有的家庭都能负担得起昂贵的家具和富丽的装饰所带来的花销。因此大多数的正堂,陈列较为简单,可能只有一两张凳子,也可能什么都没有。有时有客人来了,饭桌便会从厨房搬到这里来,使这里充满欢乐的气氛;有时正堂里空空如也,有些家庭甚至会把电视机放进另一个小房间里。当然也会有将正堂布置成我们所熟悉的样子,虽然没有那么"正式",但是它有桌椅,有彩电,还有些富裕的家庭,或许会在正堂里添置沙发,放上音响、冰箱、消毒柜等电器。除了会客,正堂还有一个重要的功能,它是供奉祖先的地方,准确地说,至少是大高坪的吴姓草苗供奉祖先的地方。在吴姓草苗家里的正堂,一般都会有供奉祖先和神明的神龛,但是神龛有装饰复杂的,也有结构简单的。虽然在外观形式上存在着表面的差异,但是在内核上却总有一些因素是相同的。好比供奉的对象都有吴氏祖先、灶王、财神、观音,各种家神、土地等,有些家庭供奉的较为全面,有些家庭可能没那么周到,但至少会供奉祖先。又如神龛的位置总是设在正堂的正墙中央,神龛总分为上下两个部分,上边供奉祖先、灶王、财神、观音等"大神",下边供奉家神、土地等"小神"。神龛上香烛等物自然是有的,有时会看见一些纸钱、糖果、茶酒等物,有时还会发现神龛上摆放着一些不太熟悉的东西,比如鱼钩、渔网、干草等。一些装饰简单的神龛,其供奉"大神"的上部分只由几块稍厚一些的木板组成,它们被钉在墙上,用来摆放供奉物。供奉"小神"的下边部分有时简单到只要一块钉在墙上的木板,人们在上面摆上一把勺子,一张蜡烛,然后在墙上钉上一截竹管用来插香。也有的神龛,下边的部分是一个小木板凳,凳子上摆起香炉、蜡烛等物以示供奉,这种做法十分常见。

正堂里通常会住上一位不速之客——燕子,很多草苗家中正堂的横梁上会有燕子筑巢,人们相信这是吉祥的事情,有些人会在燕子做窝的地方贴上红色的横批,或写万事如意,或写幸福安康。总之,都是些吉利话。人们不会打扰燕子,甚至还会专门在横梁上简单的搭起架子,期待新燕的入住。正堂通常与卧室相连,因此卧室通常被放在二楼,卧室里床、柜、桌椅一如平常。与正堂相连的还有厨房,厨房会根据房屋构造以及屋主人的选择安设在不同的地方,或许在左边,或许在右边,也有可能在正堂的后面,因人而异。厨房里有火塘、灶台、料理台等设施。火塘是一个在地面上略微下凹的坑,坑的旁边也被下镂成方形,与屋中地板高度相差几厘米,估计是为了不让燃灰到处乱跑。中间烧火,必不可少的是一个三角撑架,有些火塘上方会悬挂起钩子,用于钩挂器皿或者熏制食物。据了解,火塘对于草苗来说是一个很重要的存在。以前,在没有修建灶台和料理台的时候,人们不仅在火塘烧水、做饭吃饭,而且还是祭祀祖先或者起做法事时烧纸钱的地方。火塘不仅具有实际用途,更因其具有一定的象征意义而显得更为重要。有些厨房连着储存食物和粮食的小仓库。三楼基本上也是堆放杂物的地方,有些时候,三楼会安置两间房间,或做客房用,或作仓库用,把一些干燥或需要通风的器物放在这里。老式的草苗民居中没有厕所,厕所全部都设在屋外。屋外的厕所是一间一米多高的小木屋,屋顶一般用树皮、稻草或塑料布等做成向一边倾斜的样子,防止积水。小木屋三墙一门,木板搭成的墙有时候会透风或者漏光,这个狭小的空间里面只容得下一个人。上厕所时采用蹲式,因为脚下的木板上挖了一个通洞,粪便会直接落入木板下的大木桶里。

新的草苗民居也多为木质房屋,一般也是三层,整个房屋色调是新鲜的亮黄色。如今当地多数新房的第一层,基本上已经是用砖砌墙的了。这墙没有深厚的地基,而采用的是在房屋的木架立好之后,在第一层的木柱间填补上砖墙这种形式。二三层仍然为木质结构,至于房间格局也依照各人的经济条件以及设置喜好进行设计。一般新房内也不设厕所,但是随着观念的转变,有些人的新房里修起了洗澡间和厕所,不过这仍然只是极少数而已,因为粪便在农耕时还是很好的肥料。

我们在 8 组田坝的路边看到有人正在建造水泥房屋,建房的人说:"水泥的房子比木房子好。"随着经济的发展和当地草苗人观念的逐渐改变,或许在不久的将来,水泥房屋的数量会逐渐增加起来。

(2)民居结构

苗族的民居建筑是颇有讲究的。据伍新福先生考察,湘、黔、桂边区苗族,习惯于依据山势地形,建筑一种土质结构的楼房,俗称"干栏"。这种楼房,具体式样各地不尽一致,一般为三层,中间一层 4 排 3 间相连,少数为 6 排 5 间,每间宽约丈余。正中一间为堂屋。两端的开间各分前后两间,前为厨房,设火炉,后为卧室。楼上做卧室或贮藏粮食之用。第三层为矮楼,堆放杂物。楼下底层安装石碓,堆放柴草、杂物,或饲养牲畜。楼上居室,前面设有走廊,有的四周廊道围以栏杆,呈"走马转角楼"状。廊道宽敞明亮,为一家人休息、夏天乘凉或手工劳作之所。一般上盖青瓦,并用青瓦垒起屋脊,两头各砌一鳌头或凤头。排枋穿柱,房屋正面的排枋头端均雕饰龙头或凤头。檐柱吊以"金瓜"。廊前及各间屋子都装有花格或木条镶成的几何图案的窗户,有的窗户还雕龙镂凤,工艺精细,造型栩栩如生。[①]

又据吴荣臻先生研究,在苗族村落里,苗民住房一般分正屋、仓楼和厨房。它的摆设,有的呈直角型,有的成"品"字形。上了四代同堂的大户有成"井"字形,以正屋为首。三面配备厢房,中间留一天井,庭院周围用石块筑

---

① 伍新福:《中国苗族通史》(下),贵阳:贵州民族出版社,1999 年,第 982 页。

一围墙,进出口立一槽门(也叫小大门),大都采用土砖木质结构,也有少量砖房。都是二层,分楼上楼下。房间的安排分主次,堂屋是敬奉祖先的地方,也是一家团年、过节或举行请客聚会的中心场地。长辈住正屋,晚辈住仓楼。堂屋边内置一火塘,冬天一家围团烤火,座次有序,火塘正中立一个三角铁架,做炊架放鼎罐锅子之用,不许他人踩踏。[1]

当地草苗居民的房屋并没有独院独户的情况出现,因为没有哪一家会划地圈场,更别说用石砖建起围墙,立上槽门,甚至留有天井了。草苗民居多是依山而建,人们会在山坡上开出一块平地,然后用岩石、泥土等物将这块平地垒好填平以建造房屋。基本上民居就是一幢木楼,木楼一般为三层,一层为架空结构,围以砖墙或木墙,二三层则设堂屋、卧室、厨房、走廊、粮仓等房间,是生活的主要场所。据了解,在卧室的安排上的确有主次之分,长辈一般住在较为方便的二楼,晚辈则住在三楼,房间的分配有时也会参考房间的数量来进行考虑。我们去过的草苗村民家中,老人、户主或是已经成家的子女,基本上会住在二楼的卧室里,小孩、未婚青年基本上会睡在三楼的房间中。有关房屋的制式也是颇有讲究的,旧时建造木屋不准使用木锥和楔子来固定"瓜方"之间的切口,必须一次到位,完全吻合,需要高超的工艺技巧。而且层高也有讲究,一般下层高六尺八寸,中层高六尺八寸八,上层高五尺八寸八。大门也有说法,正门大门要高五尺八寸八,宽两尺八寸八,设门槛,门槛高六寸六。屋内房屋的门高五尺三寸八,宽二尺一寸八,设门槛,门槛高四寸八。一般来说,大门制作要上宽下窄,象征天宽地窄,后门则要下宽上窄。

《大高坪吴氏家谱》中对草苗的住宅也有一些介绍:大高坪苗族的住宅为三层"干栏式"木制楼房,依山而建,俗称"吊脚楼"。下层一般用来圈养家畜禽,置放柴草杂物及耕耘农具。中层设堂屋、厨房、走廊等。上层设卧房、粮仓等。近年来,在居住方面的一个重大变化是:由"人畜同居"到"人畜分居",由大团寨聚族而居向小村落分散居住发展,甚至出现独门独户的居住现象。[2]

大高坪的草苗民居确为"干栏式"建筑,其设置和形式与上述无较大差异,人们造房,现多在平坦的地面上进行建造,即使没有平地,也会想方设法

---

[1] 吴荣臻主编:《苗族通史》(五),北京:民族出版社,2007年,第672~673页。

[2] 参阅吴通清:《论大高坪民俗文化的嬗变》,《大高坪吴氏家谱》,2010年。

在选好的山坡上挖抠凿填出一块平整的台地。所以如今当地在坡上的房屋，大多数都像是建在一座台子上一般，虽然没有独门独院，但是看上去却是一台一屋的感觉，不过这些都是较新的房子，老的民居是连成一排的。老屋成排是因为这些房子都是由政府规划建造的，为的是鼓励村民从山上迁下来，所以民居像是公寓一般，一排排连在一起，五九组、六组、八组中的许多房屋就特别具有代表性，一排过去的木屋，看着倒是整齐。但是据一些村民反映，说这样的房子住起来还是不太方便，毕竟各家各户都连在了一起，有些动静会互相影响。因此随着经济的发展，条件较为富裕了的村民就会建造新房。

(3)房屋建造

据实地调查，大高坪草苗建造新房要经过择地、备料、选日子、发墨、竖屋、上梁等一系列过程。

①择地：在决定要修造新屋后得找块地，一般来说是在自家原来的地方修建新居，但是如果要在别的地方修，就要请地理先生来帮忙看风水，一般此时会设宴款待这位师傅。选地时，如果土地是别家的，那么修屋者就得与地主人商量，通常采取换地和补钱的方式进行解决。选好址后，便要平整土地，运来泥沙砖石，将这块地填平补实。

②准备材料：当地多以木屋为主，所以木头是修建房屋的一大主料，其余沙石砖瓦则是辅料。建屋用的木料由两种途径获得，一是来自自家所种的林木，二是购买得来。大高坪行政村内的草苗村民每家每户几乎都有自己的林地，林木以杉木为主，有些还会兼种竹子。由于当地自然环境的限制，基本上选择了种植杉木，但又因为杉木的成材期较长，一般需要20年左右，因此种植杉木就颇有点前人栽树后人乘凉的意味。造房需要粗大的圆木作为屋柱，而自己种的杉木可能在体积上少有合适成材的，再加上木材数量方面的因素，于是村民就需要到村外（一般是播阳、双江附近）去购买木材。在此提供伐木和扛木头两个案例。

伐木 2011年8月10日，笔者随大高坪行政村4组下龙寨的WJS前往伐木，地点在田坝到排楼的路上，是在山上，距离8组排楼约半公里山路。这次伐木是因为他要建新屋，来的人都是房族和亲戚，一共十几个人，其中也有女人，大家都是分文不取的。随行带着许多工具，有镰刀、斧头、电锯、水、油茶、麻绳等。买树木花了25000元，一共300根，集中在一座山头。

到了之后，没有做任何仪式，只是找了块较平坦的地，将工具放下，然后砍了些结实的树枝做了一些用来剥树皮用的楔子和用来钩树用的钩子。砍树时分工明确，一人负责用电锯锯树，一人负责在锯树时钩住树木，使其向山顶倒下。其他人人手一把木楔，负责割树皮，还有一些人负责把锯断的树修整干净，或砍断一些枝杈，或剥掉大部分的树皮。要砍掉一棵树，首先，要用楔子将其剥皮。在距树根大概二三十厘米处用楔子戳穿树皮，接着向上用力将树皮划破。这个裂口大约在一米五六左右停下，然后再在裂口上部开始戳挫树皮，整个过程需要小心翼翼和把握力度，如果做得好的话，就可以剥下来一张完整的树皮。第二，负责锯木的人从被剥皮的树根部开始锯。在砍木头的时候有个说法，那就是"木头要往上倒"。据说这样比较吉利，而且也比较好搬运。当天锯木头时，有些树木倒歪倒偏了，但是大家也不太在意。中途累了，人们会休息一下，喝点水。午饭是在山上吃的，有人负责送上去。锯好的木头会先放在山里，让其散去一些水分，这样会减轻木头的重量，便于搬运。另外，剥下来的树皮有可能并不是都归买树的人所有，经过简单的协商，来帮忙的人也可以将它们拿回去留作己用，多是用来做茅厕的顶棚。

当事情基本完成后，劳动回来的人们来到 JS 家中吃饭。此时饭菜会十分丰盛，桌上一般会有鸡、鸭、猪肉、排骨等大鱼大肉，还会有烟有酒，以慰劳辛苦的人们。

扛木头 2011 年 8 月 8 日，笔者随大高坪行政村 4 组下龙寨的 WJT 一同去往扛木头的现场——被称为 $wu^{51}liao^{51}$ 的侗族村子，靠近侗族村子黄寨村。这个 $wu^{51}liao^{51}$ 村离大高坪 4 组约 15 公里，本次扛木头花了约两三个小时。来了约四十人，都是 WJT 的房族、亲戚、同学和朋友，他们都是"白请的"，即都是来帮忙，不收钱的。WJT 介绍说，一般房族（高寨房）里家中力所能及的人基本上都来了，有他的叔叔、伯伯、堂兄弟、堂姐家的人，有堂表妹夫，有外甥、外孙，有老婆的堂兄弟一家，老婆的侄子，远房的有比如姑姑的孙子等。当地"请人"的方式，若是办酒席之类的，如果发请帖则需要包个红包，这些客人多数是"亲戚"，即有姻亲关系的亲人。如果是口头请的话，就不用。据 WJT 介绍，村子里没有那么多的木头卖，由于人们乱砍滥伐，管理不当，所以木头很少，而现在种起来的树木长得不够大，太嫩，用不了。最近大家建新房所需的木料，基本上都是从这里和播阳买的。这次准备这些木料的花销在两万块以上：购买木材是按条数买的，总共买了120棵，单单买树花了17600元；购买用来招待帮忙扛树的亲友的酒菜，花了约3000元；请车将木材拉回村里，大概要1000元左右。这里的木材不包括主梁木，因为主梁木是要去"偷"的。据他自己估计，他建房大概要花掉十几万元。建房不需要打地基，但房屋下面即下层基本上都要用砖砌，搞一点混凝土，这样会稳一点。家泰告诉我，砍树是不需要看日子的，但是"起墨"是需要看日子和做点仪式的。砍木头就不用了，只要到山里面砍老一点大一点的就行了。他还说，看电视上好像说贵州那边（砍木头）是需要看日子的，但是这边就不用。

木头是头一天或头几天就砍好了的，让它们散掉一些水分后要好扛一些。伐木时不需要做什么仪式，但也有村民说，砍树，特别是砍老树时，还是要拿一些苹果、鸡、糖、猪肉之类的东西拜一拜，再放些鞭炮，以达到"拜安全"的目的。扛木头时，通常是两三个人一组，有的一个人能扛动的也会单独行动。人们手上会拿着一根拳粗的棍子，以作拐杖支撑用，这些棍子都是用现场的木棍削制的。扛木过程中有分工，一些人负责到堆放木头的顶端去将木头向下推，有些人拿着镰刀钩在木头上，以帮助它向下滑到方便别人扛取的地方，有的人负责削制木棍，有的人负责在山路拐角处帮手，有的人负责帮忙把木头卸下来。我们发现来帮忙的全部是男性，询问为什么没有女性来帮忙时，都说因为女人力气不够男人大，所以就不用来了。再者，女人要在家中为扛木头回去的人准备饭菜。在现场，WJT拿来了大的塑料壶，装井水给大家解渴，还会给大汗淋漓的人分发香烟。

有村民介绍说，他们当地人建房都是这样互相喊来帮忙的，彼此之间也不收钱，这个习俗一直流传下来。有人算了一笔账，说其实这样互相帮忙也挺好，因为人多其实也不算太累，而且大高坪比较穷，假如一个人帮忙一天开工钱100元，那现在这里就要将近4000块，光扛木头就花掉四千，那砍木头又是四千，竖屋又是四千，哪里有那么多钱。来这里扛两三个小时就回去喝酒去了，这样其实也可以。当问及侗族是否也是互相帮助不收钱时，有人回答说，侗族这边基本上帮工都是开钱的。但是草苗团结一些，大家互相帮，如果别人叫你来你不来，那就对不起人家了。

运木头的司机是侗族人,姓吴,今年 49 岁,有三个孩子,最小的也已经 23 岁了。他说因为他们是建屋的,所以优惠一点,一车 200 元,大概装 50 根左右。这里三车就是 600 元,用拖拉机运。空车从此地开进大高坪仅需 20 分钟,但是装上了木头就要走一个多小时。

扛完木头,所有人来到 WJT 家里喝酒吃饭,WJT 拿出好酒好菜来招待大家。

通过上述两个案例,我们基本可以知道,大高坪的草苗村民在建房前会准备木料,砍木、伐木这些体力活需要人手,村民便会求助于自己的房族、家人和亲戚朋友,来帮忙的人分文不取,需要帮忙的人会在家中准备好酒菜食物款待并感谢大家。在伐木、扛木的时候,基本上没有做特殊的仪式,只是装备好工具便开始劳动。建房的前期准备基本做完后,就开始建房。

图 3-44　上山伐木

图 3-45　剥树皮

图 3-46　伐木休息

图 3-47　扛木头 1

图 3-48　扛木头 2

图 3-49　扛木头 3

图 3-50　屋架上下 1

图 3-51　屋架上下 2

图 3-52　地理师傅和木工师傅

图 3-53　木工师傅包梁

图 3-54　木工师傅的仪式准备

图 3-55　跪　接

图 3-56　做仪式的木工师傅

图 3-57　做仪式的祭品

③选日子：当地草苗村民建房前会请地理先生到家里来吃一顿饭，然后选好日子。这时，地理先生会在一张红纸上用黑笔写上有关建房的各种内容，其中包括房屋山向吉凶、发墨吉时吉日、竖屋吉时吉日、上梁吉时吉日。这几步又正好是建屋的关键步骤。请地理先生看吉时吉日需要准备酒肉好好款待，一般还会包一包红包，金额由几十到上百不等。地理先生为大高坪行政村 4 组下龙寨村 WJS 建新屋前测算的吉时吉日内容照录如下：

图 3-58　立架竖屋

149

癸山丁向庚丑未三分宜巽庚子庚午分金〇七十二龙乙丑辛未〇消砂〇点穴〇武曲〇地六分〇此阳宅有财丁两旺〇富贵双全〇癸主本合〇丙午〇戊午〇甲寅〇碌格宜用己酉丑局吉〇亥卯未次吉〇辛卯年庚珠、天罡、无福、天乙、升龙、左铺到山。十二月用事不论天地发符大小月建、罗天退、正阴府到山修造大利〇选择竖柱上梁吉日〇定于壬辰正月十一日丑时竖柱〇早1～3点吉上梁早9～11点大吉〇癸巳日〇合得通窍青龙到山〇走马六壬胜光到山吉〇天星宝照武曲到山吉〇蓝山黄道紫檀到山吉〇又合得太阳到太阴到向大吉〇此日不犯天地空亡、大小定亡、天地转杀可用〇伐木吉〇八月初一日〇起工架马吉〇九月二十七日早7～9点

地理先生通过测算,定下了房屋山向如何吉凶或者是否吉凶,还建议了上梁吉日,竖柱吉日,伐木吉日,起工吉日等内容。对于建房者来说,这些时辰是十分重要的开工时间,基本上人人都会按照这些建议来建屋。

④建造流程:关于建屋,龙寨塘行政村的吴书记是当地的木工,手艺很好,他向我们介绍了草苗建屋的程序。

第一步:发墨。发墨之前已经看过了日子,一般等到了良辰吉日才开始这项步骤。这个仪式标志着要开始动工建屋了。发墨时要准备一张桌子和"请师傅"用的物品,有刀头(即猪肉)、黄豆、糯米、酒、清茶、香、纸,8种调羹,1碗水,1升粳米,还要放一些工具,如新的墨线、墨斗、斧子、锉子、刨子以及鲁班尺。东西准备好以后,将它们整齐摆放在桌上,粳米上插香和钱,以前规矩是插上三元六角钱,如今就是意思意思,会插上十元、二十元甚至上百。这些钱会包给做这场仪式的师傅,即使当时师傅不要,之后,谢师傅的时候还是会包红包给他。三种调羹里斟上酒,其余五种调羹里倒上清茶。接下来就要"请师傅"了,请的是教自己这套本领的师傅和鲁班。这时,做仪式的人口中会念念有词。据吴书记说,教他这套口诀的师傅告诉他,这段唱词一般不外传,因为这是有忌讳的,比如说在上厕所的时候如果乱想乱念这段口诀,那就会对这个人不好,发生不幸和事故。请好师傅后,做仪式的人就会拿起墨线和墨斗,在房屋的中柱上弹上一条墨线,这样人们就可以开工了。

第二步:起刨。这是请完师傅之后紧接着的一步,人们刨柱子,锯木头,准备房屋各个结构的木制部件。在处理木头的时候,有一样物品十分重要,那就是丈杆。丈杆是一根长长的竹片,它的长度就是房屋中柱的长度,约有两到三丈。丈杆上,标注了房屋的基本结构,因为它以中柱长度为基础,决

定其他的柱子和"瓜方"的长度，并将其标示在丈杆上。所以丈杆是一条十分重要的标尺。

第三步：排线。排线之前也已经看好了日子，所以到了时候才会进行。一般排线都是在竖屋前一天。排线没有什么仪式，人们把柱子和"瓜方"连起来，其实就是把一排排的屋架做好。排线时先架好一排屋架，再按照架好第一排的顺序将接下柱子排好。

第四步：竖屋。竖屋的日子和时辰也是提前就看好了，到竖屋时也要做一番仪式，之后才能进行。首先摆好桌子，上放置刀头、黄豆、糯米、酒、清茶、香、纸、红蜡烛、调羹，1碗水，1升粳米，放上墨盒、锤子（用红布包好锤头），用五色线系好。之后，便要开始请师傅了。请师傅有一套复杂的程序，下面我们将简单叙述：首先往调羹里斟酒，然后倒茶，数量是"三酒五茶"，接着烧香，烧纸钱，点蜡烛（这里有一个变化，以前做这种法事用的是神龛上的油灯，如今变成了蜡烛），随后开始唱词"此鸡此鸡不是非凡鸡，凡人 diang 来无用处。鲁班弟子 diang 来印煞鸡，头戴朱砂帽，身穿五色毛衣，脱下旧衣换新衣"，边唱边拿着事先准备好的鸡，割鸡冠，扯一点鸡毛。紧接着印煞，即将鸡冠上的血印在房屋中柱上，并唱"一印东，凶神恶煞走方空；二印西，凶神恶煞走方飞；三印南，凶神恶煞走方忙（茫）；四印北，凶神恶煞走不得；五印中央，防盗得"。之后，拿起桌上的锤子并唱"日吉子（时）良，人才发旺，五谷丰登，万事吉昌，鲁班弟子发了锤"，敲柱子并唱"我一锤打进门不动，二锤打进大天门，三锤打进凶神恶煞。不打不是，吉时发锤，正当发锤，发起"。词罢，前来出力的亲朋好友便一起发力，将屋架子竖起，这时竖屋便结束了。

第四步：上梁。上梁是在屋架已经基本安好并捶打扎实之后进行的，同样，上梁也是需要提前算好吉时吉日的，到了时间，便举行上梁仪式。之前梁木必须已经准备好，准备梁木又是有一定讲究的。梁木一般需要取同一株分开有两杈以上的那种树木，截取其中一杈作为梁木。梁木需要枝杈少，整洁粗壮健康的树木为好。砍梁木是"偷砍"的，意思是砍梁木的树不能是自己家的，需要是别人家的，而且砍的时候不能被人看到，否则感觉不吉利。另外，梁木要选择所谓"路上的"和"往上长的"树木，其实就是处在较高地方的树木。砍倒梁木时，应让梁木向上倒去，而且梁木从砍倒到搬回来，直到上梁都不能接地，也不允许有人跨过或者踩踏梁木，也不允许对梁木做龌龊、不敬以及损伤梁木的事。上梁前梁木要被涂成红色，还要包梁，包梁就是用红布或者红纸包上两支毛笔、两根墨子、两本望星楼，旧时还会包些金银。包梁时使用五彩线（没有白色），还要钉上三枚铜钱，再挂上一捆黄色的稻穗。这些都准备好后便开始上梁。

上梁也需要摆桌，所用物品仍是刀头、黄豆、一升米、一碗水、香烛、纸钱、红蜡烛、一筐稻谷、刨子、斧子、墨盒、鲁班尺等物。仪式开始时，木工师傅头戴红布带唱词"什么梁，什么梁，梁木长在何处？梁木长在何方？梁木生在西弥山上，梁木生在西弥山下，拿来回家造木梁。一刨吉金斗，二刨吉弓（公）斗，三刨中校脉，四刨造起成梁。大居辽头三百三，小居辽头三百六。建起梁头出天子，建起梁尾出状元，日吉子（时）良，人才发旺，五谷丰登，万事吉昌。鲁班弟子发了梁，两根毛龙吊上柱，儿孙代代都发旺；两根毛龙吊上梁，儿孙代代买钱庄。口报发梁，吉时发梁，正常发梁，发起"。词罢，早已爬上屋架，准备将梁拉给屋上的两个人，便缓缓将梁木平稳地拉上去，然后安防好。这两个人尽量要选家中双全，有儿有女，身体健康的房族亲戚来担当。梁木安放好之后，木工师傅便换双新鞋，准备爬上梁去进行踩梁，此时又有唱词，师傅边往上爬边唱"脱下旧鞋换新装，穿上新鞋上金阶，上一步，一步进财宝；上二步，二步进钱庄；上三步，三步多发富；上四步，四步到吉昌；上五步，五子登科；上六步，六位高升；上七步，七子团圆；上八步，八人进寿；上九步，九龙抱柱；上十步，十步抬头登了天"。此时已经爬到梁头处，但还未翻身上梁，紧接着又唱"脚踩方，儿孙代代买钱庄"。师傅伸手一翻身到了梁上后，又唱"手把欠，儿孙代代做知县"。就这样，木工师傅到了梁上，此时马上唱念"上梁上登梁，抬头望登天。鲁班仙人下凡来，鲁班仙人下凡来，鲁班仙人下凡来"（唱这句的时候，一般要在梁上来回走一遍。但现在也有些师傅已经不这样做了）。师傅站定踩梁，唱"踩梁头，生万物。踩梁尾，儿孙代代出官头。踩梁中，儿孙代代坐朝中"。词罢，木工师傅在梁上开始敬酒，他会手捧一碗米酒向下倒酒，此时主人家会头绑红布条，跪在梁下接酒喝。酒是事先准备好的。一般来说，跪在下面接酒的是家中的男丁，即父子等人。师傅在梁上捧酒时唱"梁上捧酒，奉上三杯美酒，一杯去，二杯来，三杯通大道。吉时吉日，个个平安，大吉大利，大发大旺"。后倒酒时，一边倒酒一边唱"左手一滴，地脉龙神都得起。右手一滴，各路师公都得起。管你得起不得起，鲁班弟子喝一口"。主人家接到米酒后，即刻喝光。随后，在梁上的师傅将事先准备好的黑布抛下去，他抓紧一头，地上主人家里拿一个箩筐将布匹放进竹筐中，师傅便开始唱，同时一对一对将事先准备好的糍粑放在布上，让它们顺着布匹滑进竹筐中。唱词是："左手一双，是你的宝贝金。

右手一双,是我的宝贝银。你一双买田地,我一双买钱庄。一送秀年千百代,二送文武万代传,三送秀年共来同,四送男女几百传,五送五子登科,六送六位高升,七送文登金榜,八送进士兼翰林,九送贵人打黄伞,十送状元管乾坤。送宝的人来正快,新年发达万年兴,人才两发高贵多兴。"一般来说,送一次便放下两个。送完糍粑,接下来就要撒喜糖了,撒喜糖时师傅唱"老人捡得千年长寿,少年捡得细水长流,女人捡得嫁去国王当国丈"。一般木工师傅只撒三次糖,便下梁,剩下的由刚才拉梁的两个人全部撒光。撒糖时,站在下面的男女老少都可以捡,这是吉利和好运的象征,捡得越多越好,除了糖外,还会有一些钱币夹杂其中。大家热闹过之后,建屋的各项仪式基本上就做完了。剩下的工作就是将屋架固定好,镶上木板,做好墙壁,分好房屋即可。

颇值得一提的是,房屋建造过程中瓜方和雕花工艺多有讲究。当地木工师傅做"瓜方"的步骤如下:

第一步,事先准备好刻有各方各"瓜"各柱的尺寸的竹签,用以作为度量尺,竹签上还要标记好其代表的"瓜方"柱的位置编号。

第二步,准备好各种工具,如锯子、电锯、电钻、卷尺、墨盒、锤子、凿子等。开始施工,一般先刨木头,将木皮刨掉,使其新鲜的木色显露出来。

第三步,用竹片度量尺标记木方,将尺寸、位置等所需信息写在木头上各处,并且将需要挖凿钻的地方钻好孔洞。

第四步,用电钻在标记需要穿凿的地方打几个洞,再用斧头和铁凿按照需要仔细凿好,这样木柱上就有了各个大小的方孔了。

雕花的步骤如下:

第一步,用锯子锯出大致的雏形;

第二步,用斧子钻子抠边,将其凿圆;

第三步,大形初定后,将木屑渣滓弄掉,使其圆滑;

第四步,用锯子、凿子进行微调,修出最底层的小圆底,用以刻花(灯笼形);

第五步,灯笼形状初现后,便开始凿边。

据说,以前的房屋是不准雕这样的灯笼形花样的,说是老人们不准,具体原因当地人也说不清楚,现在用这个进行装饰较为普遍。

另外,房屋建造过程中,除了上梁、竖屋仪式外,还有竖大门仪式。

竖大门的具体步骤如下:

　　第一步,准备矮桌和祭品,一筐谷、米、纸钱、香、酒、清茶、一只公鸡、墨斗、斧头、锉子、锯子、锤子、鲁班尺、法水。

　　第二步,师傅用手指沾法水,念词"此鸡此鸡,身穿五色绫罗衣。月里山中去乞(吃)食,夜回家中五更啼。别人拿来无用处,我鲁班弟子拿来印煞鸡"。然后用锉子割公鸡鸡冠。

　　第三步,印煞,念词:"一印东,贵人文笔两山峰;二印南,四面盘古绕山环;三印北,富贵荣华今朝得;四印西,双双龙凤抱金鸡;五印中央,扶起土。左手青龙右白虎,扶山山向转,扶水水来朝。三十八山,四十八向,五龙回位,八将环山,人财两发,富贵双全。发起!"

　　第四步:放炮,竖门。

　　接下来我们将通过两个案例来进一步对草苗的两个建屋仪式进行介绍,一是上梁,二是竖屋。

　　在调查期间,我们得以观察到上梁和竖屋两个仪式,具体记录如下。

　　上梁　笔者在大高坪村四组下龙寨时听闻在隔壁的龙寨塘村有一场建造新屋的上梁仪式,于是决定前往看看。路上遇到了用一根木头挑着贺礼的村民,贺礼是一袋子米和两瓶1.5L塑料瓶装的米酒。他说这样就行了,还建议到时给一包十几二十元的红包就好,意思意思,也算是一点心意。到了龙寨塘,发现围观的人并不多,一座尚未完全落成的屋架赫然立在路旁的石台上,绳索牵连,稳定着木架。十几个小伙子忙上忙下,不时有人燃起爆竹前来庆贺,人们一边忙碌着,一边躲避着鞭炮。屋架还没有完全落成,有一边仍处于可移动状态,此时的人们正在讨论着要把它固定好。架上、地上都有人,都是青壮年的男性。固定好后,主人家招呼所有人上到他亲戚家吃饭,原来,要建新屋的这个男主人还年轻,现在招呼我们的人是他的舅舅。

　　来到吃饭的地方,男女是分开的,女性带着小孩子在上面一家,男性集中在下面一家。宴席准备了许多菜肴,有酸鱼、酸肉、烧肉、海带炖排骨、花生、瘦肉、五花肉等,还有米酒、啤酒、橙汁(被称为"甜酒")、香烟、方便面、糖果等。在场的人觥筹交错,边吃边聊,热闹非凡,主家还发给每个人一枚红喜蛋。

　　酒足饭饱之后,有些人即离席而去,上梁很快就开始了。此时,正堂位置的底梁和柱子上贴上了红色对联,上书"白虎架金梁"、"青龙缠玉柱"、"华构落成千年计"、"玉宇落成百匠功"、"紫薇高照"等吉祥字样。一根涂成红色的方梁被架在屋架上，师傅正在包梁，只见他用扁铲往梁木中央敲钉铜钱，五色彩线穿绕在铜钱的洞中，旁还有一张红布，师傅用红布将刚才的铜钱彩线包裹起来，拿来几根饱满稻穗将红布又绕了起来。包好梁后，人群渐渐聚集过来，木工师傅和地理先生并排，二人各自摆放着自己的矮桌祭坛，木工师傅头戴红巾，桌上摆着香烛纸钱、一升米，米中插着十元钱，还有一碗刀头、一碗黄豆，前排放一只勺子、四只空碗，右边放三只勺子和一些木工工具，如斧头、扁铲、刨子、墨盒、鲁班尺等等，桌旁放着一竹篓米，一笼鸡，一瓶酒。地理先生将红布挂在脖子上，他身前桌上摆放着纸钱、一碗刀头、一碗黄豆、一瓶茶，前排并排放着三个空碗和三个勺子，还有一壶酒、一碗水、一升米，米中插着一只点好的红蜡烛、三支香和十元钱。在木工师傅准备的时候，地理师傅似乎已经开始了自己的仪式，他手拿一张绿纸，上面写着红字，只见他默念着什么，念念有词一番后，便将纸给烧掉了。接着木工师傅开始自己的仪式，他又是倒酒，又是洒酒，口中念念有词，可惜我听不清他说的是什么。随后他手上拿起公鸡，割其鸡冠，前去印在梁上。之后，梁木被缓缓抬升至屋顶安放。安稳后，师傅换上新鞋爬上屋架，站在早已准备好的木板上，梁木在他身前，只见他拿出黑布向下抛来。地上跪有三人，正是新屋主人，他们也头戴红巾。地上的人接着黑布的一头，木工师傅就从梁上将糯米粑粑顺势滑下，之后，木工师傅开始抛撒喜糖，围观的人们顿时活跃起来，大家争先恐后拾取喜糖，仿佛这是来自上天的礼物。之后，主人家端出一碗碗茶水，糍粑，此时现场让人感觉其乐融融，大家揣着刚刚捡到的喜糖，吃着茶水、糍粑，分外喜悦。[①]

竖屋　大概五点半左右，借着天上的一点点微光，只见师傅面前的矮桌已经摆好，上有一升米，米上插好了香烛，还有一碗黄豆，一碗刀头，一碗符水，桌子前排整齐摆着五只勺子，右边摆了三只，左边是一个用红布包住一头的锤子，还有一个木工墨盒，一沓纸钱。桌旁是一壶米酒，一个鸡笼，桌下有一把茶壶，茶壶旁师傅正在焚烧纸钱。只见他念念有词，比画着什么，随后拿出笼中的鸡，割了一刀鸡冠，就往屋架走去，印点木柱，后捶打木柱，顺序都是中柱、左柱、右柱。后又走回矮桌，口中唱念着什么，便放炮，只听一声"发起"，众人大喝一声，一起用力，

---

① 访谈时间：2011 年 7 月 20 日，访谈地点：大高坪乡龙寨塘村。

将一层屋架竖了起来。之后，燃放礼花，将现场照亮了起来。

事后，木工师傅简单介绍了他的仪式过程：摆桌子（五杯酒、三杯清茶）—洒酒—斟酒—请师傅（鲁班）—边唱边请—请法水（普安法水）—印鸡血—发锤（木槌会变铜铁锤）—锤中柱四下，并唱"一打打进门不动，二打打进大前门，三打进双门没然，四打打开个虚空"—立架竖屋—烧纸钱—送师傅。①

（四）交通、电力与通信

大高坪以前没有公路。值1975年时曾修通播阳至大高坪田坝、龙林的简易公路，曾举行过通车典礼。此后，公路塌方严重，一直未能通车。1985年恢复成立苗族乡后，1986年修建牙屯堡至黄柏至大高坪乡政府的公路，两年多才通车。1995年，又修通了播阳拨湘至大高坪乡政府的公路。2000年10月才有班车通县城。近几年，每天有两趟中巴车绕独坡过牙屯堡进县城，有一趟中巴车经播阳至县溪进县城。2008年修建大高坪村两步桥组至播阳的水泥公路，2009年10月修成通车。至此，第一条水泥公路修进苗乡苗寨。②

当地的交通既有现代化的水泥公路，又有历史悠久的石板山路。

水泥公路是新修的，穿过稻田，直接把山下的大高坪村八组、五九组龙林、四组、乡政府、六组、龙寨塘二三组串联了起来。我们在调查时，当地正在修建由山下通往大高山上老寨的水泥公路，进度很快，村寨前的公路已经硬化完毕了。以前上大高山走的老山路，狭窄且泥泞，周边杂草丛生，低矮灌木若是带刺，还会钩坏衣物和弄伤腿脚。新修的通向大高山的公路比原来宽敞许多倍，而且路面平整，可以行车。

山中的老路是石板路和泥路，从大高山下五九组龙林，有一条很古老的石板路，这条路穿行在山林稻田之间，有时并没有路的主体，而只有几块石头和被人践踏的草垛痕迹显示出这里有路的信息。从大高坪老寨向后山去也有一条石板路可通向黄柏村。总的来说，山里的路仍是以各种小路、小径为主，上坡下坡有时会铺上石板，有时基本上就是泥路。各个村组中的道路基本上已经做了水泥硬化处理，各家各户门前的道路尚算平整易行。有些

---

① 访谈时间：2011年7月28日，访谈地点：大高坪村高深。
② 参见吴通爱：《大高坪村情、乡情演变》，《大高坪吴氏家谱》，2010年。

村组中有石阶，是用大石块拼成的，高寨上用巨大石块拼成的石阶颇具古韵。

表 3-1　大高坪村公路情况调查表

（单位：米、公里）

项目村	起点名称	终点名称	已通公路				拟建公路			
			路基宽度	路面宽度	里程	路面类型	路基宽度	路面宽度	里程	路面类型
大高坪村	破湘坳	燕坎上	6	5	2	水泥				
大高坪村	下龙寨	大高坪	4.5	3.5	2.6	沙石	4.5	3.5	2.6	水泥
大高坪村	乡政府	两步桥	5	4	1	水泥				
大高坪村	上排楼	下排楼	2.5	无	0.8	无	4.5	3.5	0.8	水泥

当地百姓的运输方式有几种，一是肩挑担扛，这是最普遍也最平常的运输方式。无论是上山砍柴、割草、摘菜、摘西瓜、收稻谷、挑大米等，基本上都是一人一根扁担，两头颤颤悠悠的挑着东西。如果是搬木头，也是人力扛运至平地，再用拖拉机运输。家中生活，日常用水如河水、井水也都是手提、肩挑为主。另一种是板车运输，板车是用木板做的一种简易运输工具，当地稍会木工的男性可以自己制作，为双轮一平台，后有两个把手，可拉运也可推运，用于运送各种货物，如木头、稻谷、大米等。以大高坪四组下龙寨为例，村中有两三台这样的板车。第三种是摩托车，摩托车似乎正风靡大高坪村，通车后更是显示出其优越性，山中道路曲折难走而且狭窄，摩托车在行山路时虽然不算通畅，但是仍能提供马力。另外乡村公路的修建，使得人们更能方便从乡里走出乡外，无论是外出务工，还是赶集进县城，只要有一辆摩托车，就可以自己出行。还有一点，摩托车是大高坪村小伙子"走寨"的利器，有了摩托车，便可以下午驱车前往目标村寨，再星夜赶回家。以大高坪四组下龙寨为例，就有摩托车不下五辆，而且邻里之间还会相互借用，自己出汽油钱即可。最后一种是汽车运输，村中没有多少人有小车，据我们了解，只有乡上的几个小卖部的老板买了小型面包车，用以进货和日常使用，因此村民的汽车运输主要体现在每天的大巴往来。

20世纪70年代以前大高坪没有电照明，20世纪70年代初大高坪村境内先后修建了6处小型水电站，其中大高坪山下的龙林小河上修了一座，冷水段、两步桥、下龙寨、龙林、田坝等 5 个地方修建了 5 处小型水电站，每个电站可每天打米二三十户。晚上勉强照明个把小时，断断续续地用了 10 多年。1991 年从牙屯堡至大高坪的高压输电线才架通，至此，全乡才接到城镇的电网，彻底改变缺电的情形。1985 年恢复建立苗族乡后，架通了乡政府与外界的电话线，后架通四个村村部的电话线，但效果较差。2005 年在大高山顶修建了无线电话发射台，在黄柏翻大高坪的梁上修建移动电话发射塔，全乡才普及住宅电话和移动电话。2007 初年才开通电脑通讯。①

图 3-59　乡村公路

图 3-60　山间正在新修的公路

图 3-61　山间小路

图 3-62　山间泥路

---

① 参见吴通爱：《大高坪村情、乡情演变》，《大高坪吴氏家谱》，2010 年。

图 3-63 山间石板路

图 3-64 巴士1

图 3-65 巴士2

图 3-66 巴士3

乡村通电后,大高坪草苗的生活才能逐渐跟上山外面的步伐,享受现代化的各种便利以及对生活形成的各式各样的转变。因为有了电,人们才能使用电灯、电话、电冰箱、电视机、影碟机、洗衣机等电器。但是村组中房屋靠得比较近,所以电线有些盘杂,加之风吹日晒和负荷较大,有时会看见电线冒烟的现象,叫人为之紧张。外出打工的人们几乎都有手机,当地人使用手机相互进行通信习以为常,有些年轻人的手机还能够用来听MP3音乐。手机通信带来的变化远比我们想象中要大得多,远在千里,一通电话便可报知情况。这不仅为人们外出打工了解家中情况带来了方便,还为身在不同村寨却相识相恋的情侣更为便捷的联系方式,也为村民走出大山创造了温床,更

159

使得外界的信息快捷地传入山村中。

　　说到获取外界的信息，平时村民都可以通过电视收看新闻节目、娱乐节目、电视剧等，电视机成为当地新的信息来源，人们通过电视这么一扇小小的窗口，与外界联系在了一起，知道山村外的世界正发生着怎样的变化。但是要说信息传播的迅速程度，网络无疑是当今信息交流与传播的极速佼佼者。大高坪当地已经可以开通网络了，在"乡上"，乡政府和学校均已联网，这给当地的发展以及及时知晓外界动态提供了不可估量的技术支持。

　　"乡上"的网吧也是一个对民众开放的信息获取窗口。在乡里有两个私人小网吧，分别有供客人使用的可以联网的电脑七台和十台，但不得不接受的一个现实是，网吧虽然打开了信息之窗，但也带来了下一代的教育问题，即当地青少年儿童的教育问题，因为去网吧的基本上是当地的年轻人，而且据我们观察，多数以当地尚在读小学的孩童居多，他们到网吧的目的基本上

图 3-67　摩托车

图 3-68　停满屋内的摩托车

图 3-69　木板车

都是玩游戏。当地上网为 1.5 元至 2 元一个小时，于是这些孩子便三五成群结伴来上网，无论上午、中午、下午，除了吃饭的时间外，几乎每个时段都有来上网的孩子，有的孩子零花钱充足就玩久一点，有的钱不多就上一两个

小时，或是大家凑钱轮流玩，有的没有钱上网，在一旁看着别人玩游戏也津津有味。初步估计，除去当地经济日渐发展，人民生活水平逐步提高的背景，造成网吧多为青少年儿童上网这种情况的原因有几点：一是暑假。暑假时尚有一大段的农闲阶段，孩子在家帮工工作量少，孩子自己的自由时间比较多，以此来放

图 3-70　肩挑担扛

松，也算是新时代里的"玩具"。二是新鲜感，当地没有什么娱乐项目，而网络的无限可能性以及广泛性充满了吸引力。三是教育程度。读书识字后才能认识键盘上的字母，才能学习如何操作电脑，如何上网玩游戏，如何浏览网页等。四是零花钱。

网络带来的不仅仅是信息，更带来的是思维和生活习惯的影响。

图 3-71　网吧玩游戏

图 3-72　网吧上网

二、婚丧礼俗

在人的一生中,都要经历若干个具有特殊标志意义的时段,并举行相应仪式以使自己由个体性走向社会性,获得社会的认可,同时亦使自己获得较完善的文化人格和一定的社会地位。从我们对大高坪村草苗生活考察来看,人生过渡及其相关仪式,尤其是婚礼、葬礼,已成为他们约定俗成的不成文的制度。也正是通过这些仪式来表达自己的诉求和期望,来加强内部成员之间的联系、交流和沟通,来表达族群的集体意志,是他们发自心灵深处对生命意义的终极价值追求的最集中、最明显的表达。

(一)婚 俗

古往今来,婚姻乃人生之大事。它倾注着人们纯真的感情,寄托着人们的社会理想,表达着人们对自由美好生活的向往。"人们之所以如此看重,是因为它标志着一个人步入了建立家庭,发展家族的重要阶段。婚姻在种的延续上具有决定的意义。"[1]草苗虽散居于侗族的周围,他们却不与周围侗族通婚,即使距离遥远也要和自己的草苗通婚。有学者曾专门就草苗的婚姻做过研究,认为草苗社会存在着严格的族内婚(通婚圈仅限于草苗内)和支系内婚(通婚圈仅限于同一支系内)及严厉的阶层婚(分为"上层亲"、"中层亲"和"下层亲"三个不同的阶层,通婚圈仅限于同一阶层内)。[2]

有关草苗阶层婚和婚姻圈的情况,《大高坪吴氏家谱》中亦有所提及:

> 以前,大高坪苗族不但禁止同姓通婚,还禁止外族通婚,甚至不与不同支系的苗族通婚,青年男女的婚恋面比较狭小,除了本乡范围以外,就是邻乡团头的逊冲村,最远的也只推及六十公里以外的广西壮族自治区三江县一些同支系苗族村落。[3]

大高坪当地的草苗,以前同姓不通婚,也基本不与外族通婚,与外族通婚就要被排挤受孤立。如今虽已有一些改变,但同姓不通婚仍然如铁一般

① 苑利、顾军:《中国民俗学教程》,北京:光明日报出版社,2003年,第201页。
② 石林、罗康隆:《草苗的通婚圈和阶层婚》,《广西民族大学学报》2006年第6期。
③ 参阅吴通清:《论大高坪苗族民俗文化的嬗变》,《大高坪吴氏家谱》,2010年。

的纪律深深地扎根在人们的心中。随着当地公路的修通，人们外出务工的机会不断增加，在大高坪以外的社会接触到不同的人、不同的民族，婚姻观念也在悄悄地发生着改变，这一层改变源自如今的中青年一代。他们是当地的青壮劳动力，也是外出打工的主要组成部分，由于在外打工而逐渐改变了自己想法，从而也慢慢地有人开始与非草苗对象喜结连理。这个趋势是必然存在的，只是不知道它的力量有多强大，能够改变传统的草苗婚姻观多少？实际上，当地与外族通婚的现象仍不算多数，基本上还是实行族内婚。

在当地调查时，我们发现大高坪村的草苗与龙寨塘四组的村民基本上没有通婚现象，或许是因为龙寨塘四组的村民虽然登记在册为苗族，但实际上他们"清楚地知道自己是汉族"的原因，这就为草苗不与外族通婚提供了一个鲜活的试验场，但也有可能基于历史或其他原因才发生这种现象。

有关草苗不与外族通婚这一点，我们调查时也多次询问过，受访者回答的态度基本上没有特别决断的，若问及是否愿意娶或者嫁外族的对象，比如汉族、侗族，其他支系苗族等，回答不一。有的说："只要你找得到就可以啊。"有的说："只要人家愿意嫁进来啊，你看谁愿意嫁到山里面来没有？"有的说："现在也有啊，嫁给汉族的或者娶外面的老婆的。"从中我们不难发现一种逐渐变化的婚制情绪，或许将来随着社会的发展和当地越来越多的人走出大高坪，当地草苗的婚姻观念会发生更多的变化。

大高坪草苗传统社会的婚姻礼俗又如何呢？据了解，大高坪草苗长久以来延续着自己的传统，从恋爱到婚姻的缔结再到成婚的具体礼仪，都带有浓厚的民族特色，都有自己独具特色的礼仪、风尚和规制。在大高坪山区，苗族青年男女传统的社交活动，男方称之为"走寨"，女方称之为"坐寨"。即晚上，小伙子们走村串寨，到姑娘家去玩，男女双方通过攀谈及对山歌，增进了解，交流感情。如果相互有意，则继续交往。爱情成熟，双方可以互赠定情物，然后各自通知家长，择定佳期，便可嫁娶。来到大高坪当地，每每谈及婚恋问题，当地村民便开玩笑让谢林轩去"走寨"，尝试一下草苗的恋爱风俗。以下是谢林轩亲历的"走寨"实录。

走寨　2011 年 8 月 24 日，我终于有机会亲临"走寨"现场，与当地正当血气方刚的男青年们一起去"走寨"。这次"走寨"的目的地是牙屯堡乡的逊冲村，那里居住的也是草苗。

下午，决定与在大高坪村四组下龙寨认识的几个小伙子一起去"走寨"，一行共六人。吃完饭后便到村口集合，只有两辆摩托车，于是我们三人一辆，挤在一起，驰车前进，出村前，大家凑钱在五九组的路边买了两瓶汽油加满油缸，然后满怀欣喜的飞车出村。一路上风驰电掣一般，大家有说有笑，有时兴起还会比比谁开得快。虽然听不太清男生们大喊着苗语开着什么玩笑，但是能感受到一帮人期待和愉快的心情。一路飞车，只有田边朝霞没有动，红着脸仿佛害羞的豆蔻赤子之心。从大高坪走向逊冲的路没有完全修好，路上有几段路况特别糟糕，加上雨后积水和烂泥凸石，使得行车十分艰难。天色马上暗下来，我们却还没有到达目的地，此时已经经过牙屯堡了。

终于快要到时，有经验的小伙子叫大家停下来，先方便一下，于是黑黢黢的公路上，便有几个大小伙子各自方便的样子。后大家聚在摩托车旁开会，为了省油，关闭车灯的一刹那，整个世界仿佛没了一般，黑了下来。接着手机的光，大家开始讨论起来，由于他们说苗话，我没法听懂具体在说些什么，从只言片语中发现他们正在分配任务，因为之前已经打听好哪家还有姑娘，大概是什么情况，长得好不好看，年龄多少等这些信息，然后现在是在分配，哪几个人一起，去找哪一家。说说笑笑已经谈拢了，于是再上车，迅速开往目的地。夜里风凉，加上摩托车的速度，更是像剌刀一般。

终于到了逊冲村的一个团寨，有经验的大哥说着哪家哪家有姑娘，哪个哪个村组还有几家的话，介绍着这些信息。车子驶进村里后，小伙子们变得小心翼翼起来，大家颇为紧张，连说话都变成了悄悄话，手机也不随便拿出来，仿佛要披上夜色隐形一般才好。众人把摩托车轻轻开进村子的一片开阔地上停好，便聚头讨论先该怎么办，因为此刻村子里很安静，看上去像没什么人一样，于是有人打电话联系住在逊冲的一个姑娘，这个姑娘是同村一个兄弟的女朋友（简称 L），她说今晚因为有一家结婚，同村的女孩都去伴她了，估计要弄到很晚才会各自回家。这下可好，同年龄的姑娘们都去陪嫁了，这也是当地婚嫁风俗之一。总不能一堆小伙子闯进一个满是同龄少女的陪嫁闺房中吧，于是大家都一筹莫展，不知道该怎么办，等了一段时间，有人忽然记起自己的舅舅家好像有个女儿，于是打电话去问，说是已经回家了，他们便决定先去看看。快到门口时，众人决定让其中两人去试试，其他人去找别的家看有没有机会。于是我加入另外四人的队伍，跟着看下一步要做什么。过了一段时间，只好又打电话给之前那个 L，约去和她当面见见，希望能给点有用的信息。见面后,果然,问到有一家有一个姑娘(简称M)此刻应该在家,于是众人便鼓起了希望前去一探,结果发现她也还没回家,于是打电话问刚刚那两人情况如何,说完只能折返再去找L,在L家里坐了一会儿歇息一下,得知M已经回家了,于是四人又走向M家,此时她正在看电视,听见有动静,M的母亲从房间里出来,看到四个小伙子,好像明白了什么,笑着和我们四人中经验最丰富的那个大哥用苗语说着什么,估计是客套话和说明来意。说着说着我们便进了她家门,和M坐在一起,可是这时大家都很害羞。M一个劲地低着头笑,感觉很是害羞,要不就是我们故意与她说话时,盯着电视,也不敢正视男孩子。坐在屋里的五个人,只有有经验的大哥笑着在和M说话,其他三人包括我都傻傻地坐在一旁不知所措,M的母亲则坐在旁边,一直和大哥说话,听出来大概意思可能是M还小,等她长大些你们再来,实际上就是婉转地请回。可是我们不依不饶,说了大半天,终于最后M家人说准备睡觉了,M和我们才刚刚有一点点热络起来。眼看时间也不早,这次"走寨"似乎不太成功,但毕竟大哥留了M的号码,也算是一大收获。于是我们回到停摩托车的地方,这时另外两人也出来了,大家交流了一下就骑车出了村组,在路上还讨论要不要去另几个组,有的在山上,有的在山下,最后结果是没去,于是我们星夜兼程,又赶回了大高坪村。[①]

通过上述案例,可见大高坪草苗现在依然还有"走寨"这个习俗,只是随着社会的发展和时间的推移,它正逐步发生着变化。听四组JT介绍,以前"走寨"真的是走着去的,"走寨"往往不限定在本寨,附近的草苗寨都可以走。因此草苗寨一到晚上就成了小伙子的天下,本村的、邻村的、跨村的,甚至跨乡的小伙子都有,他们唱着撩人的"嘎花"(即草苗语歌)进寨,用歌声去追求心仪的姑娘。能否博得姑娘青睐,很大程度上取决于他们的歌唱得怎么样,如果歌能唱到姑娘的心坎里去,姑娘就会用歌试探、答复。姑娘可以在来"走寨"的一批又一批得小伙子中选出自己得意中人,即陪自己"坐夜",姑娘往往是边做针线活边与小伙子交谈,会出种种难题来考问、为难小伙子,小伙子如能从容应对,就会正中姑娘芳心。小伙子趁机向姑娘索要定情礼物,姑娘如果心甘情愿地给,那就说明她将接受小伙子,愿意将对方定为自己的心上人,与小伙子进一步发展,姑娘此后便不再参与"坐夜"活动,而

---

① 谢林轩的"走寨"经历,2011年8月24日。

是与自己的心上人单独约会。如果姑娘以种种借口不愿意给小伙子礼物，就说明姑娘对小伙子不满意，与其"坐夜"仅是礼节性招待而已，当然小伙子也就会再去他处另找心上人。

据 JT 说，在小伙子还没有心上人时，小伙子都是需要依靠"走寨"才能找到自己的意中人，他们那个时候成群结队去"走寨"，甚至要翻山越岭，带足钱和干粮，走到贵州、广西的一些寨子去，而那些寨子里的姑娘们也是三五成群地汇集在某个姑娘家做针线活，等待着那些远路而来"走寨"的小伙子。如今，有了公路和摩托车，似乎草苗的婚恋圈被拉近了一般，长途跋涉变成了烧油飞车，山歌传情变成了短信互动。对于这个现象，他们自己也有这样的认识："近年来，青年男女社交方式更趋多样化。以前'走寨'既是未婚青年寻找意中人的方式，也具有娱乐的成分，因此已婚男人也可以参加。现在，男青'走寨'一般是有约而去，只与意中人交往，更为直接。而且随着娱乐生活的丰富化，'走寨'的娱乐功能已经消失了，因此已婚男子也就不得参与'走寨'。另外，随着文化水平的提高，青年男女也可通过手机或短信来表情达意。一些青年男女还相约外出打工，在都市里相恋相守。"[①]

总的来看，大高坪草苗的婚姻缔结仍然是以自由恋爱、自主婚姻为主，主要通过社交和谈情说爱来确定的。青年男女恋爱，除了"走寨"外，最为普遍的方式就是逛"花园"。据了解，草苗每个村寨都有一处固定的供青年男女约会对歌恋爱的场所，此场所一般选在村子附近的林木葱郁、风景秀丽的山坡，俗称"花园山"。男女青年会事先相约到这里来逛"花园"，也称为"坡会"。

　　花园山又叫花街坡，这都是以前才有的了，就是男女一起耍的地方。那时只要在"花街坡"上一叫，妹子就会出来和约好的小伙子相会。为了不失约，有的小伙子一早就出发，在上午十二点以前赶到女方寨子的"花园"等候，用木叶吹歌，向女方传递信息。妹子一听到木叶声后，就着装打扮，如期相会到花园对歌。一直对到太阳落山。有的小伙子准备的有一包糖，就把那包糖递给看中了的妹子，妹子如果接了那包糖，就说明接受小伙子的心意。随后，小伙子就可以邀约朋友跟随妹子上她家去。女方家人会热忱地把他们当贵客来款待。不过呢，初次相会的青年男女，一般由大哥大姐作伴。待有了意中人以后，才单独行

---

① 吴通清：《论大高坪苗族民俗文化的嬗变》，《大高坪吴氏家谱》，2010 年。

动,个别约会,就是"约日"(就是相约白天相会),一般是在花园山,男的按约定的暗号吹木叶或打几个呼哨,女的听到信号后往往以拿柴刀、扁担去砍柴作掩饰,跑出去与男的约会。现在逛"花园"的景象基本上看不到了。不过会唱山歌,会吹叶笛的人仍有。[①]

另外,关于草苗传统恋爱方式,还有所谓"歌堂恋"。所谓"歌堂恋",即农闲季节,姑娘三五成群,走亲访友,做客异地他乡。临近午夜,小伙们相约来到主人家门前,先用歌声打听家中是否来客,主人听到歌声,在得到客人同意后,即出门相迎。经过十来回合的反盘问后进入屋内,围着火炉入座对歌说笑。黎明时分,姑娘烧油茶答谢后生后才陆续散去。如果男女双方有意,则约定日期,下次"花园山"相会。

一般男女双方经过一段时间互相了解,如果情投意合,就会互换礼物来定情,俗称"换当"。礼物比较讲究,"腰带耳环表情意,彩衣项圈定婚缘。"双方有意,最初姑娘会把编织的花带、花帕及至最珍贵的银饰交给男方,到非你不嫁,非你不娶,山盟海誓定终身之时,姑娘会将贵重的一套精致的彩衣和银项圈送给小伙子,以表示愿与小伙子永结同心,小伙子也将一套最贵重的礼服(有的把相应数量的钱)送给姑娘,意为永不变心。但如今,据了解花带、衣服等作为定情信物已经很少了,以戒指定情信物比较多。

姑娘与小伙子互相交换定情物之后,还要订婚。即男方派二至四人挑一定数量的糖、米酒、猪肉到女方宴请女方房族,以得到女方认可。女方父母将女儿的生辰八字写成字条,交给男方。订婚后,还不能马上结婚,男方父母根据双方的生辰八字,请人选定举行婚礼的吉日良辰,并回报女方父母。为了不误农时,草苗人一般选择在冬末春初(农历十二月)的农闲季节。我们在大高坪调查时,有村民说到那时天天都热闹得很,喜事练练,整天喝酒。因为农闲,才会有充足的时间将婚事办好。因为在他们看来,婚姻是生命历程中最为重要的"关卡",结婚不仅意味着当事人角色身份的转换,更为重要的是意味着一对新人将为群体承担起创造新生命的任务,因此受到无比的重视,所以把一个人的婚事看得比什么都重要,把办理婚事的隆重程度,看成是是否遵规守俗,在寨上是否有地位、名望、人缘的标志。认为婚礼定时,婚宴定菜,送亲客定人,一切都要按照大家拟定的婚姻条款来执行。自然,婚礼的举行要经过许多礼仪程序,既俭朴又繁杂,仍然保留了一些自

---

① 根据 WTA 访谈录音整理。

己的古朴遗风。

由于没能亲历草苗婚礼,这里依据访谈和石佳能等人的《独坡八寨志》相关内容,对接亲、婚宴、回门等程序加以介绍。①

接亲,婚期临近时,男方派6名男子组成迎亲队,由一名辈分较高的长者带队,挑上两担空竹篓(用来装新娘和伴娘的服饰和日常用品),提着两盏马灯(回程时开始点灯,让其自灭)到女方家迎亲。在迎亲队中,专门安排两名小伙子具体负责新娘和伴娘的服务工作。起程时,迎亲队合唱一曲苗歌,以此告知周围的人们。当日傍晚进入女方家里。新娘出嫁的当晚,全寨人都来作陪。深夜,新娘开始哭嫁,主要诉说父母养育之恩和同伴的友情。当母女、同伴对哭难舍难分时,迎亲队就唱劝父母、同伴的歌来安慰。到了出嫁时辰,迎亲队提前离开村寨。通过精心打扮之后的新娘,在两位未婚姑娘的陪伴下(俗称"陪花"),打着半开的新红伞,由自己的兄弟背出门,这时全村男女老少都来相送。新娘走进团寨,先在村口休息片刻,由男方指出一位贤惠的女性长辈领着新娘走进新郎家中,然后再回程接两位"陪花"姑娘,又从房族中安排两名未婚姑娘陪客。过去姑娘出嫁,娘家很少陪嫁东西,条件稍好用田或山作陪,称为"姑娘田"和"姑娘山",也有的送银饰。随着经济的发展,现在陪嫁的东西逐渐增多,有床上用品、家具及家用电器等。

婚宴,苗家的婚宴要持续二至三天,八方亲友,附近团寨的人都来庆贺,但新郎家只承担正席和第二天散客餐,其婚酒当天晚餐由亲友和房族来负担。苗家设宴席摆长桌一同围坐。酒席有上下席之分,客人或长辈坐上席,以示尊敬。

有酒即有歌,婚礼期间的苗歌可分为以下几类:一是"酒令"。这是青年小伙子们与"陪花"姑娘喝交杯酒时对唱的歌,如果哪方接不上就得先喝。二是"酒歌"这类,用于主人与来宾的集体对唱。三是庆贺歌。这是附近团寨前来庆贺时集体合唱的歌。四是答谢歌。这是"陪花"答谢主人所唱的歌。

回门,新娘到新郎家举行婚礼之后,返回娘家。婚礼期间,新婚男女不同宿。男方还要派6个老人家送亲,另外派5个年轻人与新郎一道,挑上几百斤糍粑及四五斤猪肉和鸡鸭等礼品,把新娘和"陪花"姑娘送回娘家。送

---

① 石佳能、林良兵、吴文志主编:《独坡八寨志》,北京:中国戏剧出版社,2011年,第223～224页。

亲的老人留宿做客,挑担的年轻人当即回家。到第二年,男方才能接新媳妇住几天,又回娘家这样往返接送,直到女方怀孕在身,才住夫家。

(二)葬 俗

在草苗传统观念中,人皆有一死,死亡意味着死者在今世生活的终结,却同时也是死者在另一个世界的新生活的开始。因此,草苗非常重视丧葬礼仪。在长期的历史发展过程中,他们形成了包括送终、报丧、寿敛、祭奠、出殡等一系列丰富多彩的规范化礼仪,是他们灵魂不灭、祖灵信仰以及伦理道德观念的反映。根据我们的调查以及石佳能等主编的《独坡八寨志》中对三省坡苗族村寨葬俗的描述[1],草苗习惯以木棺土葬。将年迈因病正常死亡者称之为过世,将因意外如车祸、难产、服毒、雷击等非正常死亡,称为暴死、凶死,将婴幼儿死亡称为转去,将未成年人死亡称为夭折。凡正常死亡,都要在亡人生前住宅中堂举行隆重的祭奠仪式,其形式和程序较为固定,非经家族中德高望重的老人同意,是不能随便更改的。大致而言其丧葬礼俗,有以下程序:

1. 送终

老人久病卧床或急病倒床,生命垂危,估计生命不能维持下去,其子女就要齐聚于临终者床前片刻不离地守护,有事离开片刻也必须轮流值守,以便随时聆听临终嘱咐。家族内、邻居或距离不远的亲友,也要派人轮流到场,参与守候。如有的临终者拖的时日过久,"落气"时又无几人在场.称为"落枕空",子女会被社会谴责为不孝之辈。一旦老人呼吸停止,众儿媳、女儿(包括已出嫁赶回送终的)要跪拜于床前哭泣,此时屋外铁炮鸣放三响,寓意将亡魂送归西天仙界,也是向四邻亲友传递报丧的信息。同时,焚化钱纸,称烧落气钱。四邻亲友听见报丧信号,便云集丧家,共筹丧事,推举族内和寨中能人组成治丧理事小组,全部丧事均由房族统一安排。孝家即请地理先生选定安葬日期(近些年有"三日之内,不必择日"的说法,即在三天之内安葬死者都是吉日,停尸不超过 3 天),选墓地(各个宗族都有固定的墓地,俗称"阴地",朝向依山向而定)。

---

① 石佳能、林良兵、吴文志主编:《独坡八寨志》,北京:中国戏剧出版社,2011 年,第 228～229 页。

2.报丧

安葬日期确定后,孝家立即派族人分头前往各处向亲戚好友口头传讣告,通知亲友参加祭奠活动。一般按照死者的血缘关系,从近而远依次逐户通知。

3.寿殓

报丧之后,子女须将一套全新衣服、鞋、帽给死者更换,将尸体放入棺内,称为寿殓。男性亡人由其长子主持,众亲儿及已赶到的女婿必须参加;女性亡人,由长媳、长女或已出嫁但最先赶到的年长之女儿主持。先是由人拿钱纸到水井边焚化,打来一瓢水,为死者抹眼睛和嘴巴,舒展脸部皱纹,穿戴寿衣(男性穿三、五、七单数件,外套长衫;女性穿四、六、八双数件,外套为手工绣制的服饰。有的用燃香在寿衣上烙出一个小洞,寓意亡者在阴间将不会有别的亡魂向其借用身上的衣物)。然后盖上特制的红面白里被套,再将遗体放至棺材内,遗体面部用钱纸覆盖,盖上棺盖,稍留缝隙,以便通风。棺盖上覆盖一块四尺长的红布,棺材按男左女右安放于堂屋一侧,堂内整夜点灯,头部前置一板凳,上面摆放油灯、一碗饭(放一条酸鱼)和其他供品,旁边放一个铁制容器,供孝子贤孙和来人焚烧纸钱。

4.祭奠

众亲友祭奠死者的方式主要有戴孝帕、上祭、赠送祭物等几种。据了解,戴孝帕即孝子披戴麻线和孝帕,前来吊丧的亲友亦发孝帕(白色棉纱布料,宽 1 尺,长 2.5 尺不等)。上祭即亲友前来吊丧(上祭者要到灵柩旁点上一炷香,烧几张钱纸,扣手作揖)时,要吹奏衰曲(乐队有主人请的坐班和亲人请的客班之分,各类乐队,少则几班,多则十几班,近年一般只有 2 至 3班,“一坐一客”或是“一坐两客”),请礼师司仪。赠送祭物即亲友赠送“祭帐”(约 4 尺长的布料,颜色不定)。

5.安葬

安葬时辰临近,把灵柩抬至村口停放片刻,出柩时由两班人每班八人共十六人抬着棺木,孝子孝孙全部走在前面。灵柩抬至葬地后,由地理先生主持简易的落井仪式(先杀一只大公鸡抛入井内,再向井内洒一些大米,然后待棺木放入井内,用罗盘校正方位)后,掩上泥土,并用石块砌好坟。

以上礼俗,随着社会的发展,不断经受着外来文化融入、族群边界模糊等影响和考验,对个别烦琐的礼仪略有简化,但基本的礼俗原则不变,相对而言,葬礼是草苗社会文化中最传统、最具传承性的仪式,表达的是生者对死者的难舍、眷恋和哀思,追求的是生命的延续和永恒,蕴含着草苗历史、文化、宗教等多方面的深厚沉淀。

另外,除了婚丧礼俗外,当地有给小孩过三朝、满月、生日的习惯。

过三朝一般家中会摆设宴席,请亲朋好友前来共庆喜事。前来庆贺的亲友一般会准备封包、被褥、衣服、襁褓等赠予主家,以示庆贺。

过满月亦是宴请亲朋好友来家中吃饭,大摆宴席,而来的人也会送上红包表示心意。

过生日同样是邀请亲友邻居来家中做客,来的人有些会给孩子带礼物,有些会给孩子打一个封包。家中除了摆宴席之外,还买一个蛋糕庆祝,但是小孩子没有唱生日歌的习惯。

三、岁时节日

当地草苗的节庆主要有新年、二月初二日、清明节、四月初四日、四月初八日、五月初五日、六月初六日、七月十四日、中秋节、九月初九日。各个节日基本上以做糍粑为主,除此之外,各个家庭基本上都会在节日里给祖宗烧一些香烛纸钱,但是规模不大,除此之外并无什么特殊的仪式。另外,虽然每个节日都做糍粑,但是有些节日的糍粑略有不同,例如二月初二日做"灰粑粑",四月初八日做黑糯米等。

新年一般过的最为隆重,而且项目最多,晚上的大年饭,大高坪苗族不同的姓氏之间,吃法大不一样,除吴姓之外,其他姓氏人家只吃一餐晚饭,祭祀祖先也在晚饭前完成,燃香焚纸的同时,燃放鞭炮。但吴姓人家的晚餐却不是真正意义上的正餐,正餐还在凌晨之际。凌晨零点过后,吴氏族人就起来烧香祭祖,燃放鞭炮,族人齐聚,一家挨着一家,男人们大碗的喝酒,猜拳行令,大声地说笑,直到凌晨四五点钟。关于吴氏苗民大年初一日凌晨起来吃年夜饭的习俗,其来源莫衷一是,较受认可的说法是:当年战乱频仍,匪盗出没,大年三十日晚上,吴氏先人刚刚炒好菜,做好饭,正准备过一个平安年时，匪盗杀入村寨，又是抢又是砸的，吴氏一家只好往深山里逃遁。等到匪盗走了，吴氏一家才返回村里，重新烧火做饭。为纪念这一遭遇，此后，每年大年三十日这一天吃晚饭，吴氏族人几百户人家吃得悄无声息到凌晨之际，各家各户就出来燃放鞭炮。下面着重介绍吴姓草苗新年的各种习俗：

杀年猪，大高坪过年的气氛是从腊月二十五、二十六日开始浓起来的。在这两天里，家家户户开始杀猪。杀猪时，往往是一家相邀，众人齐聚，杀完一家的猪，再到别家，直到杀完各家各户的猪。大高坪苗民嗜吃猪肉，除了一年到头仅有的这一次大规模的屠宰生猪外，很少屠宰其他的牲畜。

小年"喊客"，腊月二十七、二十八、二十九日三天，则是当地一年一度的小年。而具体哪一天过小年，则要依当年的月历来定，而且不同的姓氏过小年的时间不同，吴氏是二十七日，胡姓和伍姓是二十八日，王姓是二十九日。天近傍晚，过小年的人家都要早早派人到本寨其他姓氏的人家里喊客。当晚，谁家里来的客人最多，谁家里主、客喝酒吃饭时发出的声音最热闹，那便是在寨人面前露了脸，也昭示着这户人家一年来的旺顺之势。

大年三十打糍粑，在过年的风景里，大年三十是最重要的、最忙碌的一天。这一天，主要的内容是祭祀，祭祀祖宗和鬼神，吃年夜饭。打糍粑也是这一天白天的一个主要活动。人们将前晚就浸泡好的糯米放入圆柱形的木桶里，置在锅里蒸煮。置放糯米时，一定要轻轻地放置，保证糯米疏松，否则无法蒸熟。一木桶糯米，苗语称"一斗"，"一斗"少说也有几十斤，需蒸煮一两个小时才能蒸熟。糯米煮熟了，只要有妇人一声喊，不管是谁家的男人，只要有空都会前来打糍粑。

祭祖祭宗祭神灵，从下午开始一直到晚上，是祭祀活动的高峰。祭祀活动主要分室外和室内两部分，室内，主要是祭祀祖宗。傍晚时分，在神龛前摆上桌子，呈上猪肉、鸡、蛋、鱼、酒、茶、糍粑等供品，上香、倒酒，然后磕头。[①]

二月初二日，要包粽子，做糍粑。这个节气做出来的糍粑是灰色的，因为人们在糍粑里放了一种山上野生的称作红甜藤的植物，所以染上了它的汁水的颜色，这样的糍粑吃起来有清香的甜味。过二月初二日，饭菜会比平

---

① 吴通清：《通道大高山吴氏家族的大年》，《大高坪吴氏家谱》，2010年。

时丰盛许多，人们杀鸡杀鸭，在吃饭的时候，饭桌边要摆一张板凳，在上面放上一碗酒，然后点一支香，烧纸钱，祭祀祖先。

清明节，清明要扫墓，带上剪纸花、香烛、纸钱、米酒、刀头、糍粑、水果、糖果等前往祖坟祭拜。如果是三年内去世的，还要拿上一盏油灯。关于家族祭祖详情，另在后文叙述。

四月初八日，又叫黄牛节，这天大高坪的草苗，都会做黑糯米饭。每家每户都会到山上采来一种树叶，一定要当年生的嫩叶，回家后将树叶的汁水压出来，把糯米泡入其中使糯米变成黑色，然后蒸熟，蒸过的糯米颜色又黑又亮又香。黑糯米饭使用在山上采摘的一种叶子加上糯米炮制成的。关于这个节日的由来，乡境内有以下两种传说：一种是说缘起于杨八姐解救被囚入柳州城之兄。传说宋仁宗时期，杨文广曾随狄青来征伐壮族首领农智高的起义，后杨文广被围在柳州城，内无粮草，外无救兵，加之连年干旱，整个柳州城处于绝望之中。有一天，城外来了一个手里端着一团黑乎乎东西的女人，她对围城的士兵说这是一种有毒的食物，那个士兵信以为真，认为如果这样让杨文广的士兵吃了就会被毒死，所以就让她把大量的黑糯米带入城内，杨文广的士兵吃了后精神大振杀出城外。所以后来为纪念杨八姐智救柳州城的壮举，就在每一年的四月初八日这一天做黑糯米饭吃。另一种是说缘起于一个放牛娃的故事。传说有一年四月农忙时节，牛累得不行，牛王就率领众牛罢工，老人们怎么劝都不行，眼看农忙时节很快要过去，错过农作物栽种可就误了大事。有什么办法能劝牛下田干活呢？老人们无计可施。有个小孩上山放牛，看见牛儿拉牛屎得到灵感，到附近山上采来一些不知名的树叶，让他妈把这些树叶的黑汁水压出来，拌在他第二天要带上山的午饭里，就像一团牛屎。第二天，放牛娃就对那头老黄牛说："老黄牛你为什么不愿意为人类劳动呢？"老黄牛说除非你吃牛屎就可以。放牛娃趁老黄牛抬头看天的时候，拿出妈妈做的黑米饭，当着牛群的面吃了下去。老黄牛见了，觉得要信守诺言为他们劳动。这一天刚好是农历四月初八日，后来大家就沿袭了每年四月初八日吃黑米饭的习俗。

五月初五日，做糍粑，一般初四日做好，初五就吃。说是药王菩萨下凡的日子，既不祭屈原，也不赛龙舟。有的人家会将山上采来的野菜和菜园子的混炒在一起吃，还有的人会上山采药。

六月初六日，又名岑榔坡歌会，侗语称"qak jenc leegx"，是三省坡附近湘桂黔三省（区）侗族村寨的歌会。大高坪草苗也会去参加。

七月十四日，主要是做糍粑，据观察这个节实际上与平时没有什么区别，只是顺便祭祀祖先，并没有什么特殊的祭祀形式。

新米节，也叫吃新节，七八月间，是为了庆祝丰收而过的节日。草苗吴姓称过新米节为甲戌节。各姓氏所过的日期也不一样，但都是在当年的丰收之后。新米节这天，草苗会用当年刚收的糯米做成香喷喷的糯米饭，但自己并不先吃，而是先叫一个外姓人吃后，自己才吃。之所以这样，据说是最初过新米节时糯米饭祭祖时曾被小偷偷吃过的原因。

四、民间游艺

大高坪当地没有什么娱乐项目，传统的娱乐便是吹芦笙和唱山歌，现如今吹芦笙一般只在重大节庆才会进行，唱山歌亦然。除了这两项外，当地还有一些棋类可随地而玩，称作"厕所棋"、"三三棋"等。不过山下玩这些棋类的人少了，因为乡里如今有了网吧，有的小卖部还有桌球、老虎机、赌博机等，所以闲暇时，更多的村民会聚集在这样的小卖部前玩耍，而小孩子则常常到网吧去玩游戏。小女孩有的会玩过家家酒，有的会追逐打闹。除此之外，村民有时会聚在一起玩斗地主、炸金花、三公等扑克牌游戏，晚上的时候或聚在凉亭处闲聊，或在家看电视。

吹芦笙，大高坪当地有自己的芦笙队伍。芦笙队伍的人数不是固定的，组成芦笙队伍的成员都是当地的村民，而且年纪基本上在四十岁以上，因为芦笙很难学，所以人们渐渐很少愿意花费时间精力学习它了。据介绍，芦笙有不同种类，不同的芦笙能发出不同的音域声音，结合起来另有一番风味。旧时，每个团寨都会有一帮吹芦笙的好手，他们或邀请其他团寨的人来本寨吹芦笙，或应邀到别人的团寨吹芦笙。应邀的队伍就在自己的芦笙上插一根草，懂行的人一眼便知谁是主谁是客了。去拜访其他团寨，首先在寨门口比试吹芦笙，你来我往，最后吹作一团，寨子里的村民一哄而上"抢客"，好不热闹。

唱山歌，大高坪有"心中有歌都不唱，还把那样当娱乐"之说。山歌也是大高坪草苗渐渐流失的文化之一，如今的年轻人都不会唱了，人们纷纷外出打工，对山歌渐渐失去了激情。我们在调查期间从村民处收录了大量山歌手抄本，详见附录《山歌搜集》。

　　三三棋的下法是：棋盘画大、中、小三个里外套在一起的正方形，然后画八条线，将三个正方形的角、边中点连接起来，使三个正方形的边、中点线、连角线都成三点一线。下棋两人对弈，各持颜色或质地不同的棋子，轮流下子，当一方有棋子连成三点一线时，可以子压住对方一粒棋子。待棋盘上的24个点摆满后，去掉被压的棋子，空出走棋位。走棋时，移动棋子（一次只能走一步），双方都力图使自己棋子形成三子一线，并喊一声"三"，便可"吃掉"对方一子。如果一方的棋子被"吃掉"，只剩二粒，不能再三子一线，则为输。

附　录

山歌搜集

草苗根底歌

（立碑歌，也称登岩歌）

前头还未分岩碑，同客还在通天河；同在天河岸西坐，条理还是同一条。
共一朝庭一本历，男女条理是同符；高坡山顶第一碑，高坡岑洞第一岩。
第一头名杨庙之，第二名是李之全，难为娘心的不弃，才得姑表六十年。
第一岩名杨庙之，前头当初李之全，娘也有情郎有意，如今才得六十年。
第二岩碑定岑本，岩碑立在高岑银；头名是张个大宝，二名就是李仕明。
还有潘通良一个，龙付手是也有名；因为前头治岩碑，当到如今得生人。
第三岩碑定岑午，人讲人笑意也和；水十八年转高江，鱼十八年转高河。
定岑午是吴金刚，高淑女有吴金培；前世修来的良伴，分条苗礼后来行。
第四岩碑平三炉，人靠人扶江也扶；上平三炉吴仕泰，下平三炉住天人。
高坡油麻行了根，田中栽秧行了行；已经得娘行了妻，出门跟他一样长。
第五岩碑定岑干，拿水江里万年长；条条礼信岩上讲，同心和意共商量。
垒寨有名胡收山，头名就是吴仕良；六秀八善李孟鸳，高宇胡荣又吴爷。
骑马满金又满万，归欧奉高又奉明；塘冲堂明也一个，九厥堂海也有名。
堆水中江半岑干，条礼虽少也在行；前头老人记的礼，记条苗礼几多行。
堆水中江半岑干，六亲六客满元房；如今观今宜鉴古，前头无古莫行行。

谢六亲歌师

一家有事百不安,南京挂动北京郎。因为苏秦的世界,联动三关杨六郎。

刘备府中逢时运,张飞理应去帮忙。铁索灯芯点不亮,薄纸扶起挂中堂。

一个铜钱四个字,内头四方外头圆。天寒地冻他带你,记郎情意六十年。

苏秦过关去卖口,打落有缘府上来。恭贺凤凰成双对,蛤蟆莫衣面莫颜。

桂英配成杨宗保,天门阵上显了杨。乖人注定呆人用,又作劳心双劳肠。

三娘配成说关索,有礼人会有礼人。观音莫鞋当风走,灯草莫叶也登台。

福桥驾在东门外,四面八方铁索陶。鲁班坐在桥头上,千年古记万年牢。

张公安了千年路,李婆驾的万年桥。娘家桥梁架得好,七十二向远来朝。

求官就得官来做,求名就得名来扬。乖人注定呆人用,又作劳心又劳肠。

三娘记成花关索,有礼人会有礼人。观音莫鞋当风坐,灯草莫叶也登台。

福桥架在东门外,四面八方铁索掏。鲁班坐在桥头上,千年古记万年牢。

张公安了千年路,李婆架的万年桥。娘家架桥架得好,七十二向远来朝。

求官就得官来做,求名就得名来扬。千斤门楼万斤锁,文王课东又课南。

苏秦得了高官做,官上加官步步强。深山一藤缠一木,罗永判下不差行。

贫婆日日出门望,今日才得龙现阳。双凤朝阳恋成宝,人是望高又望强。

话是面讲面乖巧,歌是面唱面思量。今年吃去红花酒,明年三朝酒来尝。

草苗六亲歌

丢了多年歌莫唱,山歌收在半霄云;今日正好娘欢喜,爱把山歌口内吟。

郎在门前抬头看,山歌放在口内吟;今日郎来娘欢喜,歌声高头挂红林。

娘在高楼得一听,听得房前闹忙忙;两手关了双门扇,高做枕头不探闲。

日头出来郎出脚,日头落坡到娘房;借娘龙船来渡我,要来娘家歇一场。

今日郎来不作向,当家的人莫在房;一家吃饭一家管,来人待客不探闲。

千里姻缘来得远,阳雀推春路来长;郎来因为姻缘路,娘不耐烦还耐烦。

酉时辰间天晚了,哪人还在娘房量;两眼团圆打一看,郎做买卖过街量。

糊涂来到娘门口,也是难怪老张郎;郎身不是做买卖,我身原是花鼓郎。

你是哪州哪县客,哪州哪县地童郎;担对油箩门口过,不知担油是担糖。

郎去云南开金厂,嫌闷扶马解闷肠;对着今日天晚了,要来寻个歇脚场。

郎去云南开金厂,解闷扶马惹闷肠;路是行把娘门过,借火烧烟歇个凉。

奉到南京一张票,奉到北京一张牌;因为朝廷婚姻动,奉牌奉票落娘房。

娘家有人不爽快,对着今朝莫宽怀;街前开有仲伙铺,仲伙铺内挂交牌。
郎把云南起身走,五百姻缘路着来;姻缘要落娘房内,娘不宽怀放宽怀。
看郎出人六挑担,不知担内担哪行?年年有个三十夜,发到古宜去担糖。
古宜街上开糖铺,娘家房内开姻缘;鸳鸯来寻鸳鸯伴,凤凰落到娘园院。
师公会划桃符卦,桃符挂在大门前;报郎抬头仔细看,不要乱进娘园院。
师公会划桃符贴,桃符挂在大门前;桃符隔得千般鬼,如何隔得郎姻缘?
半间房屋配偏厦,报答堂屋难思量;看你人多马又广,天宽地窄难便难。
郎来因为姻缘路,姻缘要落娘院房;姻缘要落娘院内,望娘宽腮又宽肠。
看郎不是南京客,讲话不同南京郎;这个年景劳乱国,娘家难进路头郎。
郎身本是南京客,收有文票放在怀;若不奉牌不奉票,官府人家哪敢来?
南京奉到哪人票,北京奉到哪人牌?要把票文把娘看,哪人报把你郎来?
什么年干早打想,要来投效做爹娘;五百姻缘配定了,拜上你娘放宽肠。
看郎都是面生伴,如何进房拜爹娘?你们大人落了铺,油盐柴米无论行。
千个门楼不下马,万个码头不靠船;姻缘要落娘院内,这话把来约样量。
哪个出门来屋走,哪个凡人不出门?不过颜回居陋巷,不过是交待慢人。
马走门前不肯走,落到姻缘到娘房;两手捞衣下马了,一访三拜我爹娘。
娘家停人不停马,马在街前不得闲;前门不办绑马柱,后门不办关马房。
娘家不停停这了,连人连马落了房;前门快办套马槽,后门快办关马房。
娘家人多手又快,叫人待客不嫌烦;黑马套在马槽上,花马放进关马房。
马鞍放在哪一姓?马绳放在哪一然?先做小人后君子,免得明日讲多言。
马鞍放在沙栏上,马绳放在连环钩;人也落处马落起,吃也莫愁坐莫愁。
出路千般靠父母,出门时时靠爹娘;投得这样好父母,吃也莫忧坐莫愁。
马是哪州来的马,鞍是哪州皮匠连?好马买作几多两?马鞍买作几多钱?
马是阵上来的马,鞍是靖州皮匠连;鞍钱多了马分少,报郎一句也在场。
郎来几人几匹马,几匹花马几匹羊?要把马票把郎看,单怕哪里差了行。
郎来六人六匹马,三匹花马三匹羊;马票高头打了印,再莫哪里差了行。
养马童子有几个,看马郎君有几人?养马童子什么姓,看马郎君什么名?
养马童子人两个,年嫩摇摇跟马行;半路请来马奴子,没曾和他问姓名。
选定好日又时好,六亲六客落娘房;哪人路头接郎伞?哪人门边来门郎?
花鼓打进高楼屋,花马拖进关马房。哥哥路头接郎伞,嫂嫂门边来问郎。
花伞一共有几把,包袱一共有几头?包袱凉伞要清白,莫让郎心要起谋。
包袱凉伞行头大,千般百样交爹娘;千般百样交父母,耐耐烦烦做爹娘。

手拿金砖砌龙洞,手拿银砖砌龙塘;砌好龙塘配龙洞,你拿什么谢爹娘?
共一朝庭一历本,哪里不及放耐烦;因为手长衣袖短,只有茶叶谢爹娘。
昨日郎来担又担,担内珍珠无论行;红的珍珠敬哪个,白的珍珠敬哪郎?
苏秦说和六国路,条路遥遥是郎来;郎来六人开六面,空手摇摇拜爹娘。
金龟化身变成宝,天送姻缘在凡阳;配成鸳鸯山海固,结成鸾凤地千长。
今日娘家行大运,万里来看花满田;鸳鸯身上花得好,恭贺双双六十年。
日头出山照高台,近是者悦远者来,天上月老送花朵,地下土地结花台。

草苗坐夜歌

坐久爱把歌来唱,写字爱把墨来研。把墨水研写细字,把歌来唱放宽怀。
听娘唱歌郎也唱,听得风吹木也弹。口快接得歌来唱,听风莫得随风凉。
戊时辰间天夜了,螺丝关口娘关房。平茶花桥关水口,无人放花外头玩。
鱼花进城三步锁,城楼放炮不关城。来到街前抬头望,红旗挂彩在门前。
莫知水把哪方冒,莫知风从哪方凉。南海雁鹅飞天过,街头唱歌为哪行。
郎在街头歌声唱,三朵红花在娘房。生在年轻脚劳绞,听风莫得就来玩。
对到娘家染红布,对到李家染红绸。金竹空筒好条样,里头是个空心肠。
金竹空筒不空节,三朵红花在娘房。一人传三三传九,燕子邀伴去湖南。
坡高难过西弥岭,水深难过洞庭塘。十字街前抬头望,路路难进姣园墙。
娘家园门高万丈,四面八方铁围墙。因为娘行金街路,千里来龙不安然。
娘把歌头来门你,郎把那方那路量。风也莫讲惊动草,水也莫讲惊动塘。
生在年轻的世界,水走长江太平洋。美好风来惊动草,莫好水来惊动塘。
因为娘打金街路,惊动八方四面郎;娘为娘原的世界,郎为郎乡的刚强。
想来难逢又难会,难逢难会这一行。郎是来行金街路,不好挨门来问郎。
娘把歌头来问你,问你哪方哪路来。男是轻来女是重,男轻女重不问郎。
郎把歌头开一支,东方开好路来玩。千里担柴因为火,万里担沙因为塘。
那人治的长江水,那人治的路来玩。娘门下有千斤锁,风也莫通水莫凉。
地上生好金狮子,地下生有金子岩。那人半天抛鹅蛋,几抛阴来几抛阳。
手拿钥匙套钥锁,套开园门见花台。那人半天抛鹅蛋,几抛阴来几抛阳。
那人把蛋来抛起,才是进得姣园墙。鸡蛋半天来抛起,一抛阴来一抛阳。
一抛一进姣园内,二抛二进姣园墙。前门鲤鱼起风浪,后园嫩草正当阳。
娘把歌头来问你,哪方水土养得郎。耘耕田地吃白饭,方方水土养凡郎。
因为年轻脚捞招,脚踏金街爱会娘。听风莫得正思想,来龙惊动困龙肠。

仔细心中打一想，想来不该这一行。　一人做官十人爱，一人举动九思量。
李婆治的长江水，张公治的路来玩。　十字街前一台戏，正是望郎来闹塘。
一人摇风十人扇，一人打伞十人凉。　张郎治的乾坤路，李妹治的路凤凰。
近水楼台先得月，向阳花木早当阳。　那人治花在世上，那人治果在凡阳。
只有古人说不定，唱了一行又一行。　全和二仙什么姓，合得阴来合得阳。
戊时前间唱山歌，半天云内飞雁鹅。　人人正想郎欢喜，歌来口边莫奈何。
戊时前间天晚了，好似江边杨柳凉。　好柳生在江边上，好鱼生在塘内洋。
奔到苏秦的世界，张也宽心李宽肠。　郎也生在年十八，娘也生在十八年。
新开堤坝好田段，不要荒误坡沟田。　租得花船随江上，一船花椒一船娘。
本想风云一路走，哪想两般无姻缘。　乡考又得正中元，记得天文记得全。
可花开得会冬至，灯草开得会新年。　逢遇好个龙王殿，峨媚山洞好花台。
茄花生来头戴帽，蚕豆开花脚穿鞋。　黄帕地了好手帕，岑满抱洞好凉鞋。
那花开来盖天下，那花开来人莫明。　罗团下去到古州，铜鼓下去到宁溪。
云花开来盖天下，梅花开来人莫明。　当初开在五脑在，唐王改做五开城。
那花开来饱世上，那花开来不离人。　始皇骑马游三更，霸王坐地管时辰。
靖州下来三唱府，南应飞下苏州城。　那花开来轻四两，那花开来重千斤。
黄柏地妙好条江，打水砍柴不用担。　浮瓢开花轻四两，石板开花重千斤。
石榴在高不算高，九龙算高沉了塘。　石榴在高不算高，九龙算高沉了塘。

草苗新婚酒词

日头出来吃早酒，酒落银壶客落台，今日吃了红花酒，如今老少都宽怀。
日头出山照高楼，打开龙被上龙台，如今吃的红花酒，何时红花上街来。
前头牡丹半天坐，斗了几多人思量，有元吹落郎园内，月老仙人配成行。
天上团圆是明月，地下团圆是铜钱，今年郎家逢大运，天也圆来地也圆。
金龟化身变成宝，天送姻缘在郎房，配成鸳鸯山海固，结成鸾凤地样长。
千里来看花开好，远的来看花满田，两手合有朱砂印，唐王凤姣一朝王。
今日外嫁逢大运，近是者悦远者来，天上玉皇送花朵，地下龙神配花来。
深山一藤缠一木，罗永判下不差行，五凤楼前结成伴，五百姻缘合成行。
鸳鸯花纹配的好，山中百鸟跟着谈，三娘配的花关索，罗永判下不差行。
牡丹花开盖天下，斗了几多人思量，南风吹落郎园内，前世所修着通行。
天送姻缘地送命，天也同来地也同，牛女两宿合成伴，携手双双渡鹊桥。
前世高坡修有路，也是江边架有桥，有缘配成有缘伴，如今才得这心红。

179

歌之来历之歌

A：前头哪人造歌唱，前头哪人造歌玩？

　　造了几年连几月，哪人造歌不出房？

B：前三师傅造歌唱，前保先生造歌玩。

　　造了三年六个月，八日造歌不出房。

A：造了几千几百本，哪人造歌解心肠？

　　去了哪里行歌唱，崩了哪里的城墙？

B：造了三千八百本，前三造歌解心肠。

　　去了柳州行歌唱，崩了柳州的城墙。

A：柳州的人不服气，手拿文毛告何人？

　　哪人发气丢歌本，哪人去捡一本来？

B：柳州的人不服气，手拿文笔告我们。

　　前三发气丢歌本，前保去捡一本来。

合：当初的歌多又多，歌有几千几万箩。

　　如今只有一本唱，歌不成句理不合。

草苗明歌《歌拜上》

一来拜上田四丘，稻熟花红正当连，想妹同年天地老，想到天干水倒流。

二来拜上妹正花，想妹不得妹成家，水落滩头去得远，干田无水害郎耙。

三来拜上面可怜，想娘不得泪流连，想到当时讲的话，不得跟姣六十年。

四来拜上难分离，水落滩头难转回，他人的妻难指望，两眼偷看意莫移。

五来拜上丢了郎，难舍人意难舍娘，想娘不得娘心意，情重如山也枉然。

六来拜上情意深，意深全像东海洋，那样恋娘不得姣，只怪莫命配得娘。

七来拜上薄命郎，郎恋的伴他的娘，郎恋的伴他妻了，鱼跳龙门恋大塘。

八来拜上真是礼，我俩姻缘配得来，月老为媒牵的线，八字莫差心欢怀。

九来拜上聪明娘，四书五经肚内藏，琴棋书画百样会，全像仙女下尘凡。

十来拜上好同良，丢了人意丢了郎，劝娘也要留一样，买马留鞍意留郎。

草苗根底歌《牛角歌》

牛角弯，牛角尖。

牛角弯弯头上长，牛角尖尖头上长。

牛角弯弯配得好，四角团圆连好字。
老人得看欢喜忙。亲客团圆盖朝王。

多难为，好牛角。
难为老牛犁田塘，牛角尖尖把老郎。
难为老牛犁田端，老人得牛太平了。
今日拿来交老郎，带到阴间保家房。

今日牛角交老了，满了三日牛角酒。
三日的酒满了堂，交把老人圈中栏。
满了三日太平了，一人一世只一个。
牛角交老万年长，老人关收太平洋。

起身了，脚踩楼梯一步长。
牛角起身上高房，上了一步保佑郎。
牛角起身高粱挂，一人一世只一个。
发富发贵万年长，交把老人挂高粱。

脚踩楼梯二步长，脚踩楼梯三步长。
上了二步保家房，上楼三步富贵长。
保佑我郎万年好，满了三日太平了。
保男保女万年长，人才两旺万年长。

教踩楼梯四步长，脚踩楼梯五步长。
上了四步进田塘，上了五步的楼房。
牛角要挂高粱坐，老人关收高粱挂。
儿孙个个坐朝王，六畜兴旺满山塘。

脚踩楼梯六步长，脚踩楼梯七步长。
上了六步旺田塘，上了七步到高粱。
老人关在中梁坐，到了高粱中堂坐。
富贵荣华堆满房，锁住富贵万年长。

开客席歌

排日有个天晚了，高点银灯照高楼。　又费白腊来盖面，又费丝线点心肠。

排日有个天晚了，狮子朝东凤朝南。　风中点腊连不亮，有面郎心无面郎。

因为朝廷婚姻动，惊动九州八国郎。　篾织灯笼是个框，全得纸纱糊起来。

马鞭穿肠漂皮过，空手摇摇会凤凰。　桃子树上红花朵，三月逢春不见兰。

四面八方去河上，惊动五湖的龙王。　凤肝凤腿无价宝，公鸡无力穿过笼。

燕子成双好赛手，奈何人齐衣不齐。　杨柳栽在江边上，全得杨柳护江塘。

红花打落娘园内，四面八方铁围墙。　打鱼的人随江上，汉鹏的客随后晾。

莫来桃松到练紧，担上加斤可怜郎。　花船推到双江口，文官武官不安然。

文官武官担担子，武官又作当马良。　后园柿子熟得早，四面八方鸟来尝。

红花满路的世界，做客容易过时难。　红花满路的世界，做客容易过时难。

进楼贵语

主客经过楼里楼外上至天文，下至地理以及人情世态的百遍问答，主人才开楼门让客人进鼓楼，这时客人要诵读进楼贵语：

左手开门金鸡叫，右手开门凤凰音

金鸡叫，凤凰音，日落黄金夜落银

左脚进楼增田地，右脚进楼发人丁

两脚齐进，富贵斗量金

一步进财宝，二步进田庄

三步多发旺，四步大吉昌

五步洪福齐天运，我也富贵斗量金

一踩东方甲乙木，贵境儿孙代代富

二踩南方丙丁火，贵境儿孙富登科

三踩西方庚辛金，全村家家斗量金

四踩北方壬癸水，全村代代出贵人

五踩中央戊巳土，先出文官后出武

今日楼门我们进，贵境从此富登天

开鼓楼门贵语

在草苗村寨，凡是新鼓楼落成装上鼓楼大门或在有的鼓楼装上大门，就要邀请临近的村寨来开鼓楼门的习俗,受邀村寨的人们不认大小,并请能说会道的开楼师傅一起去"月也",芦笙阵阵,鞭炮声声,楼里楼外,一问一答,场面壮观,热闹非凡。

今日到你贵境来,望见贵境起楼台;吉日时良来应验,紫薇高照福星来。

高起楼台得一品,楼台照出有文人;高起楼台得二品,楼台发富有功名。

高起楼台得三品,发富发贵家家成;高起楼台得四品,玄武朱雀福满门。

高起楼台得五品,儿孙代代坐朝廷;四根大柱中堂立,金瓜银柱配合成。

选得吉日千代盛,遇得时良万年兴,文武百官楼台出,照出文武管万民。

安起楼门缝时运,楼积黄金福满门,天上吉星来应现,招财童子来开门,大门开,大门开,荣华富贵要进来 。

(主)甲子乙丑海中金,外头哪个喊开门?

(客)甲子乙丑海中金,我是天上太白星。

(主)当初何人造楼台,楼台造在哪一边,造在哪边出富贵,造在哪边出状元?

(客)……

三十六花歌

A:一年四季哪花大,一年四季哪花强? 哪花拜春开得早,哪花开来养凡人?

B:三十六花同开起,只有禾花打头行。禾花拜春开得早,禾花开来养凡人。

A:三十六花同开起,只有哪花打头行? 哪花开来暖绵绵,哪花开来盖身上?

B:三十六花同开起,只有棉花打头行? 棉花开来暖绵绵,棉花开来盖身上。

A:三十六花同开起,只有哪花打头行? 哪花开来人梳理,人不梳理花不长?

B:三十六花同开起,只有头发打头行。头发开来人梳理,人不梳理花不长。

草苗新婚歌

高坡油麻成了根　　田中栽秧成了行

好男得了好女配　　千年长寿万年长

金鸡又得金鸡配　　天鹅又得配天鹅

金鸡天鹅成根了　　人说人和命也和

高坡岭顶栽花朵　　不落他家落郎门

好朵红花结了果　　生男生女坐朝廷

王母娘娘栽花朵　　半天云内结仙桃
已经得吃仙桃味　　千年长寿万年牢

今年郎家红运起　　嫩人得妻老得财
同落郎门吃的酒　　连嫩连老都欢怀

好男好女成双对　　天说天团地也团
今年红花得一朵　　明年肯定花满园

吉日好时结的伴　　好男好女结同良
配合鸳鸯山海固　　结成鸾凤地天长

高坡栽花花成朵　　平地栽木木成条
嫩人逢花老逢味　　连嫩连老莫忧愁

海水洋洋起花浪　　对门岸上架步桥
两岸红花满芩地　　眼看红花动摇摇

高坡架桥行长久　　平地修路行久长
扯条麻绳满坡动　　脚踩楼梯步步强

登谷歌

A:前头什么去西保,去到西保得谷来,去到西保得谷本,如今才有谷米来?
　来到那里睡一夜,碰着什么偷谷吃,剩下谷眼转回屋,交给哪人种田塘?
B:前头黄犬去西保,去到西保得谷来,去到西天得谷本,如今才有谷米来。
　峨眉山洞睡一夜,碰着老鼠偷谷吃,剩下谷眼转回屋,交给农夫种田塘?
A:上峒禾苗几尺高,几尺正了才出苗,男女正花几十嫁,凡间做在几百年?
B:上峒禾苗九尺高,九尺正了才出苗,男女正花九十嫁,凡间做在九百年。
A:中峒禾苗几尺高,几尺正了才出苗,男女正花几十嫁,凡间做在几百年?
B:中峒禾苗六尺高,六尺三寸才出苗,男女正花六十嫁,凡间做在六百年。

A:下峒禾苗几尺高,几尺正了才出苗,男女正花几十嫁,凡间做在几百年?
B:下峒禾苗三尺高,三尺三寸才出苗,男女正花十八嫁,凡间做在六十年。

登酒歌

A:哪人上山去锯木　　哪人送饭随后来
　三餐吃饭吃不了　　放在哪木那里藏
B:鲁班上山去锯木　　婉娘送饭随后来
　三餐吃饭吃不了　　放在品木那里藏
A:放了几天几个月　　才是变成酒封糖
　哪人骑马把山过　　哪人尝酒醉三年
B:放了三天连三月　　才是变成酒封糖
　秀才骑马把山过　　得尝笼木香茫茫

新人进屋歌

两手推开双门扇,两边门神摆两行。
铜炉烧香壶香酒,先敬祖宗后敬凡。
酿了多年的美酒,开酒坛好时好日。
娘家敬了三盅酒,先敬祖宗后敬凡。
打扫门前金街路,红花摆摆上街来,
接得金花落郎屋,地脉龙神也宽怀。
天保时辰太安日,三朵红花落娘房。
牛女二人合成伴,玉帝大皇乐心肠。
开字登门是个开,那人穿好柳州鞋。
去到那州那县转,会着那人砌花台。
开字登门是个开,六人穿好柳州鞋。
为花去到花根脚,会着王母砌花台。
那人交花把郎戴,那人交马把郎骑。
接花又是什么日,戴花又是什么时。
王母交花把郎戴,王公交马把郎骑。
九子娘娘随后走,送子观音笑眯眯。
那人带得花三朵,培花原是那家娘。
那花官员的小姐,合郎一句落心肠。

六人带得花三朵，培花原是自家郎。
苏梅二姓的小姐，陪伴金花落娘房。

劝娘歌

正月劝娘花开起	开口报娘莫去妻	开口报娘莫去他家老	人说人时是莫时
二月劝娘坐他家	开口报娘打扮花	开口报娘多打扮	引娘吃酒坐他家
三月劝娘有清明	得姣换老鱼换鳞	王帝换朝官换印	时干换个一朝人
四月劝娘栽嫩秧	开口报娘打扮箱	开口报娘多打扮	打扮哟样交夫妻
五月劝娘穿娘鞋	同良的妻难转来	坐家讲一团圆月	去妻讲一水打柴
六月劝娘到了署	同良去妻郎得忧	手拿白饭吃不得	看娘面衣眼泪流
七月劝娘七月天	报娘莫去晒热天	开口报娘莫晒老	当家的人泪流连
八月劝娘禾半黄	姣得成双鱼换塘	官去三年还想印	姣得行双莫想郎
九月劝娘到了冬	四方开门朝冷风	报娘莫去冷风坐	冷风吹坏娘安颜
十月劝娘十月连	落雪落霜在门前	莫衣难过十月冷	莫妻难过六十年
十一月劝娘正冬天	同良要连衣要添	添衣保得身上暖	连姣难得六十年
十二月劝娘到了年	看娘跟他意绵绵	连娘难得娘到老	害郎指望年又年

人生一世歌

为人登了年十三	登年十三莫忧忙	穿娘的衣吃爹饭	吃爹的饭心欢怀
为人登了二十三	工也要做花要伴	也要做工养父母	也要办花才机郎
为人登了三十三	年纪排来过了半	跟娘同班她老了	想连下班嫌老郎
为人登了四十三	千条功夫丢多郎	千条功夫都不紧	如何转嫩年十三
为人登了五十三	当家才晓老呀娘	当家才晓禾米贵	养仔才晓父母恩
为人登了六十三	有命当家笑心肠	有命当家心欢喜	莫命当家成老郎
为人登了七十三	丢了山坡的田塘	丢了陪伴的世界	想到嫩时难转回
为人登了八十三	眼看头发白茫茫	聪明的人可怜老	蒙胧的人笑老郎
为人登了九十三	坐在火炉难出房	两手拿棍行三脚	两脚托泥行路难
为人登了年一百	面是坐阴面坐阳	面是坐阳听吩咐	罗王吩咐转阎王
为人登了一百一	老了的人莫想妻	老了的人莫想伴	想妻想伴过了时

茶　　歌

妹的茶，妹的茶里有油盐，
有油有盐茶赖记，有情有意才好连。
哥的茶，哥的油茶味道鲜，
只要情哥不嫌弃，陪哥吃茶六十年。

赞茶歌

油茶香，口吃油茶心思量，
一碗油茶九样味，当得我家半年粮。
油茶香，三盘果子九盘糖，
三盘果子九样味，三天不吃口还香。

杨梅歌

杨梅多，五月杨梅红满坡，
妹捡杨梅哥摇树，边吃杨梅边唱歌。
杨梅红，杨梅树上结灯笼，
杨梅树上吊灯盏，那颗当阳那颗红。
杨梅鲜，好颗杨梅在树尖，
无心结伴树下吃，有情结伴树上连。

私奔歌

约逃走，哥办铜钱妹办衣，
哥办铜钱十八两，妹办草衣十八匹。

贺新屋歌

好的日子进的屋，好的时候进的房，
好日进屋人欢喜，时好进房千样长。

好日好时进的屋，龙王坐海进的房，
贵人朋友都来贺，人才两发久久长。

第四章

社会生活

自夏商出现里邑以来,中国传统乡村社会便开始衍生维系其稳定和发展的内生的政治秩序。国家通过政治制度在乡村社会构建的权利制度网络和立足于家族为中心的礼俗制度,实现所谓"官民共治",以维系和控制乡土社会秩序。大高坪草苗社会亦如此,除了乡村行政管理制度体系,家族也对其社会秩序的和谐稳定以及公共事务的有序展开起着重要的作用,使得大高坪乡村社会的文化教育以及医疗卫生也得以逐步发展。

一、政治组织

政治组织的功能是调整生产、维持社会秩序、解决社会纠纷、负责对外联系等。改革开放后,乡镇政府是当前中国农村的基层组织,是国家政权的基础,负责党和国家政策、法律的贯彻与行,并以国家政权者的身份规划和组织乡村公共设施、公益事业的建设,为农村提供公共产品和公共服务,其履行职责状况直接关系到农村的稳定和发展,对整个国家和社会有重大影响。而村民委员会可以说是中国农民实行自治的伟大创造,1998年九届人大常委会第五次会议通过《中华人民共和国村民委员会组织法》对村民委员会的性质、村民委员会与基层党组织的关系、村民委员会与基层人民政府的关系、村民委员会的选举、组成结构、主要职能、监督与罢免程序等都做了较为详细的规定。村民委员会的职责内容较多,如办理本村的公共事务和公益事业、调节民间纠纷、协助维护社会治安、支持和组织村民依法发展各种形式的合作经济和其他经济等等。

(一)大高坪苗族乡建置沿革

大高坪苗族乡的建置沿革,经历了由立乡到撤乡,再由撤乡到复立乡的过程。该乡政权机构和组织形式的变化,是随着中国社会的历史变迁而发生的。根据大高坪乡政府提供的资料来看,当地的基本政治大事记,只有中华人民共和国成立之后的些许记录,但是这些记载,仍在一定程度上可以帮助我们了解大高坪苗族乡建乡的历史沿革。

1954 年,按照《中华人民共和国全国人民代表大会及地方各级人民代表大会选举法》规定,开展普选,实行乡人民代表大会制度,每届法定期两年。乡人民代表大会闭会期间,乡人民委员会代为行使职权。

1956 年 11 月 24 日,经省地批准,增设大高坪苗族乡。同年 12 月,大高坪乡人民委员会成立。

1958 年 10 月撤销。

1958 年后,实行政社合一"人民公社"组织形式,人民公社社员代表大会代替了乡人民代表大会。

"文化大革命"期间,乡人民代表大会制度中断。

1980 年取消人民公社,恢复乡建制,实行乡人民代表大会。乡人民代表大会的代表,由选民直接选举,每届任期 3 年。

1984 年 5 月,省政府批准恢复建制,于 1985 年 5 月 24 日重新成立。由原并入播阳公社的大高坪村、龙寨塘村和并入牙屯堡公社的黄柏村、地了村组成。

1987 年起,乡人民代表大会设主席团常务主席,由乡人民代表大会选举产生,为兼职。

1988 年 1 月至 1998 年,中共大高坪苗族乡委员会和人民代表大会,经历了三次换届选举。

1992 年,配备了正乡级专职常务主席。

1997 年乡党委下辖 5 个党支部,现有党员 76 人。

1997 年 3 月 2 日,乡第十届人大二次会议补选杨保忠为人民政府乡长。

1999 年 1 月召开坪坦乡第十一届人民代表大会,参加会议人数 48 名,列席代表 12 名。大会产生了第十一届政府领导成员:乡长杨保忠,副乡长吴刚信和石雄海。

2001年11月18日,召开乡十二届人民代表大会一次会议。这届人大会划分20个选区,产生代表48名,主席团成员为韦胜良、石凤兰(女)、吕新元、吴请、吴永秀、曹进平、陆安勇、吴敏智。在这次会议上,选举产生了人大主席团主席韦胜良、人民政府乡长曹进平、人民政府副乡长杨玉花。

2004年,十二届人大二次四次会议补选产生乡人民政府副乡长杨志武。

2006年4月,十二届人大五次会议补选乡人民政府副乡长石芳芳、伍子勇。

2006年8月30日,十二届人大六次会议补选乡人民政府乡长杨忠合。

2007年11月26日,召开了乡十三届人民代表大会第一次会议。这届人大由48个人大代表组成,人大代表由20个选区选举产生。主席团成员:石庆文、石芳芳、龙许刚、杨忠合、李绍文、吴永秀、吴志勇、吴国谢、吴敏智。本次会议选举产生了乡人大主席团主席李绍文、乡人民政府乡长杨忠合,乡人民政府副乡长伍子勇、杨海宏。[1]

由上可知,大高坪建乡的历程为1956年建大高坪苗族乡,1958年撤销,1984年恢复建制,1985年重新成立。之后,当地的行政事务步入正轨,在党和政府的领导下日渐发展。目前,大高坪苗族乡的政府机构设置相较完备,各司其职,分工明确。

乡人民政府现在主要设办公室、民政办,县直单位派出机构有文化站、水利站、安监站、国土所、财政所、司法所、畜牧站等七站八所。

(1)办公室:负责全乡的日常办公事务,组织协调各站所的工作,协助负责后勤工作。

(2)劳动站:负责农民素质教育,引导和管理外出务工人员。负责新农村建设。

(3)计生办:负责人口和计划生育工作,贯彻落实计生政策。

(4)安监站:负责安全生产监督管理工作。2000年,乡镇企业站在安监站成立后,人员编制全面并到安监站,乡镇企业站随之自然消失。

(5)水利站:负责水利设施勘测、检查,防汛抗旱工作

---

① 大高坪乡政府提供的内部资料《乡志》。

（6）文化站：负责文化建设，民族文化的传承和研究教育。

（7）财政所：负责财政事务，农综补贴，乡村两级的运转经费的管理。

（8）农技站：负责农业技术的指导和培训，预报和组织群众防治病虫害。

（9）民政所：负责救济、农村最低生活保障的落实，以及民族政治事务在基层的工作。

（10）司法所：负责调解纠纷，司法解释。

（11）国土所：负责对土地的测量，征地的审批，调查土地的使用情况等。[1]

据介绍，在建乡之初，大高坪是一个"五无"（无公路、无电力、无电话、无广播、无粮店）、"六缺"（缺吃、缺穿、缺铺盖、缺住房、缺文化、缺技术人才）的特困乡。如今，在党和政府的领导下，该乡人民的生活水平和生活环境日渐改善，社会生活等各个方面得到了逐步提高。

大高坪村的建置沿革，即采用《大高坪吴氏家谱》中的相关内容[2]予以叙述，期望以此为基础，提供一个大致的历史原貌。

大高坪行政村现下辖9个自然村组，但若按《大高坪吴氏家谱》中吴通爱所作《大高坪村情、乡情演变》一文中以"寨子"的分类形式来说，大高坪行政村现由6个寨子组成，即大高坪老寨子（1、2、3组）、两步桥（6组）、下龙寨（4组）、龙林（5、9组）、田坝（8组）、排楼（7组）。

20世纪60年代末，原大高坪乡大高坪村的村民都住在大高坪老寨子里，那时人口有一百来户。陆续有村民从大高坪老寨子搬到山下居住，形成排楼、两步桥、下龙寨、龙林、田坝等5个寨子。

1955年，有吴姓和王姓的村民从大高坪老寨子迁往排楼（即今第7组）。

排楼这个地域范围内有三个寨子，靠近公路的，即"靠外"的是两个侗寨，远离公路"靠里"的是苗寨，即大高坪行政村的7组。7组除了吴、王两姓外，还有龙、潘二姓。龙姓是从广西三江县浑水村来到此地的苗族，1949年以前在排楼租田种地，1949年之后在独坡参加土地改革运动，分得田地。原是同侗族人一起居住的，后搬入苗寨排楼。潘姓则是来自独坡乡本土村的

①　大高坪乡政府提供的内部资料《乡志》。

②　参见吴通爱：《大高坪村情、乡情演变》，《大高坪吴氏家谱》，2010年。

苗族,他们原在大高坪乡黄柏村居住,后迁居排楼,同样参加了独坡的土地改革运动。

1959年到1961年,各家各户居住独立,但集中在当时称为大队的大食堂就餐,简称"吃食堂"。排楼苗寨的人回到大高坪老寨子—同"吃食堂",在大高坪老寨子住了三年。1961年底食堂散后,排楼吴、王、龙、潘四姓又搬回排楼居住,成为排楼苗寨,即今日的第7组。

1970年,建两部桥[①](即今第6组)和田坝[②]两个寨子(即今第8组)。

1975年,建下龙寨(即今第4组)和龙林苗寨(即今5组、9组)。

20世纪60年代末到70年代初,全国开展"农业学大寨"、"学龙江颂"活动,县里乃至国家为方便农民种田种地,执行一项"远田变近田",采取自愿原则,从大团寨搬迁到田地较远的地方就近居住,鼓励农民"就近种田"的政策。搬迁人口是根据当地的田地多少来定的,四个寨子的人都是自愿选择搬迁出来的村民。当时搬到两步桥的有10户,到田坝的有20户,到下龙寨的有15户,到龙林的有27户。

如今,大高坪行政村的人口已达到1574人,全村共312户。

(二)大高坪村历史沿革

1.“大高坪”的得名

这里我们所谈的大高坪村指的是大高坪行政村。因为村与乡同名,所以我们需要对"大高坪"这个地名有些简单的认识。在《大高坪吴氏家谱》中,对于大高坪这个地名有着如下说明:

>……大高坪现在是大地名,从大的来说,含全乡的黄柏、地了、大高坪、龙寨塘四个行政村;从小的说,含大高坪乡政府所在地的一条坝子的好几个自然村。其实原来的大高坪只仅仅是大高山半山腰的老寨子叫大高坪,也是我大高坪吴氏发源地的老寨子,是区别于龙寨塘、龙林

---

① 两部桥,其得名是因从龙冲出来的一条小溪和从贵湖出来的一条小溪的交汇处修建一座风雨桥,当年农历八月十五日风雨桥落成。两部桥又名岩寨,因寨边岩山而得名。

② 田坝,因寨子坐落在大高坪境内地势最低,田段最宽的大坝子而得名。田坝至两步桥的这一段山冲是广西三江、贵州黎平,湖南通道、靖州所有草苗人田地最宽广,地势最平坦,条件最好的一处山场。

而称呼的大高坪寨……①

由此可见,现在的"大高坪"是具有不同程度所指的。这里所说的"不同程度",既指"大高坪"在空间上,又指其在行政概念上所发生的变化,即地理范围扩大了,行政范围也扩大了:从原来叫"大高坪"的"半山腰的老寨子",到"小的说"含"一条坝子的好几个自然村"的"大高坪"行政村,再到包含了黄柏、地了、大高坪、龙寨塘四个行政村的"大地名"的"大高坪"乡。这是"大高坪"的地域以及行政概念由小变大的过程。《大高坪吴氏家谱》记述:

> 一百多年来,大高坪人口发展很快,有好几个组在20世纪70年代从老寨子搬迁下来,分住在排楼、田坝、龙林、下龙寨、两步桥寨,还有20世纪初,有部分吴姓族人迁住龙寨塘、冷水段两个地方。因此,大高坪的地名也就逐渐扩大到含龙寨塘村的龙寨塘、龙冲、龙林及大高坪的几个寨子,对外通称为大高坪这个大地名。新中国成立初期,大高坪就建立苗族乡,后合并到播阳公社。1985年才又恢复建立大高坪苗族乡。此后,大高坪的这个称呼也就更加扩大为含黄柏、地了、大高坪、龙寨塘四个行政村对外的通称。因此大高坪这个地名是有不同的指代的。②

这里提到大高坪地域名称演变的原因是人口的发展以及流动,再有就是国家行为的促使。首先,由于人口增加,部分村民从山上的老寨子搬迁至山下,或进入山下已有的其他村寨中,或在山下形成新的自然村。因为山上的大高坪寨是"大高坪吴氏发源地",所以这个人口的流动过程,实际上更像是"大高坪寨"的吴氏家族从山上扩散至山下的过程。吴氏族人将"大高坪"这个地域符号从山上带到了山下,而这个符号则通过吴氏子弟——即家族的力量,在山下获得了新的生命力。因此,"大高坪"的所指才会发生一系列的变化。其次,就是1985年恢复建乡时,扩大了"大高坪"的行政范围。

接下来我们再说说"大高坪"这个名称的由来。关于"大高坪"的称谓,《大高坪吴氏家谱》中吴通爱撰写的《大高坪吴氏发祥地》一文提出,其名称来历大概有三种说法:因地形得名,因方位得名,或是因他者印象得名。

(1)因地形得名

经字面分析,可能是依据这座大山而得名的。这座山在这一带是又高又大的山,因此当地人和外地人通称这座山为大高,而老寨子就坐

---

① 吴通爱:《大高坪吴氏发祥地》,《大高坪吴氏家谱》,2010年。
② 吴通爱:《大高坪吴氏发祥地》,《大高坪吴氏家谱》,2010年。

落在半山腰。虽然没有一块平坦的大场地,但这一带地势较缓,相对于整座大山,寨子所处的地方还是比较平缓的,因此就把这个寨子称为大高坪。

(2)因方位得名

大高坪的苗语叫"琴gao""daigao",这个称谓是怎么来的没有考证,但有人说是区别于龙林的称呼。吴氏先祖开发大高坪之前,山脚下的龙林人是早先入住的居民,从龙林寨进山才到大高坪老寨子,老寨子在里面山里,因此称"琴搞"。苗语的"琴"是山,"搞"是里,"琴搞"就是里面山,后来口语演化成"琴gao"了。

(3)因他者印象得名

还有一种说法可能与原来的汉族人对苗族人的一种蔑称有关,当时吴氏开山老祖吴文宇太公从靖州老家上来时,是跟龙林汉族人打短工、长工,后在大高山半山腰现在的老寨子种地,然后居住下来的。老祖是靖州苗族人,后与毗邻的广西、贵州草苗通婚才逐渐演化成现在的苗族。苗族在这一带人数稀少,历史上民族之间的关系也处理不好,人数少的民族容易受人数多的民族的歧视。而当时龙林是汉族,是这座大山下的先住民。原来的龙林是龙姓、林姓和谭姓居住,后来迁出到外地,听说现在独坡的龙姓和林姓有部分就是从龙林迁过去的。因此,我先祖入住大高坪后人口发展了,就逐渐把山水、田地买入,于是汉族人就称我先祖居住的大高坪为"歹搞",意思是苗族人又蛮又搞。因此"琴gao"(我们注:此处可能是指"daigao"一词)这个称谓也就逐渐固定下来。[①]

以上三种说法,我们在调查期间听到比较多的是第一种。当地草苗村民大多数都认为,"大高坪"是因为在这座又大又高的大高山上有一块较为平坦的山地,而老寨子建在那里,自然而然就称作"大高坪"。有些村民在说到这个问题时还会强调,大高山的山顶是一块平平整整较为宽阔的平地。

2.大高坪村源起

说到大高坪村的源起,有一个十分有趣的传说:

听老辈人说,原来的大高山是一块蛮荒之地,历史上没有人居住

---

① 吴通爱:《大高坪吴氏发祥地》,《大高坪吴氏家谱》,2010年。

过,就只山脚的龙林寨有汉族人居住。龙寨塘寨也是早先于大高坪立寨的。我先祖吴文宇太公上来的第一站就是住在龙寨塘寨的,跟龙林人打短工,后才在大高坪安居下来的……我先祖文宇太公从靖州老家上来时,先住在龙寨塘,居住几年后,买了苗话称为"琴缪"的一点田地,又跟龙林财主租地种。他看到大高山腰有段较平缓的山地,于是才在这里开荒种地,种些玉来、小米等类的谷物。为了方便种地,他还在地边搭了个棚子居住,又养了些鸡、鸭、鹅什么的。有一年,一个母鹅丢失了,怎么也找不到,他还以为是被什么动物吃掉了。可是过了三个来月,那只母鹅却带着一窝小鹅回来了。他非常惊喜,于是循着它们的足迹找到母鹅抱窝的地方,发现这里地势较平缓,是片较好的山场。他想:一只动物都钟情于这个地方,而且还能孵化出这么大的一窝小鹅,这个地方可能是个好地方,如果在这里居住,可能预示着今后会发展、会兴旺的。于是他就在这里建房子定居下来。这个地方就是现在大高坪老寨子的我家祖屋场上,也就是从鼓楼往右(坐山)过去的山场上。从此,我吴氏先祖就在这里开山、造田、种地,安定下来,一代又一代,繁衍生息,逐渐发展成一个大团寨。这就是大高坪老寨子。[①]

由这个传说我们可以大胆猜想,大高坪寨并非大高山这块地域里最早的村寨,在吴姓族人的先祖"吴文宇太公"从靖州来到这里之前,当地早就已经有其他的村寨——即龙林寨和龙寨塘寨存在,而大高坪寨则是后来才发展起来的。尽管传说透露出浪漫主义的色彩,但是我们仍可从当中的一些细节揣度出历史的痕迹。按照传说的内容来分析,首先,"吴文宇太公",即吴氏先祖是最早开发大高山山上土地的人。因为不管是龙寨塘寨的村民也好,还是住在山脚的龙林寨的汉族人也好,想必都没有上山立寨或安家落户,这样大高山才会直到"吴文宇太公"到来之前,都还是"一块蛮荒之地,历史上没有人居住过"的状态。而又正因为是蛮荒之地,所以吴氏先祖对其进行开发,似是并未侵犯谁的利益,是对大高山进行的圈地及开荒行为,相当于最早期的资本积累。其次,大高坪寨建立的基础是辛勤的劳动和祖先的恩德。无论是给龙林寨的汉族人打长工、短工,还是攒下钱后买田租地进行耕种,也不管是在山上搭棚开荒,抑或养鸡养鸭,这一切都是靠吴氏先祖自己的努力和辛劳一点一滴换来的。这在无形中传递出"多劳多得,不劳无

① 吴通爱:《大高坪吴氏发祥地》,《大高坪吴氏家谱》,2010年。

食"的朴素思想，同时亦强化了"谁劳归谁"的观念，更是训诫后人虽然前人栽树后人乘凉，但应尊重祖先，感谢祖先的付出，谨记饮水思源的道理。

有关当地王姓的来历，我们将一段访谈采录①如下：

王：关于王家渊源，爷爷说祖上三兄弟葬在当地龙脉，破坏当地龙脉，村人就把他们告到县衙，然后就被赶出来。县官说准葬就不准起。县官这样判了以后，他们就不敢跟官府作对嘛，村里人要打他们三兄弟，要撵他们三兄弟，他们三兄弟就跑出来。我们王家的这个渊源就懂得这里。

笔：听老人讲的咯？哪个地方？

王：是啊。是哪个地方也不晓得，就是贵州黎平。

笔：三兄弟葬的地方呢？

王：葬在那地方叫灯盏形的，就破坏了那个地方的龙脉。

笔：也就是说葬在那个地方就是破坏了那个地方的风水。

王：就是风水嘛，就像我们大高坪，那心脏部位不准葬一样的。破坏了那个地方的龙脉，就要他们起，他们不愿意起，地方咧就把他们三兄弟告上了县官那里去。

笔：你这是从哪里听来的？

王：这个啊，这个是我的爷爷讲的。

笔：这个事情发生在什么时候啊？

王：时间啊……没有这个时间概念……就他们三兄弟被撵走。县官就说准葬就不准起，所以那个地方就撵他们，就不准他们住，他们三兄弟就把烧饭的那个鼎啊，那个三脚架，就敲烂了，一个人拿一根，有一个人啊就还留在贵州……

笔：就是火塘上那个三脚架，他们把它敲烂了就一个人拿一个脚。

王：对啊，敲烂了，有一个就到我们这里来，有一个就到王家湾，现在有一个地方叫王家湾咧，就是姓王的到这里住，全部是姓王的就喊作王家湾去了。有一个咧在贵州那里，在哪里就不清楚。

笔：王家湾是在湖南吧？

王：没有，王家湾在贵州。我们这个祖先到这里以后，碰到这地方就只有姓吴的住啊，他们咧人丁不那么发旺，地理先生就说咧，这地方

---

① 访谈时间：2011 年 7 月 29 日，访谈地点：大高坪 5 组，被访谈人：王主任。

要吴王二姓来住,这样才丁财两旺,所以咧就留下来啦,在这里住。

笔:来这里的那个兄弟是老几啊?

王:这个不知道,也不知道名字……到这里来那一个开山祖啊,就葬在牙屯堡的虎形那里。他和他老婆啊一起都葬在那里。他到这里以后,就生了很多的子女,有的就分过牙屯堡逊冲那边去啊,留在这里的这一个啊,他就没有生育能力,就又从逊冲那边又过继过来。所以我们现在和逊冲在争咯,他们说是姓王的先到逊冲住,我们就说是先到这边住。其实就是先到这里住,然后咧他就是又生了几个孩子嘛,有些就到那边住去啦,但是留在这边这个咧他又没有子女,他又从那边过继过来。所以争就争这个。

笔:其实就是争谁是主家是吧。这个要是看家谱就好办一些。

王:家谱到靖州那边去有啊,王氏家族那边有家祠。家谱,这里啊现在没有,以前有,就是发生几次火灾,都烧掉了,以前住在上面啊。因为都是木房子,容易发生火灾。还有,那时候不是在旧社会很乱吗?很乱就土匪来打啊烧啊。1955年还是1954年的时候又烧过一次。

笔:那王姓那时候……是汉族吧?

王:以前进来这里肯定是汉族。黎平……苗族很多。逊冲那边有一百二十户,我们这边有八十户,就整整有两百户了。

笔:大高山上面有几户王姓啊?

王:不到十户,有很多搬出来了。

由以上访谈可知,大高坪王姓一族似是从贵州黎平迁徙至此,主要原因是在原来生活的地区发生矛盾官非,被迫离乡,来此地后与当地吴姓共同生息繁衍。

大高山上的老寨子,最早入住的是来自靖州县三锹乡菜地村列帮的吴文宇,即吴姓先祖。立寨时间虽已无从考证,但至少是顺治十八年(1661年)之后,因为根据介绍,大高坪村吴姓先祖吴文宇顺治末年才来到大高山此处,替山下的龙林汉族人打工。

大高坪寨最初是单姓村,即只有吴姓,至王姓、伍姓、胡姓等陆续迁入大高坪寨后才发展为多姓村。关于王、伍、胡这三个姓氏,家谱中有一段提到了他们的来历:

听老辈人口口传说,吴氏先祖入住大高坪时的前几代人口发展不快,有地理先生说要有王姓人同住,人丁才兴旺。于是吴姓人就接来王姓人入住，但王姓人入住的确切时间没有考证。吴王两姓人同住大高坪后，果然两姓都人丁兴旺，逐渐发展成一个大苗寨。因此，"吴、王二姓一家亲"之说一直延续至今……大高坪伍姓之伍国强家族，是其父亲1949年前从广西高宇到大高坪种田地，就在大高坪参加土改而定居下来的。胡姓之胡贤玉家族，原是独坡盂冲村人，"难关"时期，生活特别困难，其父带着儿女和弟弟一家从独坡盂冲苗寨到大高坪投靠亲戚，躲避饥荒，定居大高坪的。[①]

二、宗族与家庭

宗族是中国传统乡村社会里典型的社会组织结构，而家庭则是宗族的基本单位。大高坪草苗在历史的发展中，逐步形成了以族谱为中心的宗族认同，又以祭祖活动不断强化其宗族观念，加强其内部凝聚力。宗族在乡村社会传统复兴中也越来越赋予社会生活更多的内涵和意义。

（一）宗　族

2010年，大高坪苗族乡的大高坪村、龙寨塘村吴氏和锅冲苗族乡锅冲村吴家湾、靖州县三锹乡菜地村万财寨吴氏合修了吴氏家谱。在他们看来，这次行动是一次认祖归宗，理清房支，统一班辈，收集民俗的重大举措。《大高坪吴氏家谱》一书则是"对吴氏宗亲的历史记载，也是对草苗文化的搜集整理"，实际上这也是大高坪村吴姓草苗强烈宗族意识的体现。换言之，这也是几乎占大高坪村六成以上人口的强烈宗族意识的体现。因此，本节内容将主要以大高坪行政村的吴氏一族为线索和基础，介绍大高坪村草苗的宗族。

宗族，又称"宗亲"，通常指出自同一父系祖先的若干支、旁系后嗣结成的亲属集团。其特征有：(1)在系谱上，强调父方的单系联系；(2)有共同的祭祀活动，包括祭祀共同的远祖和历代祖先；(3)群体内部的认同意识强烈，有的还有族谱家谱以强化这种宗族意识；(4)有一定的共同财产，主要用于共同的祭祀宗教活动；(5)可包括房支等不同范围的亲属组织；(6)当年代久

---

① 吴通爱：《大高坪村情、乡情演变》，《大高坪吴氏家谱》，2010年。

远，人口增多时，就可能经由房支的分离而形成新的宗族组织。①

1. 宗族：代代相传

大高坪行政村的吴姓草苗是三百多年前来此做工的"太公"吴文宇的后裔。之前，龙寨塘村和龙林都早已有人居住，且已形成具有一定规模的村子。我们进行调查时，也有很多人告诉我们，原来的龙林住着汉族的地主，而且过去龙林所在十分热闹，经常有街市和集会，是一个繁华的所在。现在田间地头还隐藏着过去遗留下来的道路，那是用一块块大理石铺成的道路，平整的路面好让住在龙林的地主在坐轿子的时候不至于颠簸摇晃。村民口中一个称作"花街坡"的地方就有这样的石板路。关于龙寨塘和龙林先于大高坪老寨立寨这点，《大高坪吴氏家谱》中有所记载，可以印证。

> 龙寨塘寨子历史很悠久，先于大高坪老寨子立寨。大高坪最早入住的吴姓先祖从靖州万财老家出来时，就曾在龙寨塘居住多年。听说原来的龙寨塘人是汉族人。传说龙寨塘曾发生过一次霍乱，原住民大多病死，少部分人也外迁了，好久没人居住过。现在龙寨塘寨子的吴、伍、胡、潘、龙姓人氏是清末民初从三江、黎平一些苗寨迁来居住的。只有龙美清家族是龙寨塘的原住民……

> 当时龙林是汉族，是这座大山下的先住民。原来的龙林是龙姓、林姓和谭姓居住，后来迁出到外地，听说现在独坡的龙姓和林姓有部分就是从龙林迁过去的。

如今生活在大高坪行政村的吴姓村民，基本上都承认他们的"先祖"是同一人，即"太公"吴文宇。这表明他们有同一的宗族认同，即认为大高坪行政村的吴姓草苗村民，共享并来自同一开基祖，都是"太公"吴文宇的后裔。关于这点，《大高坪吴氏家谱》反复提及并加以确认：

> 自先祖吴文宇从靖州迁入我地，至今已三百多年了。从小就经常听到我的父亲及村里长辈说过，我们的先祖是清朝顺治末年从靖州三锹的万财李棒（实为列帮）迁来的。先祖兄弟三人，长祖吴文宇，次祖吴常宇，三祖吴美宇。长祖和次祖一同从老家出来做事，来到播阳黄门坡脚，两兄弟分手，次祖继续沿河而上，到贵州黎平或广西三江境内，具体地址不清，至今没有联系。长祖上山来到我大高坪开山种地，居住下

---

① 陈国强主编：《简明文化人类学词典》，杭州：浙江人民出版社，1990年，第338页。

来,历经三百多年,一脉承顺,发展成我大高坪吴家大房,繁衍至今已一千多人口,分成7个小房。三百多年间,一代又一代,至今已历经一十三个字辈,现有6个字辈同在,即"文、通、家、朝(大)、繁(庭、隆)、荣(致)"。三祖美宇留在老家。

……三百多年来,自先祖吴文宇至今的十三个字辈中,字系清楚,我吴家大房分衍出来的七个小房,各房代代清楚。

上文家谱中的记述明显指出当地吴姓源于一祖——来自"靖州三锹的万财列帮"的"长祖吴文宇"并"一脉顺承"至今。经过三百多年的发展,如今在大高坪的吴氏草苗开枝散叶,人口繁衍壮大,已经从"吴家大房"分成"7个小房",历经"十三字辈",现"文、通、家、朝(大)、繁(庭、隆)、荣(致)"6个字辈同在。我们在调查时,也经常会听到当地懂说普通话的村民在谈起家庭时,提及自己是来自这个或那个房族的。

大高坪行政村吴姓草苗的宗族认同,既源于血缘认同,又来自地缘认同。血缘上他们都承认自己是同一祖先的后裔,无论是哪个房族的子孙,追根溯源皆出自同一太公;地缘上他们都认同自己是"大高山上"的大高坪草苗,无论是住在山上老寨的还是搬迁至山下各个村寨的村民,都"记得"大高山上的大高坪寨是他们所来之处,老寨后面那块坟地是祖宗的"祖坟地"。

祖坟地埋葬着吴氏先人。老寨子与祖坟地之间被一座业已坏旧的寨门隔开,寨门里供奉着土地,但这土地所在也已经是残垣断石,只不过在人们的记忆中,这里仍被勾勒出有位土地神守卫于此的印象,于是村民会时不时来祭拜供奉。对着寨门,祖坟地路边立着一块封禁碑,长约107厘米,宽约65厘米,碑前的台子长约71厘米,宽约44厘米。碑上刻文:

盖闻天地泰交而后化生万物,阴阳会合而后可成其美。故圣人常云:"孤阴则不能生,独阳则不能长。"正取此意,以为经体是理,以立训,今晚世者,不可深观微察,以为则是效哉!可知阳藉阴司,以庇佑阴资,阳奉以灵爽。如阴阳相伤,阴则无以万乎时食,阳则无以扶吉避凶,故不可任意气,宜取两全之精义。如强葬先祖坟头,恐断龙斩穴,正破天罡不已,使先灵号泣,是伤阴司。如开葬房宅过脉,恐伤致天灾人害,憔悴奔波不已,生命难保,非由阴伤阳乎。余等封禁数条誓为案者,非切念是理哉!因此为序。

道光二十九年十月十五日立封

碑文的大概意思是:天地万物阴阳相合才能繁衍并且繁荣,阴间与阳间应当互不侵扰,子孙应当念及祖先的恩德,不应强占祖先阴宅用地,否则阴阳不合,伤及彼此。所以,自此碑立下之后,现在已经基本没有哪家哪户会再把过世的人葬在这里,因为这片土地属于祖先。当地村民对这个规矩十分敬畏,具体来说,就是不能在封禁碑以上的山地上建房造屋或者埋葬后人,并且还口口相传如果打破这个规矩就会遭到灾祸,家中不幸。据说有些人不遵祖训,在封禁碑以上的坡地上造屋,结果这家人饱受各种疾病与不幸,最后家破人亡。不管是事实也好,巧合也罢,当地人对这个封禁碑上的规劝是敬守的,毋庸置疑。

尊祖重宗最直接的体现,莫过于祭拜祖先。以下便提供两则案例,以最直观的方式来说明大高坪的(吴氏)草苗对于先祖的尊崇以及草苗祭祖的大致模样。

2007 年清明大高坪吴氏族亲到靖州三锹万财老家祭祖①

背景 2006 年 3 月 29 日(农历二月三十日),吴通爱和吴勇第一次到靖州县三锹乡菜地村万财组寻宗认祖时,吩咐老家人在清明节前后要对老家山上几座祖坟山清理坟碑,理顺字辈,有什么比较明晰的线索或什么重大发现及时与他们联系。

2006 年 8 月 26 日召开的全族修谱座谈会上,万财老家来参加修谱的 WCC 在会上说,他们在列帮后山的祖坟山上发现两块碑的情况和他们讲的先祖文宇夫妇回老家安葬的情况相似,只是碑上刻的孝男和大高坪祖坟刻的字,音同字不同。大高坪祖坟葬的是吴奉林、吴奉明,而列帮背后祖坟山上两块碑上孝男刻的是吴凤林、吴凤明,一个"奉"字和"凤"字音同字不同而已,其他情况十分相似。他说的情况很令大高坪吴氏参加座谈会的族人振奋,大家经讨论,认为那两块碑应该就是大高坪吴氏先祖吴文宇夫妇的碑。理由:一是姓名完全一样,"奉"和"凤"音同字不同,差别不大,可能是孙辈立碑时刻字的失误,应该是同一个人;二是立碑时间和先祖去世时间虽然相隔很久,但与老辈人口口相传先祖过世很久才立碑之说相同。因此大家认为抽个适当的时间去老家祖坟山上认证一下。

前期准备 2007 年清明节前,吴通爱与同在县城工作的宗亲多次

① 本部分内容选自《大高坪吴氏家谱》中吴通爱所作《2007 年清明祭祖记》一文,有所增删,特此说明。

商量，计划在清明节前组织大高坪吴氏族人到老家祭祀列祖列宗，并现场认证大高坪开山老祖的坟碑情况。他们两位很支持他的建议，并经常跟他联系，帮他出主意。于是他多次和大高坪村现届村长（同时任村党支部书记）、大高坪中心小学校长两位族人联系，委托他们在大高坪吴氏大房的7个小房搞好组织联系工作，争取每个小房派两到三个代表，再加上中心小学任教的吴姓老师，能于清明节前一同到靖州万财老家去查证祖坟碑，去祭祖。经过他们两人在大高坪的发动和联系，各房都很热心的派代表参加这次清明祭祖活动。

出发　2007年清明节前一天，即四月四日（农历二月十七日），大高坪吴氏草苗共组织26人前往靖州万财老家祭祖。吴通爱讲了些注意事项：一是这次去祭祖的目的；二是各房代表清明节去祭祖，各人负担车费和买鞭炮祭品的资费；三是他们代表一千多人口的大房第一次去祭祖，所需要注意的礼节和行为准则——既要热情大方，又要对老家人礼貌、尊重等。车抵靖州三锹乡菜地村万财寨河边，他们把车停在河边的沙滩上。眼见老家人都在忙碌着，一些女同胞在河里杀鸡、鸭、鱼，男同胞们都出来迎接这些远道而来的同亲。老家人热情非常，十四户人家的男女老少都集中于此，并准备好了油茶、米粉在等着他们。一进屋，妇女就忙着端来洗脸水给大家洗脸，又端茶，又端粉，热情且令人感动。大高坪人把祭祀用的猪肉交给老家人煮，而他们稍事休息便决定要上山。于是他们到几座祖坟山上去祭祀。

祭祖　祖坟山的选择是根据去年了解的情况，并和大家商量后决定的，有三座祖坟山。一是他们清查出来的吴文宇雀祖祖坟山；二是吴姓居住的第一个寨子——黄柏祖坟山；三是列帮祖坟山。列帮是大高坪吴姓草苗先祖离开的地方，现已无人居住，前几年才有一户他姓在边上住。

三十多人从黄柏寨子的后山上山，这里是原吴姓居住的山。到半山腰向左，经过一条盘山路进冲，然后上一片核桃林，核桃林顶便是吴氏的祖坟山。这片山其实就是列帮的后龙山。从列帮后龙山往上有好几层山头，一层顶着一层，直到先祖所在的坟山。站在坟山上向下望，右边是列帮后龙山山梁，左边是黄柏后山梁，核桃林则形成一整块较缓的山场，一层一层的直到坟山，很有气势。大家站在坟山上观望，都说是块龙虎宝地，先祖葬在这里，才在大高坪发展到一千多人口。

一行人先在祖坟山上踩山，发现了先祖吴文宇夫妇的碑石，周围还有很多残缺不全的坟碑和土丘，经查都是吴姓的祖坟。从残缺的碑石上发现有"朝"、"家"、"大"、"启"等字，与祖辈口口相传"万、仕、朝、廷、家、大、启"七字转宗的字相同。因而认证这片祖坟山就是大高坪先祖的祖坟山。大高坪先祖吴文宇太公和太奶的坟连在一起，坐落在核桃山顶，离山头还有一段距离。两位老人的坟碑还较完整，是青石岩做的，虽然碑不大，但字迹清楚，一眼望去还以为有人把字迹清洗过。太公的碑石右上角从"隆"字断开一个角，掉在碑后，其他没缺；太奶的碑完好无损。两块碑并排在一起，碑上所有的文字和大高坪背后山祖坟的字相同。大高坪祖坟山上的坟碑写的是"吴奉林、吴奉明"，这里的孝男写的是"吴凤林、吴凤明"，唯独一个"凤"字和"奉"字之别，所以料想这应该只是文字雕刻上的失误。之后，大家纷纷清理墓碑，并到周围清理其他祖坟。由于时间久远，老家现在吴氏宗亲人口不多，祖坟山上的祖坟都已残缺不全。

清理好太祖坟后就烧香、挂纸、祭祀，众人推举吴通爱主持祭祀仪式。参加祭祖的宗亲一同站在祖坟前，吴通爱即兴主持："混沌初开，乾坤始见。中华民族，上下五千年。我先祖吴文宇自清朝顺治末年从靖州三锹万财列帮来到我道县原播阳乡大高坪村居住，已历三百多年。自先祖至今，一脉承顺，发展到一千多人口。今天我们孙辈来给两位老人祭祀，请老人家继续护佑我们吴家发扬光大。现在是一千多人，以后发展到一万多人，亿万人。"话罢，所有人一同三鞠躬。然后烧纸、鸣炮。祭祀结束后，一行人还在坟前合影留念。

下山后，他们又到黄柏背后原吴姓居住的祖坟山去祭祀，接着又到列帮祖坟山祭祀，然后才回到吴启德老人家里吃饭。这时已经是下午5点多了。

回程　下山回到寨子。进寨的时候，他们点燃了预备的40多封一千响的鞭炮，很是热闹。

此时吴老的家里早已摆好了酒席。堂屋摆了三桌，凉台摆了两桌，火塘边摆了长桌给妇女和小孩，家中男性则分散在各桌陪大高坪的众人饮酒吃饭。老家人很热情，菜办得很丰富，有鸡、鸭、鱼、猪脚、腊肉等，其中还有从大高坪带来的猪肉，另外，酒也是大高坪众人带去的60多斤米酒。老家人安排吴通爱和吴启德老人在主位上同坐。由于老家人不多,所以妇女全都来敬酒,气氛非常热烈。酒后天已开始黑下来,大家急忙到田里合影留念。之后,大高坪众人便驱车赶回家去了。

2008年清明大高坪吴氏族亲到靖州三锹万财老家祭祖①

前期准备 2008年清明节前两天(农历二月二十六日),大高坪吴氏家族一行108人,在吴通爱等人的带领下,再次驱车前往靖州万财老家祭祀祖先。为了搞好本次祭祀活动,吴通爱召集吴家简、吴家念、吴勇、吴朝磊等人在县城开了一个专题会议,并制订了一个详细的方案,方案如下:

一、时间:2008年4月2日(清明节前2天)。清早7点钟从大高坪出发,晚上从靖州老家回大高坪。

二、参加人员:每个房族派10到15个代表参加,男女都可以,由吴家斌、吴家简、吴家勇负责跟各房联系。各房自行派代表参加,并给吴家简登记,以便于安排车辆。今年建议一些老人参加,邀请当地乡政府、村委会及部分潘姓老人一同吃饭。

三、车辆:在大高坪请几辆中巴车前行。由吴家简、吴家斌、吴家勇三人负责联系。

四、物资:1.买一头牲猪祭祀;预计在3000元之内。2.鞭炮、烟、水果、馒头等由双江的族人带去,米酒、香纸、糍粑等由参加的族人自带。其他小菜由靖州老家族人安排,并给靖州老家14户族人每户买一份糖果做礼品。

五、经费:1.祭祀经费预计在3000元左右,全部由在外参加工作的族人负担。2.车费由参加的族人自负(也可以由自己房族分担)。

六、祭祀程序:1.今年只到先祖吴文宇太公和太奶的祖坟祭祀。2.请老家人负责帮忙买猪,杀猪,准备中餐,由吴通爱负责与老家人联系。3.大高坪和双江去的族人先在县溪交岔路口集中,简单开个会,讲一些注意事项,然后再出发。车子先到万财落脚,在吴启德老人家里休息一会,然后再上祖坟山扫墓。4.祭祀:先到祖坟山扫墓,清理祖坟,然后上香祭祀。祭祀时先请师傅做法事,然后诵念祭文,最后合影留念再下山开饭,饭后回家。因时间较紧,这次祭祀未向全体族人收钱。

---

① 本部分内容选自《大高坪吴氏家谱》中吴通爱所作《2008年清明祭祖记》一文,有所增删。

　　吴家简回大高坪后马上和吴家斌、吴朝龙、吴通区、吴家勇、吴家谷等人开会,布置清明节到老家上坟祭祀的活动。又经吴家方等人在网上发布信息后,陆续收到了在外工作人员交来的资金。会后他们把方案分发给各房族,采取自愿报名的方式统计人数,再根据人数联系车子。今年他们重点邀请年纪大的和女性村民参加。

　　24日,各房人统计结束便马上跟独坡联系了4辆中巴车。吴通爱在县城已和万财老家吴才文、吴才成弟兄联系好,安排他们俩买一头200多斤的猪,准备好100多人的饭菜,并让他们邀请当地的村委干部和一些潘姓老人一同吃饭。吴通爱将这次扫墓的情况打电话向三锹乡政府领导报告了,并邀请领导们到万财与他们一同吃餐饭。

　　出发　当时天公不作美,之前一连下了几天的雨,通往乡外的公路泥泞不堪,播阳至县溪的公路又适逢改造,车子过不了,客车无法进入大高坪,所以从大高坪出发的村民只好分坐两辆货车到独坡再上客车。车子的路线只好更改,变成绕过独坡,然后经牙屯堡过菁芜州下县溪,再去靖州。从大高坪出来时,由于一辆货车出了故障,耽搁了很长时间,到独坡时已将近10点钟。

　　11点左右,从县城来的一行人在菁芜州三岔路口等着来自大高坪的巴士。他们开来的是县司法局的警车。两路人马到县溪下腰村路边下车,开了个短会。吴通爱就本次活动的意义、过程以及注意事项向大家简单强调后,就又向靖州出发。

　　中午12点多,5辆汽车到了靖州。车子沿着前往藕团乡的公路直奔三锹。到离藕团不远的地方,车子向右拐进一条狭窄的沙石公路,翻过一座山后,进入一条山冲。车子沿着山冲公路继续往上行。车子到达万财寨后,从村子里走出五六位热情的老家人,把他们带进了吴才文、吴才成兄弟家里。像过节似的,女的都穿着盛装迎接众人。大家坐定后,热情的大嫂、弟妹们送水送茶,大叔、大哥们相互敬烟,随后又将一碗碗热乎乎、香喷喷的米粉送到远道而来的亲人们面前。吃完米粉,在吴才文的带领下,众人动身前往祭祀先祖。上山扫墓的人很多,分别是来自大高坪的108人和老家的10多人。从老家嫁出去的吴氏姐妹们也纷纷回家帮忙,并一同去扫墓。一条长长的队伍在山路上行进,十分热闹壮观。

　　队伍先到吴文宇太祖及太奶的坟上扫墓。这块墓地离万财大约有

3公里左右,需先乘车到菜地村后下车,步行到达黄柏寨后上山走一二公里山路才到墓地。墓地所在的这座山成椅子形,坐北朝南,前方开阔。墓地已很久不下葬,成了老坟山,当地吴姓族人也很久没在这里扫墓了,坟地里长了密密的杂木。而吴文宇太公和太奶的坟却保留得很好,坟上没有长杂草和杂木。众人把坟边的小树、杂草清理好,接着就上香挂纸。今年,上坟的仪式比较隆重,专门请了本族吴通儒老人做了法事。之后,吴通爱宣读了他写的祭文。

戊子年清明节大高坪吴氏族亲在靖州祖坟公祭太始祖吴文宇及太始奶吴门吴氏之祭文曰:

惟公元二〇〇八年清明之日,时逢春意融融,万象更新之际,我大高坪吴氏族亲百余人,代表先祖繁衍的一千多儿孙后代,今从通道县大高坪乡大高坪村来到靖州县三锹乡菜地村列帮万财老家吴氏祖坟,敬备时馐清酌,香楮烛帛,不腆之礼,供侍于我太始祖吴文宇老太公和太始奶吴门吴氏老太奶之坟前,彰祖宗之功德,表后世之虔诚。合族儿孙,叩请收纳。泱泱乾坤,浩浩中华,山岳巍巍,河海荡荡。黄五帝奠基业,秦皇汉武定神州,五千年中华圣地,九万里人杰地灵。吴氏宗祖,源远流长,枝繁叶茂,嗣裔隆昌。珲口分支,太祖吴盛,原籍江西吉安,南宋任职,大理寺丞,事悖朝奸,弃官回家,为避迫害,淳祐年间,举家西迁,进入苗疆,定居远口,安家落户,子孙繁衍,人丁兴旺,迄今三十余代,人口二十余万,分布于湘黔桂边区二十余个县市。曾孙世雄,后继超出,多子多孙,分布甚广。其中一支,进入三锹,连同潘姓,定居黄柏,曾立一碑,埋于水井,见证历史。后我吴氏,迁下列帮,时运不济,纷纷外出,近到万财,远者无考。遥思先祖,兄弟三人,长祖文宇,次祖常宇,三祖美宇,时值明末清初,世事颠簸,生活贫困,兄弟三人,聚首相议,留下三祖,谨守门户,长祖次祖,相携外出。我祖二人,辞别故土,跋山涉水,进入播阳;黄门河边,播阳坡脚,兄弟相辞,挥泪作别;次祖逆河而上,进入黔桂交界山区,至今杳无音信,无从查找。长祖文宇,即我大高坪吴氏先祖,孤身一人,翻越大山,来到大高坪。初来乍到,人地两生,背井离乡,举目无亲,其录依依,其情戚戚。伟哉我祖,壮哉先人,不摄艰险,不辞辛劳:先住龙寨塘,租田种地,勤垦苦耕,稍有积攒,买下"芩缪"(苗语),几丘薄田,一边耕种,一边又跟龙林财主种地放牛;后到大高山腰,打棚建屋,开荒拓土;祛瘴除疠,百兽盾形,人气积聚,家园初成;迎娶太始奶,定居大高坪,开田垦荒,辛勤耕耘。上到高山顶,下到壕巴田,左到本土山,右到黄柏沿,对面播阳界,翻背平牙原。九十九山,九十九洼,九十九垭,九十九叉;山山岭岭,沟沟壑壑,日复一日,年复一备;锄梨翻铲,生土变熟,平山垒坎,架桥修路。时光飞逝,已勤,一脉承顺,繁衍生息。三百余年,三代,七个小房,千后裔嗣孙。追思先祖之艰辛,福佑后世之恩德,无不令我辈后人之唏嘘。日月经天,川河奔腾,桑田沧海,斗转星移。太祖太奶,归葬故乡,荫庇后人广成瓞绵绵。前五十年,清匪祸兵燹,灾难连连;近五十年,建国创业,忙忙碌碌,疲于自保;山高路远,交通不便,心有千结,难拜尊前。祖坟荆蕨,秦根不清,愧对天地,愧对祖先;今逢盛世,国运昌隆,政策开放,殷邦富民。吴氏一脉,人丁兴旺,子孙勤奋,后继繁荣;谨守孝道,同修门风,和睦相处,与日俱兴。饮水思源,缅怀深恩,秉承祖德,修谱续丁;两进远口,三入靖州,寻宗认祖,延续脉恩;承祖恩泽,人丁繁盛,思祖春晖,日月同光;念祖深恩,山高水长,怀祖厚德,万古流芳。先祖恩泽,隆天厚土,殚精竭虑,难报毫厘。秉告先祖,安息放心,赋诗一首,勉励族亲:吴氏儿孙要记清,祖上懿德传家训,勤俭为善多积德,公道正派莫欺心;同根同源血浓水,常怀感激不忘恩,尊老爱幼是美德,团结和睦一家亲。值此清明,合族同祭,祈望太始祖太始奶,安息老家宝山吉地,遥护二老开创的大高坪苗山,护佑儿孙后辈,承前启后,继往开来,子孙繁旺,事业有成,万代昌盛,万古太平。大礼告成,伏维尚飨。

大高坪吴氏众孙九叩首,第九世孙吴通爱执笔叩祭

公元 2008 年 4 月 2 日

仪式完成后,年纪大的先回万财,年轻人则继续到黄柏、列帮两处祖坟扫墓。

下午 5 点多,人都回到了万财吴才文家里。为了招待这些远道而来的亲人,老家人辛苦了,这一百多人的盛宴把他们忙了两天。靖州三锹乡王华乡长、乡人大张主席和一个副书记过来看望他们,还有本村村干部和德高望重的潘姓老人也一起用餐。因为乡领导要赶回乡有事,吴通爱及吴家彦几人先陪他们用餐。

大家都到后,长长的合拢宴摆开了。这餐桌上,酒是各家各户自带去的,猪肉是老家人按照嘱咐买的,还有一些小菜是老家人提供的。吴通爱代表大高坪吴氏族人发表了热情洋溢的祝酒词:

尊敬的各位来宾、亲爱的各位同胞,大家好。我们怀着对先祖无比崇敬的心情,回到魂牵梦绕的故乡热土,悼念先祖,祭奠亡灵,我们感到无比的激动。水有源,树有根;拳拳赤子心,悠悠游子情。我们这次回乡祭祀祖先,是为了表达大高坪吴氏后裔子孙对先祖的深切怀念,表达对故乡亲人的深情厚谊,表达对老家美好未来的热切期盼。现在,我们在老家人吴才文家里欢聚一堂,还邀请了老家乡党委、政府的领导参加我们的盛会,我们为乡党委、政府领导的光临表示热烈的欢迎,还邀请了老家村的支部、村委会领导和潘姓老亲代表参加聚会,我们也为他们的到来表示热烈的欢迎。这是亲情和血缘把我们凝聚在一起的。大家知道血浓于水,亲情、友情是世界最不可破裂的真情,俗话说:打虎不过亲兄弟,上阵还靠父子兵。因此,我们要在先祖的福荫下更加的团结,更加的友爱,共同建设更加美好的家园。在此,我代表大高坪吴氏族亲向一直关心、支持我们的老家乡、村领导和潘姓老亲们表示最诚挚的感谢,向为这次祭祖活动作出辛苦劳动的老家宗亲表示由衷的敬意,向参加这次祭祖活动的所有族亲代表表示热烈的欢迎。现在,我提议,大家举起杯来,为吴氏家族的繁荣发展,为吴、潘两姓的团结和睦,为同胞亲情的进一步升华,一起干杯!

接着靖州三锹乡王乡长也发表了贺词。酒过三巡,万财老家的男女老少都来向大高坪的众人敬酒,好不热闹。猜拳声和祝酒歌连续不断,个个都开怀畅饮,面红耳赤。

回程　临行时,万财老家人给所有参加祭祖活动的人,每人赠送了一条洗脸毛巾,他们用老家特有的送客歌送他们出门,大家依依惜别。

回程路上,下雨使得独坡至大高坪的公路路况很差,泥泞不堪,而且时间已下夜,有三辆车子不肯驶进大高坪,只有走大高坪路线的车子肯进。于是众人尽量把车子坐满,剩下的人有的从牙屯堡走过十二盘回家,有的乘半夜去接的货车回家,有的人住在牙屯堡,第二天才回家。

这次活动的开支情况已经在清明节时用红纸张贴公布了,具体开支如下:买猪2200元,买鞭炮等物资800元,补助老家人伙食费500元,还有部分在牙屯堡住宿人员的费用,最后节余674元。剩下的这笔钱留作家谱出书费用。

以上两次祭祖活动,反映出大高坪行政村的吴姓草苗其宗族意识强烈,有认祖归宗的心态和意愿,但是也应看到其发起人是族中文化水平和社会地位较高的,在政府部门中有一定影响力的人士。祭祀时间基本在清明节时段,表明大高坪草苗也有着过清明的传统。祭祀时一般准备猪肉、酒、米饭、香烛纸钱等用品,拜访亲友一般会准备猪肉、酒菜、糖果、水果等物品以示友好。待客之道,为远来之人准备洗脸用的水和毛巾,准备饭菜,席上有酒有茶等,猜拳喝令,唱祝酒歌也是席间一项传统的娱乐活动,既增进了感情,又宣泄了情感。以上这些细节,我们都可以从两次祭祀活动中看出来。

在当地调查过程中,我们发现大高坪行政村的吴氏草苗具有浓厚的宗族意识,兴祖先崇拜。每家每户都设有供奉祖先的神龛,或繁或简,都有其基本的制式。

2.世系班辈[①]

据《大高坪吴氏家谱》记载,大高坪吴氏草苗世世代代口口相传的字辈,依次是"万、仕、朝、庭、家、大、启"这七个字,但实际上从吴文宇一辈至今,班辈排序却并非如此。关于当地的世系班辈,有一个演变过程。

1980年,吴通德和吴家荣两位老人牵头约请吴通儒、吴通行等人,第一次写了一本简谱,把大高坪吴氏先祖的情况简单地写了一下。由于当时"文化大革命"结束不久,改革开放刚刚开始,交通还不方便,吴通德和吴家荣两位老人不可能到靖州老家去取得联系,更不能到贵州省天柱县远口镇吴氏家祠去整理族谱。因此,他们只能根据几代先祖坟碑上的字序,结合现在一同在世的几辈人的班辈字序重新编排了15个班辈用字,即"宇、奉、之、先、启、世、昌、文、通、家、朝、繁、荣、应、相"。但又由于当时没有召集各房开会研究,各房还没有统一思想,因此,三十多年来,各房儿孙取字辈比较混乱,从"家"字辈以下有的用"朝"字,有的用"大"字;"朝"、"大"字辈以下有的用"繁(凡)"字,有的用"庭"字;"繁"、"庭"字辈以下怎么取字还在观望中。

1999年5月至2000年12月,湖南、贵州、广西三省区周边县的吴氏宗亲进行了第十八次修谱,合修了《远口吴氏通谱》,统一取新班辈用字50字。大高坪当地的吴氏宗亲并没有参加此次修订,但是自从远口吴氏通谱中的用字排班确定后,大高坪当地吴氏后人的字辈决定统一使用《远口吴氏通谱》的新班辈用字。因为当地人一方面通过对照《远口吴氏通谱》来考证,另

---

① 本节内容根据《大高坪吴氏家谱》中吴通爱的《大高坪吴氏家族班辈用字演变》一文改写,特此说明。

一方面结合万财老家人的排辈来推算,推测出大高坪吴氏草苗的先祖吴文宇应该是泰伯世祖的第一〇二世孙、吴晳祖的第三十二世孙、吴盛公的第十七世孙、吴世雄公的第十二世孙。从《远口吴氏通谱》上得来的依据是第七卷第 10 页的"秀侣于康熙二年(1663 年)徙会同仁府金竹大湾"一句,"秀"字辈是盛公的第十八世孙。还有第 12 页的"启凡康熙年间(1662—1722)徙锦屏启蒙镇者抹、岑果"一句,"启"字辈为盛公的第十七世孙。从靖州万财老家得来的信息是靖州万财吴姓宗亲的在世人口中,"谋"字辈的年龄与大高坪吴姓草苗"朝"、"大"两个字辈的年龄相近。所以他们推算吴文宇是盛公的第十七世孙,雄公的第十二世孙。所以,再将大高坪原用的 12 个字辈"宇、奉、之、先、启、世、昌、文、通、家、朝(大)、繁(庭)"与《远口吴氏通谱》总表对应起来,即对应于"方、纯、克、增、开、运、会、恒、展、才、谋、隆"。相应的,他们定下规矩。由于大高坪"朝(大)"以下的字辈不统一,所以今后"朝(大)"的子辈统一使用"隆"字辈,原已使用"繁"或"庭"字辈的人,考虑到称呼习惯和户口问题则仍用原字,即"繁"、"庭"、"隆"是同辈的。

表 4-1　大高坪吴氏统一新班辈用字表

晳祖世数	盛公世数	文宇公世数	班辈用字		
			大高坪班辈用字	万财班辈用字	吴家湾班辈用字
32	17	1	宇		
33	18	2	奉		
34	19	3	之	正	秀
35	20	4	先	大、仕	才
36	21	5	启	忠	启
37	22	6	世	光	昌
38	23	7	昌	明	明
39	24	8	文(万)	耀	文
40	25	9	通	启	通
41	26	10	家	才	家
42	27	11	朝(大)	谋	朝
43	28	12	隆(繁、庭)	隆	隆
晳祖世数	盛公世数	文宇公世数	统一新班辈用字		

续表

皙祖世数	盛公世数	文字公世数	班辈用字		
			大高坪班辈用字	万财班辈用字	吴家湾班辈用字
44	29	13	致		
45	30	14	卫		
46	31	15	乃		
47	32	16	如		
48	33	17	树		
49	34	18	亦		
50	35	19	真		
51	36	20	复		
52	37	21	弘		
53	38	22	令		
54	39	23	汉		
55	40	24	伟		
56	41	25	刚		
57	42	26	加		
58	43	27	炳		
59	44	28	似		
60	45	29	存		
61	46	30	岳		
62	47	31	觉		
63	48	32	崇		
64	49	33	尔		
65	50	34	宝		
66	51	35	自		
67	52	36	向		
68	53	37	业		
69	54	38	若		
70	55	39	任		

续表

昭祖世数	盛公世数	文字公世数	班辈用字		
			大高坪班辈用字	万财班辈用字	吴家湾班辈用字
71	56	40	凡		
72	57	41	亚		
73	58	42	执		
74	59	43	允		
75	60	44	沛		
76	61	45	惟		
77	62	46	矣		
78	63	47	星		
79	64	48	双		
80	65	49	深		
81	66	50	欲		
82	67	51	叙		
83	68	52	卓		
84	69	53	普		
85	70	54	及		
86	71	55	韶		
87	72	56	济		
88	73	57	则		
89	74	58	惠		
90	75	59	庚		

3.房族

房族，是宗族的分支单位。简单来说就像是"一根藤上七朵花"，"七朵花"即互为"一根藤"上的房族。这样理解意在有趣，但房的内涵或更为深远。

大高坪的草苗对于房族的理解最接近于"同宗异支"的概念，即源出自同一个"祖宗"，而后各子嗣各自成家组成不同家庭，日积月累，开枝散叶，形成了不同的房支,即不同的房族。

目前,根据《大高坪吴氏家谱》的记载,大高坪吴姓草苗如今共有七个房族,分别是吴家简房、吴家斌房、吴家勇房、吴朝龙房、吴通驹房、吴家显房、吴朝明房。各房均已绘制出自家的世系谱。

2005年起,由吴通爱发起,开始进行大高坪吴氏(草苗)家族各房世系的编写工作。2006年8月26日,在大高坪乡中心小学正式召开吴氏家族修谱座谈会。与会人员分别是大高坪现在七房的代表(每房六人)、靖州万财房代表和锅冲吴家湾房代表,会上对家谱修缮工作做了详细的分工。2008年10月,家谱初稿完成。2008年12月13日,召开第二次修谱座谈会。修订稿完成,交由各房代表进行第二次订定及补充,强调了详细世系资料的补充。经各房再次核对审查后,由吴家简负责搜集,第二次修订稿完成,送县城打印成书。2008年12月22日,家谱发行庆典。

在这本家谱修缮的过程中,各个工作人员都可说是在村中有着相应社会地位的"族群精英"人士,他们或有在职于政府部门、机关单位的,或有曾历任各种公职或稍有建树而现已退休的,如作为最初发起人的吴通爱,时任职于通道侗族自治县人大常委会,为教科文卫委员会主任。

4.家规家训

家规家训是要求所有家族成员共同遵守的各种行为规范和规章制度的总称。其目的是使子孙后代永远存续家族,光大族望。《大高坪吴氏族谱》所载吴氏家规家训有云:

凡我大高坪(含万财、吴家湾)吴氏后裔必须遵守家规家训,安分守己,依法办事。

第一,不求金玉重重贵,但愿儿孙个个贤,敬老爱幼传美德,和邻睦族认乡亲。

第二,父慈子孝,兄友弟恭,夫义妇顺,遵守信义,和睦乡邻。

第三,德业相劝,过失相规,疾病相助,患难相恤。

第四,不游逸奢侈,不赌博斗狠,不为奸为盗,不嫌贫爱富,不恃强凌弱,不放高利贷盘剥族人。

第五,家族、房族不论红白喜事和各种大事,必须做到一呼百应,视同己事,热情参加,积极参与。

第六,破除封建迷信,讲究科学卫生;婚丧喜庆移风俗,力求节约少花钱。

第七,计划生育是国策,生男生女都一样,男到女家子孙用吴姓,儿孙后辈同样上家谱。

第八,移风易俗倡新意,改变以前的陋习,今后祖坟刻碑字,媳妇女儿也上碑。

第九,但凡各房儿孙顺,家规家训尽遵守。如有违反以上各条,违法者由国家依法追究,违规者由家族清除出房族、家族,他家的红白喜事及各种大事,族人不许帮助,谁去帮助同样处理。

(二)家　庭

家庭结构是家庭的组成方式,即家庭由哪种或哪几种家庭关系组成。在一夫一妻制的前提下,家庭关系主要是婚姻关系(夫妻关系)与血缘关系(亲子关系)。其他各种家庭关系都可视为由此派生出来的,因此,在父系家庭制度和一夫一妻的婚姻制度下,家庭结构的质的变化往往就体现在夫妻对数的增加上——不管这种变化是发生在同一代中还是不同代中。

按照某个家庭中现有的夫妻对数及其分布状况,我们可以大致划分出以下几种家庭类型:

核心家庭:由父母及其未婚子女所组成的家庭。

主干(直系)家庭:由父母、或父或母加上子、媳或女、婿,再加上孙子女或外孙子女所组成的家庭。

联合家庭:父母、或父或母,加上其子代中两对或两对以上的夫妻,再加上其孙子女或外孙子女组成的家庭,联合家庭也包括无父母,但一代中两对夫妻在一个家庭中共同生活的,如兄弟俩加上他们的妻子和子女。

夫妻家庭:只有夫妻两人,无子女或虽有子女,但现已不在一起生活的。

单亲家庭:由夫妻中的一方与其未婚子女组成的家庭,一般是指离婚后的情况,在西方还包括未婚生育。

隔代家庭:由祖孙两代组成的家庭,子代缺损或不在一起生活。

其他家庭:不属于以上类型的家庭。[1]

根据大高坪苗族乡政府计划生育办公室提供的人口普查数据显示,大高坪行政村共有312户,我们将按照9个自然村组进行划分,分别介绍各组

---

[1]　杨善华编著:《家庭社会学》,北京:高等教育出版社,2006年,第96页。

的家庭组织形式。

(1)1组。第1组共有34户,160人。有核心家庭14户,主干家庭13户,单亲家庭3户,其他家庭4户。大高坪行政村第1组的核心家庭户数约占总户数的41.18％,主干家庭户数约占总户数的38.24％,单亲家庭约占总户数的8.82％,其他家庭约占总户数的11.76％。这里其他家庭分别是以下三种情况:第一种是像吴家吉和吴家万这样的家庭,家中只有户主本人;第二种是吴朝文的家庭,类似于主干家庭,但无孙辈;第三种是吴朝荣的家庭,户主的主干家庭中,尚有其未婚的弟弟与户主一家一同居住。

(2)2组。第2组共有38户,182人。大高坪行政村第2组的38户家庭中,有核心家庭19户,主干家庭11户,联合家庭2户,单亲家庭1户,隔代家庭1户,其他家庭4户。核心家庭户数约占总户数的50.00％,主干家庭户数约占总户数的28.95％,联合家庭数约占总户数的5.26％,单亲家庭数约占总户数的2.63％,隔代家庭数约占总户数的2.63％,其他家庭数约占总户数的10.53％。这里其他家庭分别是以下几种情况:第一种是像伍国满、吴朝美、吴家庭的这样的家庭,户主夫妇与子代夫妇同住,但尚未有孙辈;第二种是吴家坤的家庭,像是主干家庭的结构,但是缺少儿媳。

(3)3组。第3组共有36户,193人。大高坪行政村第3组的36户中,有核心家庭15户,主干家庭12户,联合家庭5户,单亲家庭1户,其他家庭3户。大高坪行政村第3组的核心家庭户数约占总户数的41.67.％,主干家庭户数约占总户数的33.33％,联合家庭数约占总户数的13.89％,单亲家庭数约占总户数的2.78％,其他家庭数约占总户数的8.33％。这里其他家庭分别是以下几种情况:第一种是像吴大红、吴朝生这样只有户主本人的家庭;第二种是吴家武这样的家庭,像是主干家庭的结构,但是缺少儿媳。

(4)4组。第4组共有36户,179人。大高坪行政村第4组下龙寨的36户家庭中,核心家庭有15户,主干家庭有9户,联合家庭有3户,夫妻家庭有1户,单亲家庭有3户,其他家庭有5户。大高坪行政村第4组下龙寨村的核心家庭户数约占总户数的41.67％,主干家庭户数约占总户数的25.00％,联合家庭户数约占总户数的8.33％,夫妻家庭户数约占总户数的2.78％,单亲家庭户数约占总户数的8.33％,其他家庭户数约占总户数的13.89％。这里其他家庭分别是以下几种状况:第一种是像吴朝明、伍为妹、吴朝义这样只有户主本人的家庭;第二种是像吴朝东、吴朝艳这样类似于核心家庭,但是家中有父母辈的亲人同住。

(5)5组。第5组共有30户,153人。大高坪行政村第5组的30户家庭中,核心家庭有13户,主干家庭有11户,联合家庭有2户,其他家庭有4户。大高坪行政村第5组的核心家庭户数约占总户数的43.33%,主干家庭户数约占总户数的36.67%,联合家庭户数约占总户数的6.6%,其他家庭户数约占总户数的13.33%。这里其他家庭分别是以下几种状况:第一种是像王地爱这样的类似于主干家庭的结构,但家中尚未有孙辈;第二种是像吴繁光这样类似于主干家庭的结构,但家中有与户主同一世辈的妹妹一同居住;第三种是吴朝坪这样类似于主干家庭的结构,但是缺少儿媳;第四种是吴朝勇这样类似于夫妻家庭的结构,但是与母亲一同居住。

(6)6组。第6组共有32户,160人。大高坪行政村第6组两部桥村的32户家庭中,核心家庭有18户,主干家庭有10户,联合家庭有1户,单亲家庭有2户,其他家庭有5户。大高坪行政村第6组两部桥的核心家庭户数约占总户数的56.25%,主干家庭户数约占总户数的31.25%,联合家庭户数约占总户数的3.125%,单亲家庭户数约占总户数的6.25%,其他家庭户数约占总户数的13.33%。这里其他家庭是吴通权的家庭,类似于主干家庭的结构,但是缺少儿媳。

(7)7组。第7组共有20户,97人。大高坪行政村第7组排楼村的20户家庭中,核心家庭有12户,主干家庭有6户,隔代家庭有1户,其他家庭有1户。大高坪行政村第7组排楼的核心家庭户数约占总户数的60.00%,主干家庭户数约占总户数的30.00%,隔代家庭户数约占总户数的5.00%,其他家庭户数约占总户数的5.00%。这里其他家庭的情况是王天宏的家庭类似于主干家庭的结构,但是缺少儿媳。

(8)8组。第8组共有54户,268人。大高坪行政村第8组田坝村的54户家庭中,核心家庭有26户,主干家庭有18户,联合家庭有2户,单亲家庭2户,其他家庭有6户。大高坪行政村第8组田坝村的核心家庭户数约占总户数的48.15%,主干家庭户数约占总户数的33.33%,联合家庭户数约占总户数的3.70%,单亲家庭约占总户数的3.70%,其他家庭户数约占总户数的11.11%。这里其他家庭的情况分为几种:第一种是吴常雄的家庭类似于主干家庭的结构,但是户主的弟弟与其同住;第二种是王地成和王地文这样的家庭类似于主干家庭的结构,却缺少孙辈;第三种是吴家坤和吴家宇这样的家庭类似于主干家庭的结构,但缺少儿媳或儿子;第四种是吴朝满的家庭类似于主干家庭结构的基础,但缺少儿媳。

(9)9 组。第 9 组共有 32 户,182 人。大高坪行政村第 9 组的 32 户家庭中,核心家庭有 13 户,主干家庭有 14 户,联合家庭有 4 户,其他家庭有 1 户。大高坪行政村第 9 组的核心家庭户数约占总户数的 40.625%,主干家庭户数约占总户数的 43.75%,联合家庭户数约占总户数的 12.50%,其他家庭户数约占总户数的 3.125%。这里其他家庭的情况是王地贵的家庭结构类似于核心家庭结构,但是有与户主同辈的哥哥在一起居住。

表 4-2 大高坪行政村家庭结构形式统计表

家庭形式	户数	占总户数的百分比
核心家庭	145	46.47%
主干家庭	104	33.33%
联合家庭	19	6.09%
夫妻家庭	1	0.32%
单亲家庭	12	3.85%
隔代家庭	2	0.64%
其他家庭	29	9.29%
总计	312	99.99%

综上所述,大高平行政村的核心家庭总数为 145 户,约占全村总户数的 46.47%;主干家庭总数为 104 户,约占全村总户数的 33.33%;联合家庭总数为 19 户,约占全村总户数的 6.09%;夫妻家庭总数为 1 户,约占全村总户数的 0.32%;单亲家庭总数为 12 户,约占全村总户数的 3.85%;隔代家庭总数为 2 户,约占全村总户数的 0.64%;其他家庭总数为 29 户,约占全村总户数的 9.29%。具体情况见表 4-2。可见大高坪行政村的家庭结构形式多样,但主要以核心家庭和主干家庭的结构形式为主。即在大高坪行政村内,多数家庭是由父母及其未婚子女共同组成家庭,或者是由父母(或其中一方)加上子女及其配偶,再加上孙子女或外孙子女所组成的家庭,这两部分家庭占了大高坪行政村家庭总数 79.80%,将近八成。

三、教育发展

(一)人口教育程度

大高坪乡是一个由草苗和花苗共同组成的苗族乡,大高坪行政村内的村民基本上都是草苗,他们在日常生活中通常只说"苗话"。我们在进行调查访问时,沟通就成了一个客观存在的阻碍。村内男性多数既会说苗话也会说普通话,女性会说普通话的人数则较少。由于政府部门对村民的教育程度并未有详细的统计资料,因此我们仅能提供一些调查记述,从大体上了解当地的教育程度。

我们对《大高坪吴氏家谱》中涉及个人文化水平的人数进行了粗略的统计,谱中在一些村民的简介中提及其教育或文化程度。共记录人数共129人。

小学文化程度占了大多数,共68人,约占总人数的52.71%。从性别比上看(其中有2人未介绍性别),男性48人,女性18人,占比分别约是男性70.59%,女性26.47%,男性约占七成,女性约占3成;从年龄上看(其中有5人未介绍年龄),20岁以下的有11人,20岁至45岁的有33人,46岁至60岁的有11人,61岁以上的8人。可见各个年龄段均有人上过小学,但是比例则不同,45岁以下上过小学的人数明显比46岁以上的人数要多,分别为44人和19人。

初中文化程度占了21人,约占总人数的16.28%。从性别比上看(其中有3人未介绍性别),男性13人,女性5人,占比分别约是男性61.90%,女性23.81%,男性约占六成,女性约占二成;从年龄上看,20岁以下的有7人,20岁至45岁的有12人,46岁至60岁的有1人,61岁以上的0人。可见拥有初中文化程度的人以45岁以下的人数居多。

高中文化程度9人,约占总人数的6.98%。从性别比上看,男性8人,女性1人,占比分别约是男性88.89%,女性11.11%,男性约占九成,女性约占一成;从年龄上看,20岁以下的有1人,20岁至45岁的有7人,46岁至60岁的有1人,61岁以上的0人。可见拥有高中文化程度的人也以45岁以下的人居多。

专科(中专及大专)文化程度 15 人,约占总人数的 11.63％。从性别比上看,男性 10 人,女性 5 人,占比分别约是男性 66.67％,女性 33.33％,男性约占七成,女性约占三成;从年龄上看,20 岁以下的有 0 人,20 岁至 45 岁的有 14 人,46 岁至 60 岁的有 1 人,61 岁以上的 0 人。可见拥有专科文化程度的人数亦主要集中在 20 岁至 45 岁的年龄阶段。

本科(大学)文化程度 15 人,约占总人数的 11.63％。从性别比上看(其中有 1 人未介绍性别),男性 12 人,女性 3 人,占比分别约是男性 80.00％,女性 20.00％,男性约占八成,女性约占二成;从年龄上看(其中有 2 人未介绍年龄),20 岁以下的有 0 人,20 岁至 45 岁的有 11 人,46 岁至 60 岁的有 1 人,61 岁以上的 1 人。可见拥有本科(大学)文化程度的人数仍主要集中在 20 岁至 45 岁年龄段内。

另外,129 人中(其中 7 人未介绍年龄),20 岁以下 19 人,20 岁至 45 岁 78 人,46 岁至 60 岁 16 人,61 岁以上 9 人,各占总人数百分比分别为 14.73％、60.47％、12.40％、6.98％。

通过上述简要分析,我们可以发现,(吴姓)男性的受教育程度明显高于女性。45 岁以下受教育人数明显高于 46 岁以上的受教育人数,61 岁以上受教育人数较少。20 岁以下的村民应是由于年龄原因,主要接受的是小学教育(11 人)和初中教育(7 人),高中教育 1 人;20 岁至 45 岁年龄段的村民主要接受的也是小学教育(33 人),接受初中、专科和本科教育的人数基本持平,分别是 12 人、14 人和 11 人,此外有 7 人接受高中教育;46 岁到 60 岁的村民主要接受的仍是小学教育(11 人),接受初中、高中、专科、本科教育的各 1 人;61 岁以上的村民主要接受的也是小学教育(8 人),另有一人接受过本科教育。在被统计的人数中,男性受教育程度高于女性,接受小学教育的人占据多数,45 岁以下的受教育人数较多。村中亦有大学生,但是总体的受教育程度仍然偏低。

通过对大高坪中心小学的各年级学生进行抽样,对家住大高坪行政村及户籍在大高坪行政村的学生进行统计,在大高坪中心小学就读的来自大高坪行政村的学生共有 168 人,其中男性 94 人,女性 74 人。一年级 28 人,二年级 20 人,三年级 36 人(甲:17 人,乙:19 人),四年级人 51(甲:26 人,乙:25 人),五年级 13 人,六年级 20 人。其中 15 岁以下男性人数为 202 人,女性人数为 182 人。所以,大高坪中心小学上学的 15 岁以下男性人数,是大高坪行政村 15 岁以下男性总人数的 46.53％,女性则是 40.66％。但这其中还必须考虑到一些其他原因,如未满学龄的学龄前儿童数目以及户口登记在本地却在外地上学的人口数。所以,综合各种因素来看,这个统计告知我们,大高坪行政村 15 岁以下儿童的受教育程度仍较为薄弱,受教育人数上男性比女性稍多。

总体上来说,大高坪行政村的人口受教育程度并不算很高,男性受教育水平高于女性,男性的普通话水平也高于女性,拥有小学教育程度的人数占大多数,少数人受过初中、高中、专科程度的教育,村中有少量接受过本科教育的大学生。45 岁以下人口受教育程度要高于 46 岁以上的人口,61 岁以上的受教育程度略低,村中仍有文盲。

(二)大高坪乡中心小学

在中华人民共和国成立以前,大高坪只有一所私塾。1949 年后,建有大高坪小学、龙寨塘小学,其后又建起龙林小学、龙冲小学、牌楼小学。恢复苗族乡后,1986 年在乡政府背后坡上建立大高坪中心小学,集中 4 个村的高年级学生就读。1990 年在乡政府前修建砖混结构的教学楼后,大高坪中心小学才从坡上搬下来。此后,随着计划生育的深入开展,人口逐渐减少,学生也逐渐减少。全乡除黄柏、平芳两个教学点外,学生都集中在中心小学就读,中心小学开办一至六年级小学课程。

大高坪苗族乡中心小学成立于 1986 年。目前,学校开设 8 个教学班(其中 1 个学前班),在校学生 318 人,学前班儿童 45 人。有教师 19 人,其中专任教师 17 人,代课教师 2 人。专任教师中,中级(小教高级)职称 6 人,初级 7 人,未评职称 3 人,技工 1 人。教师队伍中,50 岁以上 3 人,49~36 岁 3 人,35 岁以下 13 人。现有图书数 12300 册,人均图书数 37 册。[①] 学校有 1 人被评为省级优秀教师,1 人被评为市级优秀教师,40 人(次)被评为优秀教师;13 人(次)在县级以上教学比赛活动中获奖,撰写的教育教学论文获国家级、省级奖励的各 1 篇,县、市级奖励的 45 篇。

---

① 资料由大高坪中心小学提供。

图 4-1　大高坪中心小学 1

图 4-2　大高坪中心小学 2

四、医疗卫生

（一）生病就医

大高坪村中的村民生病求医有两种选择，一是到大高坪乡卫生院找医生看西医，二是自己找当地的赤脚医生或是草医看病。一般情况，人们有一些小的疾病如头疼、肚子疼、伤风感冒、筋骨扭伤等，会找当地有些名望和声誉的赤脚医生看病。比如在"乡上"卫生院对面就开有一家私人的诊所。到这个私人诊所来问诊的人很多，多数是父母带着孩子来打吊针的。当地还在襁褓的婴孩打吊针，一般由母亲背在身后，然后举一根长杆挂着药瓶进行，这样可以来回走动。

私人诊所的门很小，走进去后，左边堆放着各种杂物，墙上架子上则摆满了各种草药，往里是一个玻璃柜，玻璃柜内摆放着各种各样的药品。玻璃柜后的架子上也存放着许多药品，有消炎药、感冒药、肠胃药等。再往里是一张木沙发和一张床，用来给病人休息使用。据说在这里打吊针和买药要比乡卫生院便宜许多，而且这个诊所的医生已经从医几十年了，医术获得大家的认可，只是耳朵有点背。他不仅懂得用西药和帮别人打吊针，他还懂得使用草药。

图4-3　打吊针

大高坪村四组下龙寨吴书记也是一名当地著名的草医，他主要治疗的范围是跌打损伤。吴书记在替别人看病治疗时，会做一些仪式。

吴：昨天有一个来整药，不过我在家里已经整了，我只是把了一下，他给了五十块钱，那这个还是算他还比较大方，一般有的他给那五块钱、十块钱、二十块，呵呵……

笔：那他给钱，他肯定……还送那个酒的吗？

吴：有的送，他……不属于那个，要阶段性才能好的那个他就不送，不谢师了,他一次性就拿走了。他要痛有一段时间不能做事的那种情况下,呆在屋里那种情况下……

笔:哦,就他要持续换药的那种……

吴:哦,对对! 持续换好几种或者持续换好几次药那种,那种情况他就会谢师。

笔:像一般这种搞一次就好的这种情况,就给个钱之类的略。

吴:啊,对对……随便你给,你给不给也不要紧,你给不给我也不要,你拿来我也不退给你,呵呵……

笔:反正你愿意给就拿着,这也是算这个草药的辛苦钱。

吴:有时候算这个账这个算,是没有办法算的,因为按照一天的劳动价值我们是八十块钱一天,但是我们跑一副药跑完了,但这药呢那一天找不完。一天找不完啊,要经常地从这里整点来,那里整点来。这样你才做足啊。所以你要整一副药,在家里完全没有……你要整一副药非常齐全的话,你整一天整不了的……所以吧,这个也要那个人有点精神……做草药,这个东西挺麻烦的,挺累的,就是说虽然有会整的人,他也不爱搞。因为那个挺累嘛,别人就给你那么点点嘛。①

通过对话可知,当地人找草医治疗,酬谢的方式是不一样的。如果需要多次治疗,则一般会谢师,谢师时通常会拿一袋米,一个鸡蛋,一块猪肉,一瓶酒,几根香和几张纸钱,还有几十块甚至上百块人民币;若是单次治疗见效就好了的,当地人通常只是按照自己心意封给草医一点红包意思意思而已,没有谢师。

调查期间,吴书记曾前往大高坪村六组两部桥整治一位跌伤手臂的小孩。到了他家之后,主人先拿来西瓜让我们解渴解暑,随后吴书记询问情况以了解伤情,他摸着小孩受伤的手臂一点一点摸准骨头的位置,并确定是哪里受伤,确定之后便开始做仪式,做仪式在厨房里进行,一张矮桌,上放有祭祀用供品,有一升米、一碗刀头、一盆草药、一碗米酒、三个酒杯、一沓纸钱,桌子旁是一筐稻谷,东西准备好后,吴书记蹲在桌前默念着什么,随后斟酒、做符水、烧纸钱、烧香、做药。然后就拿着这些泡了酒的草药给小孩敷上,敷好后嘱咐他的家人要做些什么,事罢,小孩的家人塞给吴书记五十元,一阵寒暄我们就出门了。出门后,就治疗问题,笔者问了吴书记很多问题。

---

① 据2011年7月22日访谈录音整理。

问:他这个换药麻烦吗?

吴:换药就拿过来给他换就可以了嘛。实际上他那骨头坏了。骨头坏了这个东西呢,不长好以后要变那个风湿啊,关节炎啊。

问:跟我说一下那个步骤吧,刚开始好像是念了什么东西啊?

吴:哦……念……念那个……因为这个……这个是一种迷信,宗教……

问:反正是仪式上的东西嘛。就讲讲大概是什么内容吧?

吴:这个仪式上……就这些……基本上就是请一下师傅,让他降临,让这个徒弟能够药到病除,能够救死扶伤,要保佑这个病人健康,反正就是一大套。

问:那你写一下给我看看?

吴:呵呵……这个不能写。

问:不能写啊?

吴:嗯,要念,只能在心中。他就是那个……姚师傅降临。

问:他是说苗语的,是吧?

吴:哦对对对……那我不知道咋解释,那些反正是搞迷信那些东西。

问:你拜的这个师傅是谁啊?

吴:我的这个药师是……好几个反正,他们都是传给我的那些人,有些是梦传的,就是我睡觉做梦里面,他告诉你这一棵药,那一棵药。从道理上说,梦传这个东西不需告诉别人的呵呵……不能讲,你讲了你这个药就失效了呵呵呵……这师傅不同意,呵呵……

问:哦……祖师爷是什么神啊?

吴:呃……我这个比较笼统……我不知道是什么神啊。

问:那苗话怎么讲?

吴:反正我们师傅就喊师傅就行了,也不指姓名,指名字啥的,没有具体把名字说出来,只要师傅你就记住那个师傅……你心中有他,只要搞这个仪式的话你就请他来,要他来帮你,帮你把这个病人治好,保护这个病人健康快一点。[①]

通过案例和对话可知当草医治疗时,还带有一定的"巫"的性质,即遵循

---

① 据 2011 年 7 月 22 日访谈录音整理。

草药药理的同时,还借助鬼神的力量以达到治病的效果。

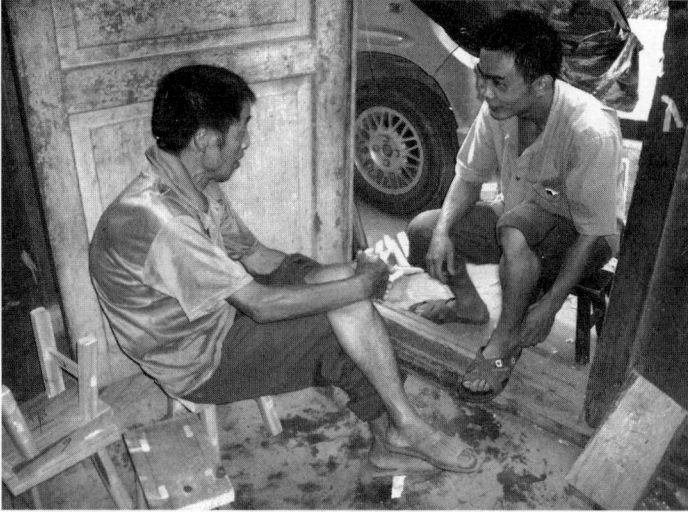

图 4-4　诊所医生看病

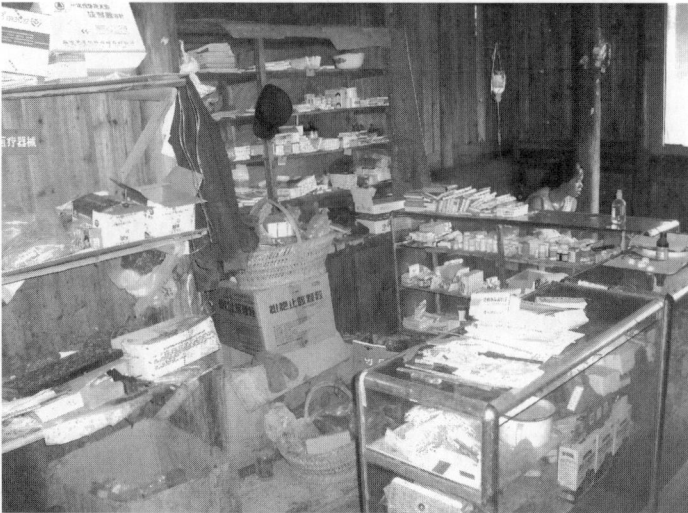

图 4-5　诊所内样

　　大高山上老寨的 WTX 主任,其父亲也是当地远近闻名的一位老草医。据说,这种草医的传承有一个厉害的地方,就是要拿自己的亲人试药,意思

图 4-6　草医诊断

图 4-7　草医做仪式

就是如果家中谁要继承这种草医医术和技术，那么他出师时，家里人肯定有一个会发生伤痛意外，这时你就要去治疗他，治好了就能顺利出师了。我们从吴主任处搜集了当地草医自己辑录的一些药房、偏方和治疗方法，具体如下：

治钻心痛肚法：用黄瓜香、老凤菜、苹果根、当归、川芎、震天番、5月粑叶、硕鼓纯（草坡生）配鸡煮服，没有鸡用鸡蛋代替。

治月家(月假)止泻法:满天星花、震天番、蒜盘根、药黄根、车前、柴胡、虎扣花配鸡煮服。

妇女月瘫:过江龙,捣匀,纯为主。

小儿迷风法:将下阴底下之统筋,用灯头三燋,用手指两个比之,两边各一燋。

治五孔症:即面上五孔出血,用黎头鼻老鼠烤干,配甜酒服。或在脑里痛,用当阳之度金鸡尾涂之。

治炮头伤眼法:用满山红(白的)涂之。

治喉痰法:服鲜樱桃数十粒,即愈。

咽喉声哑:通木草煮服,或用橘皮磨浓汁,候冷饮。

鱼骨鲠喉:用独头蒜塞鼻中,其骨自出。

诸骨鲠喉:用白凤仙子,研水一大杯,用竹筒灌入咽喉,其骨即软自消。但不可经过牙齿,深恐受伤,所以用竹筒灌。

红眼法:冬桑叶、野菊花合煮水俯首喷口,上要布盖住,使热气入眼。候温,清水洗之,连四五次即有效。

耳鸣法:用生地黄烤熟为灰,棉里塞耳。数易之,以痒为效。

(二)大高坪乡卫生院

1986年建立乡卫生院。卫生院是一栋二层的水泥砖瓦房,一楼看病和办公用,有防疫办公室、公卫办公室(档案室、妇幼办公室)、妇幼门诊室、药房(农合办公室、结算兑付窗口)、病房综合门诊室、会议室(财务室、院长办公室)、B超室(心电图室)。二楼是卫生院工作人员的宿舍。卫生院的黑板以及宣传栏上贴着《通道新型农村合作医疗合管站工作管理解释》、《通道侗族自治县预防接种疫苗公示栏》、《大高坪乡卫生院医疗服务宗旨》、《农村疾病防治宣传画》,会议室上方挂着一个LED显示器,滚动显示各种药品的药价。医院现共有四人,分别是负责医院全盘工作的院长CJL,负责药房和农合的工会主席LW,负责门诊、财务和出纳的WHJ,负责注射室和妇幼的护士WYL。据院长介绍,当地村民来看病多为腹泻、肚痛、感冒、发烧等病症。

第五章

宗教信仰

据凌纯声等人实地调查,湘西"苗疆"流行"苗教"和"客教"两类宗教信仰和祭祀。所谓"苗教",即苗族所固有的诸多鬼神信仰和祭祀,而由汉族传去的宗教神祇和祭祀活动则统称之为"客教"。[①] 如果按照这个标准来进行划分的话,大高坪当地既有"苗教"的传承,又有"客教"的影响。一是"苗教"中的祭祖,二是"客教"中的土地神、飞山、谢坟、架生命桥等信仰。他们崇拜祖先、信奉万物有灵,奉信风水与巫术,还自觉遵守着一系列禁忌习俗。

一、祖先崇拜

祭祖,凌纯声等人实地调查记载的报告将其划为"十六堂苗教"之一,伍新福的《中国苗族通史》一书将其置于苗教部分的首位。具体说来,是指"一般一年做一次,也有数年一次的,在秋收后举行。此外,如死了人,五六天以后也要祭祖。地点在屋内火塘边,时间是在早晨。地上置簸箕一只,内盛5碗肉、5碗酒及糍粑若干,请巫师念咒、卜筮,化纸钱。法事毕,主人家与巫师共食酒肉,剩下的则由巫师带走"。[②]

大高坪草苗亦崇奉祖先,有在家中正厅设灵位神台的习惯。一般正厅的中墙中间一般就是设置神位的地方,上祭家中祖先,下祭家中各神。神位大致有以下几种,如图5-1至5-6。

---

① 伍新福:《中国苗族通史》(下),贵阳:贵州民族出版社,1999年,第1069页。
② 伍新福:《中国苗族通史》(下),贵阳:贵州民族出版社,1999年,第1069页。

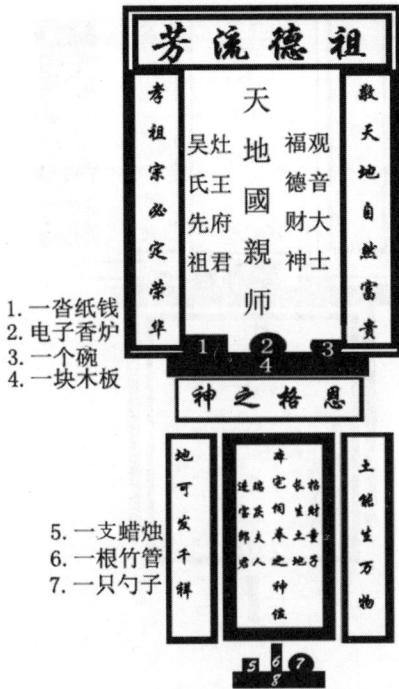

1.一沓纸钱
2.电子香炉
3.一个碗
4.一块木板

5.一支蜡烛
6.一根竹管
7.一只勺子

图 5-1　神位 1

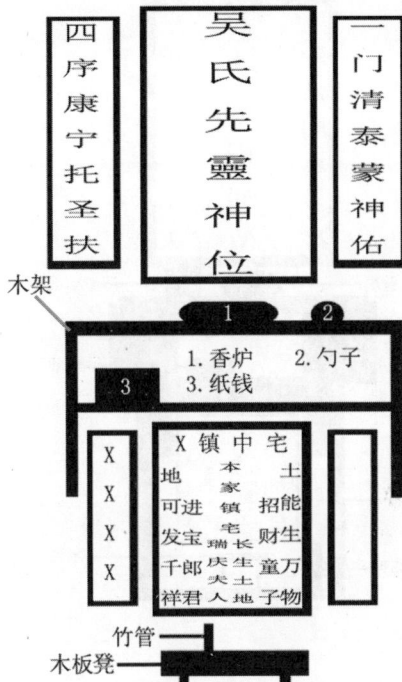

木架

1.香炉　2.勺子
3.纸钱

竹管
木板凳

图 5-2　神位 2

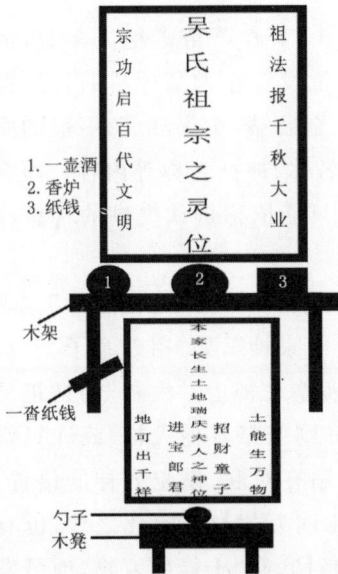

1.一壶酒
2.香炉
3.纸钱

木架

一沓纸钱

勺子
木凳

图 5-3　神位 3

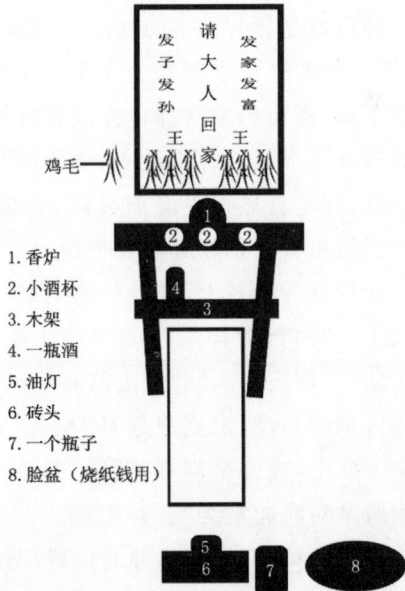

鸡毛

1.香炉
2.小酒杯
3.木架
4.一瓶酒
5.油灯
6.砖头
7.一个瓶子
8.脸盆（烧纸钱用）

图 5-4　神位 4

229

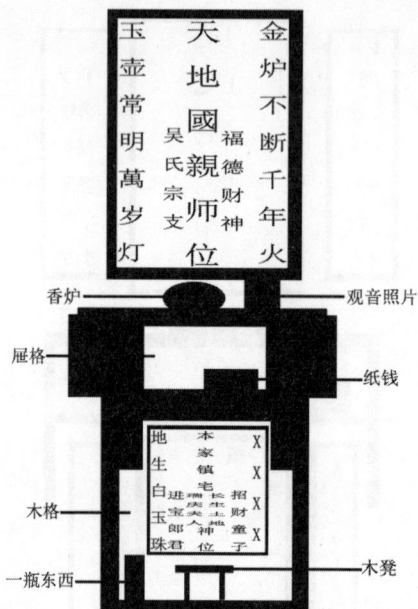

图 5-5　神位 5

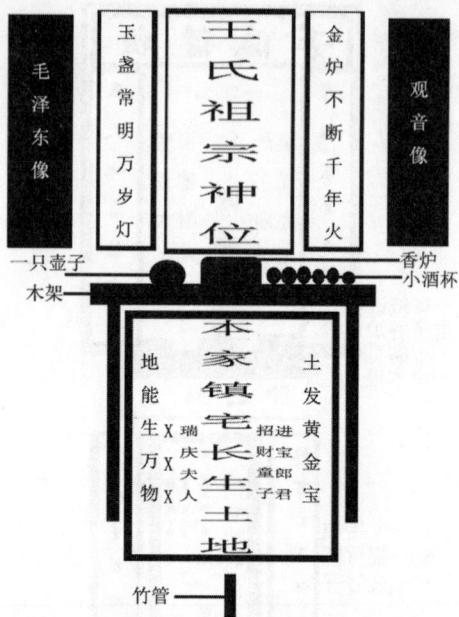

图 5-6　神位 6

　　神位都是紧贴在墙上的。大高坪村以吴姓、王姓草苗占绝大多数，而吴、王二姓的神位设置稍有不同。上述几种神位设置在大高坪村的村民家里很常见，富裕的家庭神龛会设置得好一些，贴金装裱，金字红底；一般的家庭通常神位都是用红纸做底，拿墨汁写上神位名称、神祇名称等内容。而有些家庭，神龛会显得很老旧破败，字也看不清，只能依稀辨认模糊的神位样子。当然也有个别家庭不设神位。

　　在神龛的设置上，吴姓草苗上祭"大神"和"先祖"，如"天地国亲师"、"观音大士"、"福德财神"、"灶王府君"等；下祭"镇宅家神"，如"招财童子"、"长生土地"、"瑞庆夫人"、"进宝郎君"等。在家中所祭之神上，"大神"的祭祀是有些区别的，有些家庭只祭拜"祖先"，有的家庭则兼祭其他大神，或许只祭其中一两个，或许全部都祭拜。神位两侧通常贴有对联，祭祀大神的位置，两侧所贴对联通常为"金炉不断千年火，玉盏常明万岁灯"，除此之外，也有其他的对联；下方祭祀家神的位置，两侧常贴的对联有"土能生万物，地可发千祥"，除此之外，也有稍微不同的内容，但是本质上都是祈祝土地能生发出吉祥的内容。祭祀使用的物品,基本上是香炉、纸钱、碗、勺子等物。祭祀时应如何做呢?

祭祖祭宗祭神灵

主人专心清扫供奉祖先牌位的神龛,贴上对联。一般情况下,神龛上方,中间条幅为"×氏先人神位",两边对联用得最多的是:"金炉不断千年火,玉盏常明万岁灯。"神龛下方,中间条幅书"镇宅中留神位",两边用得最多的是"土能生万物,地可发千祥"。然后,在神龛上下左右整齐有序的贴上纸钱。傍晚时分,在神龛前摆上桌子,呈上猪肉、鸡、蛋、鱼、酒、茶、糍粑等供品,上香、倒酒,然后磕头。过年了,把人间凡是能享受的东西都呈敬给祖先,召来祖宗八代,一起过年。同时也借此叮嘱先人,要关心这一个家,保佑一家老小身体健康、和睦相处、行事顺利等等。此时,家中长者蹲在桌子前,口中念念有词,香烟缭绕,不知何夕……①

图 5-7 神位 7

图 5-8 神位 8

由此我们大致可以概括出当地草苗人(吴姓)祭祀祖先的基本步骤:首先,清理神龛。将神龛上的杂物清理掉,保持神龛整洁。其次,贴对联。在神龛的两侧贴上对联,表达祝愿。第三,贴纸钱。第四,摆供品,一般祭祀祖先的供品有"猪肉、鸡、蛋、鱼、酒、茶、糍粑"等。第五,上香。第六,倒酒。最后,磕头。这是比较传统的祭祖步骤,因为每年神位上的红纸都要更换一次,因此神位处才会有日积月累不同程度的碎纸黏墙的痕迹。如今,随着经

---

① 吴通清:《通道大高山吴氏家族的大年》,《大高坪吴氏家谱》,2010 年。

济的日益好转，有些家庭将神位用金子绒底装裱起来，并用玻璃罩住，这样一来就不再需要每年更换一次"红纸"了。祭拜祖先，目的除了缅怀先人外，还期望先祖庇佑家庭，愿望涉及各个方面，如家庭关系、个人健康、行事工作等。另外，一般由男性主持并进行祭祖仪式，女性不参与，而且忌女子在神龛前梳头，以此为不敬。

当地的神龛设置，不同姓氏也是有差别的。例如龙寨塘的胡姓草苗，其家中的神龛设置就与别的不同，并非像吴、王二姓将神位设在正堂中墙上，而是将神位设在家中厨房的角落里。通常为东南角，墙角摆上一条板凳，用作神台，上置香、纸钱、蜡烛、（三个）小酒杯等物品。板凳前是烧纸钱的地方，有些家里会放着一小个火盆（盘），板凳旁边放着一小箩稻谷，上插香，有的家里则没有。板凳后的墙上，有些家里会贴上符咒，有的则什么也不贴。这样的神位，看上去像是一个供各路神佛、先祖休息的小角落，一般家中进行祭祀活动都在此处。除了崇奉自己的祖先外，大高坪草苗还对飞山公予以常祭。

飞山公，又称飞山爷爷、飞山太公、飞山侗王、飞山土主等，是湘黔桂界邻区域流传最广的神明之一，其跨越族群边界，成为侗、苗、瑶、水、汉等不同族群共同信奉的对象。伍新福指出苗族地区每寨有飞山庙一所，庙式与土地庙大致相同。每年逢二、八两月初二日，合寨人在祭过土地之后，必祭此神，以求保佑，全寨平安，祭之亦可使病速愈。[①] 凌纯声、芮逸夫也指出每个苗人聚居地都有飞山神庙，其建筑样式与土地庙同。报告还说，在农历二月和八月的第二天，祭祀土地公以后，当地人会祭祀飞山公以寻求保护。因为飞山公是一位凶神，可以使人生病，这病来得快，去得也快。[②]

大高坪当地的飞山庙就在"高寨"下来的不远处，一个路口插进去的一块山地上。飞山庙由四块石板立作柱子，一块大石板压在上面形成顶盖，石盖上的西南角放有三个陶瓷小酒杯，石盖中间有一个香堆，上面香枝林立，有烧完的，有没烧的，像一个巨大的刺猬，石盖东北边上放着两个小陶瓷酒杯，香堆后有一把勺子。飞山庙中杂草丛生，飞山庙前也是一个像是刺猬一般的香堆，香堆前是两个玻璃杯，庙前左边的石台上整齐地摆放着三个勺

① 伍新福：《中国苗族通史》（下），贵阳：贵州民族出版社，1999年，第1072页。
② 凌纯声、芮逸夫：《湘西苗族调查报告》，北京：民族出版社，2003年，第89～90页、第113页。

子。据介绍这个飞山是属于全村的，即整个大高坪村的飞山。一般来说，当地村民每到年关时会来此处祭拜飞山，大年三十的时候香火旺盛，祭拜飞山时，一般要带上香、烛、纸钱、白酒、粑粑、刀头、水果、糖等物。正月初一、二、三、十五日也是拜飞山祭拜的高峰，这时要带上清茶、香烛、纸钱前往。飞山是整个村寨的守护神，人们若遇到什么灾祸就会前来祭拜以祈求平安。

　　草苗人崇尚飞山大王，但我们发现村民并不清楚飞山公是谁，对我们的提问感到很奇怪。大部分告诉我们"飞山公就是飞山公呀"，对其来历语焉不详。"飞山公是武将出生，过去的时候这里很乱，有很多歪风邪气，需要飞山公来压阵，斩掉邪气，留取正气"；"飞山大王是从靖州梁山坡梁山寨接来的"；"飞山公是杨家将"；等等。虽然大高坪草苗关于飞山公的记忆已经模糊不清了，甚至于出现了偏差，对飞山公的认知只停留在其能够保佑平安上。但这并不影响飞山公在草苗人心中的可信度与敬畏感，飞山公在草苗人心中不仅仅是达成心灵诉求的神灵，更是震慑鬼怪的权威所在，满足了人们心里安全感的需要。

图 5-9　飞　山 1　　　　　　　　图 5-10　飞　山 2

二、自然崇拜

　　由于草苗身居偏僻山区，自然条件恶劣，在无法战胜自然灾害的时候，往往会产生对自然的一种依赖感和敬畏感，因此，他们信奉万物有灵。认为无论日月星辰、风雷雨电,还是山川河流、花草树木,以及人工建造的桥梁等,皆是有生命且附有神灵的自然体,因此他们祭土地、架生命桥、拜"大妈石"、崇古树、信"山兄弟"等,相信这些神灵可保一方水土平安。

(一)祭土地神

土地神,苗族地区每个寨子都有一座用岩板与石块砌成的土地庙。相传土地神在生时,精于卜卦,信之者甚众。凡民间造房修庙,多请他选择吉日。但土地神卜卦,所选日期,总有不利于自己的因素。故至死未能选到一个无破败的吉日为自己盖造房屋,一生没有房屋住,只得栖身于岩板底下。后人念土地之德,而可怜他无屋可居,乃于寨旁砌一矮屋为庙,即土地庙。每年二、八两月的初二日,合寨人共同请巫师祭祀土地神,据说祀之可免野兽伤人。[1]

大高坪村拜土地,每个村组寨子里都有土地庙。据当地村民介绍,土地庙还有许多不同种类,有坳头土地、猪栏土地、牛栏土地、寨门土地、桥头土地、门楼土地等等。土地根据分工不同,会设在不同的地方,也因此主司不同的范围,有的管一片山头,有的管一座猪牛栏,有的管一方村寨,有的管一座桥头,有的管一条道路等。大高坪当地经常能在山边或者是路边看到一些用石板搭起的土地庙,形式较为简单,一般是两块石板竖起在两边,一块石板盖上做顶。

图 5-11　土地 1

图 5-12　土地 2

---

[1]　伍新福:《中国苗族通史》(下),贵阳:贵州民族出版社,1999 年,第 1072 页。

图 5-13　土地 3

图 5-14　土地 4

图 5-15　土地 5

　　土地庙有简陋的,也有看上去较为正式的,简陋的就是几块石板搭成一个"Ⅱ"形,有时候你会发现,除此之外,什么也没有。有些土地庙较为正式,像一间小屋子,檐前贴一张红纸,里面放有香炉、油灯、酒杯,香炉后会斜立着一根木棍。有些土地庙会在石台上放一把勺子,然后在石台下放三把勺子与之相对。有些土地的周围种有低矮的植物,有的则长满杂草。在高寨的后门也有土地,说称作寨门土地。土地庙已经倒了,只剩下石板,但人们仍然记得那处是土地庙,需要祭拜时仍然前往。不同的土地司职不同的领域,所以人们会因不同的原因祭拜不同的土地,例如保寨安村就祭拜门楼土地、桥头土地等,希望六畜兴旺就祭拜猪栏土地、牛栏土地等。祭拜土地公时,人们一般带上香、烛、纸钱、米酒等物。

（二）生命桥

架生命桥。小孩出生后，经地理师傅卜算，结合生辰八字，算出架生命桥的具体位置以架桥。据说，架的生命桥与小孩取的命运是相连在一起的，因为这是从阴间到阳间投阳的桥梁，所以称作生命桥。生命桥其实就是一根木头，木头上系有红色布带，扎上几根成熟的稻草，将其横跨在溪流小河之上。一般架好以后，不会有人去动它，任其风吹日晒。架有生命桥的人，每年都要祭桥。因为桥的位置不一，有些在路旁，有些在山坳里，人们到了每年的大年三十，都要到自己的生命桥所在地进行祭祀，通常携带香烛、米酒、纸钱、糍粑等物品。祭祀时焚烧香烛纸钱，点上一炷香，敬上三杯酒。

有关祭桥的场景：《大高坪吴氏家谱》中有着十分精彩的记叙：傍晚时分，村前村后，小溪水河边，凡有桥梁处，必见人挎篮提袋，烧香焚纸，摆上供品，磕头作揖。原来，不管男女，只要一生下来，他（她）的阿爸就会上山砍来同根双枝的其中一根杉树，捆上几瓣糯稻，搭在一座桥梁边，同时，请巫师在桥头设案予以祭祀，给孩子取个奶名，称"斑桥"。"斑桥"象征着给这座桥梁添上一份力量。从此，这座桥就成了该小孩的"粮桥"，从小到老，只要他（她）还在世，每年大年三十这一天，家里总要有人前来祭桥。祭祀后的糍粑（称为桥粑）必定要带回家来给他（她）吃，这样便会保佑他（她）一年安康吉祥。"斑桥"本是一件公益事，让孩子一出生就积德，以保证孩子顺利成长。此外，草苗人认为小孩越脏（不是外在的脏）越健康，越不为鬼神所挂念，也越平安无恙，把奶名化作桥梁的一部分，供千人踩万人踏，越脏越好。

图 5-16　生命桥

图 5-17 巨石崇拜

图 5-18 生命桥

(三)"大妈石"

几乎每一个村寨或几个村寨共同供奉一面巨石,认其为小孩的"岩妈妈"。"岩妈妈"可以显灵,保佑小孩不受疾病侵扰。平时,小孩如有什么小病小恙的,到"岩妈妈"那里拜一拜,带回"岩妈妈"所赐的饭(供品),很快便会好起来了,又变得活蹦乱跳起来。大年三十这一天,每家每户更要前往祭祀"岩妈妈",带回的糍粑全家分吃,让每一个人都受到"岩妈妈"的保护。[①]在大高坪老寨后的祖坟地上有一块被称作"大妈石"的巨石,这块石头就是当地巨石信仰最好的体现。每年大年二十九、三十日,认了"大妈石"的小孩那一家,就会拿着香烛、纸钱、果品、糍粑、刀头等供物前往祭祀,并讨回"大妈饭"回家食用,以期待来年健康。下面通过一段对话稍做说明:

> 笔:听说这里会拜大妈石,是吗?
>
> 吴:大妈石有哦,就在大高坪那里。
>
> 笔:拜大妈石是什么时候去啊?
>
> 吴:大年二十九啊。
>
> 笔:带什么东西过去呢?
>
> 吴:带烧肉啊,米酒啊。
>
> 笔:刀头,米酒,还有咧?
>
> 吴:香,纸钱,粑粑……
>
> 笔:还有什么东西,比如茶、水果、糖啊?

---

① 参见吴通清:《通道大高山吴氏家族的大年》,《大高坪吴氏家谱》,2010 年。

吴：没有茶。水果、糖啊，那个也可以有。

笔：要不要带糯米？

吴：糯米？……反正粑粑有。

笔：只是大年二十九去拜？

吴：如果你不能去，可以帮你去啊。把那个带给你吃就可以了，你就吃一点那个粑粑……

笔：吃粑粑？

吴：哪怕你带这么大一个去供她，你就吃这一点点就可以了嘛。还有，比如你是女方你嫁到逊冲，到另外一个乡去了，我们去拜，然后也可以寄一点粑粑……

笔：寄一点粑粑过去。

吴：对呀，你只要吃那一点，你身体就好起来哦。

笔：就是说我吃完你寄来的粑粑之后，我等于也去拜过她了。

吴：嗯，是哦。①

通过以上访谈可知，人们笃信"大妈石"会显灵，能保佑人健康，因此祭拜"大妈石"已然成为一种习惯。如果不能亲历而为，也可以让人代劳，但"大妈饭"或"大妈粑粑"一定要带或者寄过去给委托人，也在一定程度上反映出这种信仰的坚定。

（四）古树崇拜

大树崇拜，如小孩常病，就去拜寄村寨及附近的大树，祈求它保佑健康成长，消灾脱难。第一次拜寄时，用一只大雄鸡，以及酒肉、米饭、香纸，由小孩的父亲带领前去。杀鸡煮熟后，小孩自己供祭，不请鬼师主持。以后每年吃新和过年时，都要准备一点肉鱼和酒饭去供祭。这种大树，在雷山县掌坡村共有4棵。凯里舟溪等地苗族，崇拜大树还有另一个意思，即在寨前寨后选择古树作为"嘎赫"（即当地汉族所说的"白虎"）栖息之所，共同供祭，以祈保佑全寨平安，瘟疫不作，六畜兴旺。祭品各地不同，有用黄牛、猪和大白鸡的，也有用狗和大白鸡的。有的寨子每年祭一次，有的寨子在疫病和瘟疫流行时供祭。②

---

① 据访谈录音整理。访谈时间：2011年8月3日，被访谈人：大高坪村4组吴姓妇女。

② 伍新福：《中国苗族通史》（下），贵阳：贵州民族出版社，1999年，第1078页。

　　在苗民心中,古树也是神,它有一种神秘的力量,影响着它身边的人和事,得罪了树神就要受罚。但是如果能够尊重它,敬奉它,则能获得它的保护和庇佑。在苗族的村寨周围,总有一些古枫树、槐树、古松树等被村民尊之为"树妈妈"。人们过大年了,也要前往祭祀"树妈妈",让它与人们一起享受大年丰盛的食物,祈求"树妈妈"保佑家人在新的一年里平安幸福。[1]

　　在大高坪当地,对古树的崇拜主要体现在拜"槐荫树"上。大高坪龙寨塘村四组,即大高坪村五九组处,有一棵被称为"槐荫树"的求子树,有的家庭若是没有生育,希望求得子嗣,便会前往祭拜。

　　梁会计(简称"梁"):我们这里有一棵树是相当灵的,现在那个树上全都是红布。

　　笔:相当灵啊? 在哪里啊?

　　梁:就在我们那个寨子边。求子的,那个求一个得一个。

　　笔:这么灵啊?

　　梁:嗯,那个是要真心。

　　笔:那个怎么去求啊?

　　梁:那个它是吃……吃荤的。拿那个猪头就可以,刀头也可以。

　　笔:哦,刀头就可以,猪肉。

　　梁:对,猪肉。这个拿刀砍,砍下来得了这么大一坨(用手比画),煮熟去,再用香用纸用酒,再用这个粑粑,黄豆啊也可以,去那里去许,许就真的得了。

　　笔:用这些东西去拜它。

　　梁:哦,去拜它,得了以后就用猪头啊,刀头啊,再用红布挂起,就这样。

　　笔:那个树那里有没有建什么小庙啊?

　　梁:没有的。就单单一棵树在那里。

　　笔:这样哦,等于说那就是树神咯?

　　梁:嗯。

　　笔:你那小孩是求来的?

　　梁:是。我那个大仔,最大的就是。

　　笔:去求的啊? 求了之后,就二仔、小女就都跑来了。

---

①　参见吴通清:《通道大高山吴氏家族的大年》,《大高坪吴氏家谱》,2010 年。

梁：哈哈，就是这样。蛮灵的哦。求子的话是要当天来当天回到家它才准……

笔：到时候还愿的话有什么讲究？

梁：还愿的话就随便了，你来求的这个时候它还有种诀窍。

笔：什么诀窍？

梁：碰到人家问你，你不要应。就是人家叫你的时候，不管跟你说什么话，反正不要理他。

笔：哦，理的话就不灵了哦？

梁：理的话就归人家去了，它是这样……

笔：哦，那就是说我来的话我就当天来，搞完的话当天我就走，尽量不要遇到别人，即使遇到别人，要是别人问我，我也不说话。那别人知道我是过来求子的吗？

梁：嗯……有的懂，有的不懂。不懂的人，他说你这个人太……不理人。[①]

由上可知，当地崇拜"槐荫树"，主要目的为求子。去树下求子时要带上香烛纸钱、米酒、刀头、红布、粑粑等祭祀物品，祭祀后将红布挂在树枝上，即刻返程，在路上尽量不与人交谈，方才灵验。

图 5-19　挂满红布的槐荫树

图 5-20　槐荫树下

---

① 据访谈录音整理。访谈时间：2011 年 7 月 25 日，被访谈人：龙寨塘 4 组梁会计。

（五）信"山兄弟"

当地传说有一种山神或山鬼,苗语称为"杰能进",就是"山弟兄"、"山兄弟"的意思。据说这是一种鬼群,由 13 个"杰能进"组成,后来被打死一个。它们生活在山林深处,其形为矮小的小人,反足,即脚后跟朝前,脚趾朝后,能在树与树之间飞过穿行。当地人说起"杰能进"有许多说法,但是没有谁真的见过它。有些村民说晚上上山时看见山里有奇异的山火景象,那便是"杰能进",比如漆黑的夜里,树丛间蓦地突然出现一团飘忽不定的火焰或者灯火,然后在一眨眼的时间内,漫山遍野燃起这样的火苗,火苗有规律地散开、聚集,过一段时间就消失了,这种时候就是"杰能进"在作祟。又或者在深夜的田间地头看见星点火光,放声一叫,它就散开随即熄灭,这便是"杰能进"在偷田里的螺蛳、青蛙或者小鱼。村民说,"杰能进"喜欢吃鱼仔、螺蛳和青蛙这些东西,所以一般人若看见河里、田里有许多鱼或者螺蛳什么的,不会大声地说,这里有很多鱼啊或者很多螺蛳之类的话,因为如果说了,那么晚上"杰能进"就会趁人熟睡或不注意时前来抓鱼,而且肯定是一扫而光,一条不留。

"杰能进"一般与人没有往来,一般是井水不犯河水。但若是人侵犯了它,它也会伤人。比如在山里若是碰见一棵活草串着一串"蚂拐",那便是"杰能进"的杰作,这是万万不能去碰的。又如在山间沟隙不可能有鱼的地方出现一条大鱼,那就是"杰能进"抓的,也是不能去碰的,若是惹了它,它便会把人"带走",即把人掳走。村中若发生小孩在山中莫名其妙走失的现象,人们或会疑心是"杰能进"干的,据说村里有人曾经被"杰能进"带走过,回来后脚的方向也便反了,不久后便去世。有小孩曾经被拐走一周,后来在一个草洞中被发现,据说回来后人就变得有些迟钝。总之,村民对"杰能进"还是存有敬畏之心的,抱着一种互不侵犯的态度,若是在山间遇上了它,要低头说"大人先走",重要的是要叫它"大人",尽量不要去招惹它。也有的村民说,"杰能进"会不会是外星人,这就无从得知了。

三、笃信风水

大高坪当地有很强的风水观念,而且人们对懂得进行风水作业(苗语称

"术"）的师傅，十分尊敬。最简单的一个例子，以大高山来说，当地人将其称为"人形"，这是在风水上说的，除此之外，当地还有些其他的山峦，依照风水讲法被称为"虎形"、"猪形"、"牛形"、"凤形"等的。人们笃信风水，人生中的大事，如生老病死，婚丧嫁娶，建房造屋等都要通过风水先生（当地称地理先生、日理先生等）算过良辰吉日，好日吉时才以此进行。如出生时要卜算架"生命桥"的吉时和吉利方位，人去世后，也要算好时辰出殡、下葬。过去结婚还要算好"偷婚"时走哪条路吉利，什么时候走吉利。建造房屋的时候尤为将就风水，首先要选算好屋宅坐向，即山向，然后还要选取良辰吉日动工，无论是伐木、排线、上梁、树屋、树门等，无一不要经过风水师傅的测算，并且村民会严格执行。有的房屋在面对路口、岔路口或者正对山坟处会在门上或者房屋柱子上挂上一块木牌，上面画上八卦或书写"泰山石敢当"、"泰山拦路石敢当"字样，用以驱邪避鬼。

图 5-21　泰山石敢当 1　　　　　　　图 5-22　泰山石敢当 2

　　当地人对风水师傅十分敬重，有些人还希望能够学得到这门技术活，自己买书学习。当地有关风水的东西，玄妙而有趣。有关大高山的说法就有很多，例如有村民说，大高坪山上的吴氏祖坟地，实际上是"人形"大高坪山的心脏位置，也算是龙脉，是万万不能动的，动了就会有不好的事发生，或天灾或人祸。又如大高坪八组团寨正对着一座"虎形山"，"虎形山"与大高山相对，形成"虎视眈眈"的局面，导致往年寨子里经常会发生青壮劳动力无故死亡的事件。因此人们要在八组前修一座"祥福桥"挡住"老虎"，保住寨子

的风水,将"虎形"格挡在外。又如从老寨下到龙林的石板老路,与大高山其实形成一种"人拉弓"的样子,而寨门前原有的参天古树就是弓箭,刚好又形成"弯弓射箭"的风水说法,克制住虎视眈眈的"虎形"。可惜如今新修水泥山路,将老路断开了,古树也砍去不少。

就拿当地吴、王二姓来说,也传说是风水先生提出的,需要有此二姓相互住在此地,人丁才能兴旺发展。除了大高山之外,在龙寨塘四组,也有关于风水的传说。说是四组一地,实际上是设在了"猪形山"上,组中的泉眼就是猪的奶水,因此此地很早之前便有地主、农户扎根于此,并且发展得十分兴旺。但是后来来了一个风水先生,由于村中人对其不敬,他便徉说此地需要修一条沟,让水流通彻村子,才能兴旺发达。村里人信以为真,便挖了水沟,谁知这样做破坏了风水格局,实际上是将"母猪放血",所以村子日渐衰败,导致原来住在此地的人都或死或搬。又有说龙寨塘村二三组所在,是一个"燕子窝"形的风水格局,但是由于左右不相齐,右边过低,所以要在村子右侧种上风水林,养护风水。

这里尤值一提的是,由于讲究风水,村民对"谢坟"活动相当重视。

谢坟,也是安龙神,唯地点不同,是在坟地进行。以坟顶为中心,但不画八卦和圆圈等。巫师念咒卜筮后,将朱砂酒埋于坟尖内。[①]

当地有会做谢坟活动的师傅的手记《谢坟科》,其中对如何谢坟有所记叙:首先需选择吉日,按照死者生辰八字进行选择。然后念咒:

关祖师寅,二吴本师卯,三关度辰,祖师某某某(一系列人名),诸位宗师,今则弟子谢坟科事,凡事关在弟子身边,弟子不到,弟子不灵,师傅降临,千叫千应,万叫万灵,想到来临。

先念净天地神咒:

净天地神咒,天地自然,秽气消散。洞中玄虚,光朗太元。八方威灵,使我自然。灵宝符命,普告九天。乾罗答那,洞罡太元。斩妖缚邪,杀鬼万千。中山神咒,元始玉文。持诵一遍,却鬼延年。按行五岳,八海之闻。魔王递首,侍卫我斩。凶秽消散,道心常存。急急如律令!(念此神咒,水碗内写四字)太上弥罗无上天,钞有玄真境。渺渺紫金阙,太微玉清宫。无极无上圣,郭落法光明。玉皇大天尊,寂寂浩无宗。玄范总千万,湛寂真常道。恢漠大神通,玄穷高上帝。(念此神舟,水碗

---

① 伍新福:《中国苗族通史》(下),贵阳:贵州民族出版社,1999年,第1074页。

内写一字）
又念普庵咒：

志心皈命礼，普庵明殿，大德禅师。合人合礼紫金身，坐在洞中成正觉，救民救苦为三界。知医王者，非色非空，一轮明之孤月。大悲大愿，大圣大慈，南无南泉教主，普庵祖师摩沙摩柯莎。日月照天山，一心救万民，十龙行一雨。吾现紫金身，五龙吐水洗金身。前三山，后三山，收拾乾坤一担担。（写一字）

起水：

此水不是非凡神水，天生打来。天生之水，地生打来。地生之水，江边打来。长流之水，田中打来。禾苗之水，井中打来。五龙清静之水，神水要文就文，要武就武。神水落地，万神皈依（必水下地）。神水过香一遍，神水过香二遍，神水过香三遍，祖师与我化炼。祖师开了墓门，本师开了墓门，祖本二师开了墓门，大金刀削开墓门，小金刀削开墓门。计起长台，计起短橙，计起莲花宝座，计起莲花宝座盖，计起细罗纹椅，日月二宫，仙桃仙果，琵琶细罗，弹琴鼓内，阴酒阴食，又开墓门。排起：土府九垒高皇大地，后土紫阴夫人，五方五帝五土龙神，排在墓前受今招谢。排起：东方青帝，南方赤帝，西方白帝，北方黑帝，中央黄帝墓龙神君，排在墓前受今招谢。排起：左青龙，右白虎，前朱雀，后玄武，三十八山，二十四向，排在墓前受今招谢；排起：墓前土地，灵受正神，守墓童子，看墓郎君，此问土地之神，伏尸五姓土主之神，排在墓前受今招谢。排起：亡者守墓，山水龙神，排在墓前受今招谢；排起：弟子头代佛道两门真师宫，排在墓前受今招谢。洒净如常，清静之水。日月花开，东祥北斗。内暗三台，神水洒净。祥福消灾，常清常净。

洒净完念：

天无忌，地无忌，年无忌，月无忌，日无忌，时无忌，阴阳无忌，百无禁忌（从未宫顺数至寅宫）。

开科唱：

南无证盟师菩萨摩珂莎证盟师衣莎摩珂莎南无水月轮衣莎摩珂莎水月轮衣莎摩珂莎，切以水灯秋月现，恳祷福田增，唯有佛衣提，是今皈依处。今拟人民共和国某省某县某乡某村居住奉佛迎龙安谢，保安孝男某某某敬为故父/母某某某亡殁之后，得利安葬地名某某坡上立坟了终大事，尤恐前后左右兴工动土砌砍平墓，惊犯土府之龙神。今则某月某日特伸安谢,是以虔略凡科,修陈酒醴,燃点香灯,尤恐不洁,清凭法水,灌洒一会,庶今□□,悉令清净。如来藏教中,有咒变香水真言,谨当持诵……

念土地经:

元始安镇,普告万灵,岳渎真官,土地祇灵,左社右稷,不得妄警,回向正道。内外澄清,各安方位,闭守家门。太上有令,搜捕邪精,护法神王,保卫诵经,皈依大道。元亨利贞,急急如律令。

佛说八阳经:

言天地水三官,日月星斗,二十八宿,三官九斗,五方八卦,天神地祇,十二诸神,十方圣众,尽谓所言。老君曰,若见四方国土,砌砍平墓,侨新换旧,东南西北,四围上下,种种兴工动土,休整方隅,三实九横,一时水消,五福加增,土地流行……

念心经一道,念释谈章,科闭,化财,结束。

四、奉行巫术

大高坪当地草苗对鬼神敬畏,对巫术也存在着较为普遍的信赖感,一般来说,家中有人无故生病,旧病不愈或诸事不顺,易惹灾祸,人们若是找不到原因,便会请巫师。其实也就是风水师傅前来作法,行使巫术以求驱鬼消灾。在当地有"过阴",苗语称为"翘杠";有为人收魂的巫术,称作"搞班翘"。还有为小孩"解关煞"、"放板凳"、"解夜哭"等等。

"过阴"或称"放阴"术:苗民认为人生病、灾祸临门便是有鬼作祟。而驱鬼怪要用不同的祭品和不同的驱除方式,所以巫师使法前首先必须弄清楚是何鬼作祟,这就要进行"过阴"活动来断定。"过阴"有两种:一种是苗巫自己进行,届时苗巫以红头巾蒙面,念咒语(有时要吸几口烟,喝几口酒),然后全身颤抖,两眼上翻,进入半醒半睡状态,叫"入阴"。这时由通事引路观鬼,接着巫师便不停地手舞足蹈,大喊大叫,其声音格外阴森恐怖,声调完全改变(据说是鬼魂附体了,苗巫的声音是鬼怪借苗巫之口表达要求、责难等)。最后苗巫双脚一跳,表示回到了阳世,然后苗巫问主人刚才说了些什么(苗巫醒后不知道刚才自己说了什么),以此来判断是何鬼作祟,以便选择合适的祭品和驱赶方式。另一种是苗巫使法,让主人进入半睡半醒状态,这种巫术又叫"放阴"，即把主人放到阴间去观察鬼情，倾听鬼怪的要求。据说苗巫使法时，主人也会不由自主地发抖，状若疯癫，其声音完全改变了。待主人重回阳间后，苗巫再按主人在疯癫状态所言来选择祭品和驱除方式。[①] 我们在当地调查时经历了一次被称为"杠同"的巫术仪式，也就是"过阴"。

做杠同的师傅会在傍晚来到需做法事的主人家里，这时，主人家会端出水来请师傅洗脸洗手，送上西瓜、烟、水、油茶款待师傅，意在感谢师傅前来帮忙。主人家自己准备做杠同所需的一切供品和所需物品。我们所见，需要准备一张矮桌（即吃饭用的桌子），勺子（八只），装满糯米的小竹箩，米上插香、钱（五元、十元、二十元随意）、蜡烛，一竹篓稻谷，一碗黄豆，一大碗鸡，刀头、两个鸡蛋，一锅清茶，一壶米酒，一个空碗，香纸若干，需要做仪式的人的贴身衣物等。

准备的东西准备好后，仪式便开始。整个仪式的房间在厨房外。师傅们赤脚，一位师傅坐在边上的长凳上，另一位师傅在桌前进行请神，口中念念有词，说的是汉语，请各种神仙，手中拿着一碗水。随着念词的内容和节奏，时不时用手指点水洒地，还会拿起香枝沾水并在碗中搅拌片刻，整个过程约三分钟。随后师傅蹲在桌前，两手做着各种手势，一段念词后开始吟唱，吟唱时亦用汉语，边唱边烧纸钱，并且用木钉抛地占卜，整个过程 10 分钟左右。随后师傅斟酒进勺子，倒茶进碗中，然后开始报需要做这个仪式的人来自哪里，叫什么名字。之后，继续念词，抛木钉。结束后，起身站在一旁，抽烟，较为放松。整个过程约三分钟。随后另一位师傅前来，蹲在桌前开始默默念词。词罢，抛木钉，覆盖一张纸在茶碗上，然后烧纸钱，默默念词，制成法水，点法水写字，做手势。随后起身来到长凳旁抛木钉，然后吹一声口哨，单脚踩在板凳上，继续抛木钉，如此反复数次。后对着板凳比画念词，并拿来纸钱，燃烧一会。之后，喝了符水，便坐在长凳上，闭上双眼，双脚不停蹬地，口中吹着口哨，双手拍掌，从长凳上跳起，跳到长凳上后又坐下。另一位师傅赶紧抓来一把稻谷递到他的手中，蹬脚的师傅将其放进嘴中咀嚼，同时仍不停蹬脚。然后桌前的师傅再将衣物递给正在跺脚的师傅，一阵沉默后，桌前的师傅不停抛木钉，做手势，等跺脚的师傅示意。跺脚的师傅在过程中会拍掌，会在手掌上画圈，经过一段时间后，会将衣物交还给桌前的师傅。此时，师傅接过衣物，在桌前画圈比画，口中念唱有词，整个过程耗

---

① 吴荣臻主编：《苗族通史》（五），北京：民族出版社，2007 年，第 725 页。

时很长。之后,在确定了是什么鬼作祟之后,一位师傅便拿着一碗鸡血,一把柴刀,纸钱、茶水等物的簸箕来到屋外路旁,进行杀鬼。杀鬼时,师傅口中念念有词,焚烧纸钱,泼洒鸡血,做捅刀刺杀状,后将沾有鸡血的木钉敲打入路旁土中。整个仪式结束花了将近三个小时的时间。

图 5-23　款待师傅的油茶

师傅做完一系列的仪式后,主人家要设宴款待师傅一番。

过　阴 [①]

笔:今天晚上做这个是给谁做的啊?

王:他在外面打工去……老三。

笔:是帮他做啊? 帮大人做啊?

王:唉,是。

笔:他干嘛了? 他遇到什么事了?

王:他身体不太好。

笔:今天做这个仪式叫什么名字啊? 是翘杠吗?

众人:哈哈,对对。

王:是,是"杠琼(同)"。

笔:杠琼? 杠同? 同志的同?

王:对。

笔:杠同什么意思啊?

师傅:我们在凡间,杠同是要到阴间去看看。

笔:要到阴间,等下师傅要到阴间去。

吴:我打个比,我们在这里……比如你在桂林,吓了一跳,或者身体不好啦,要请师傅到,我们这里来就从阴地来……那个叫什么了,我也不懂……

笔:杠同是苗语吗?

① 访谈时间:2011 年 8 月 2 日,访谈地点:大高坪四组下龙寨。

王:不是啊。

笔:杠同不是苗语啊? 那苗语叫什么?

王:翘杠,睡杠。

笔:哦,翘杠,睡杠……哦,但是那个要帮他做的在浙江啊,怎么在这里做呢?

王:他家在这里。

吴:他是……他从这里从阴地去的啊。

笔:哦,意思是说等下我们在这里做,等下从阴地到那边去看。

众人:哦!

笔:哦,那走得太远了,呵呵,要到浙江去了。

师傅:都到,浙江哪里都到得,阴间克啊,三魂克啊。

吴:他不是说他有车坐车,无车就坐马啊。

笔:师傅从哪里过来啊?

王:师傅啊? 本地的。

笔:从八组过来?

王:呃。两个都是啊,都是从八组过来。

笔:等一下是哪个师傅去啊?

吴:两个都可以。

笔:两个都要去啊?

吴:有一个去。

笔:一个去,这个应该要……很厉害才能去的吧?

吴:去回来很累的哦,一般要习惯才可以,不习惯不行。我们在这里,如果鬼在这里,他用法水发一下,像你自己,不相信你也能去。

笔:去是要算的吧? 看有些能去,有些不能去。

师傅:哦哦,是。

吴:有些能去,有些不能去哦……

笔:不是两个师傅一起做吗?

吴:不是,一个做。

笔:不是啊? 那另外一个师傅做什么?

吴:等下你就知道。

笔:两三个小时了。

吴:不容易哦。我们都十多年没有看见了哦。

248

笔:十多年没有看见啦？两个师傅做算比较大的法事了吧？

吴:也不算大,还有更大的。

笔:还有更大的?

师傅:这还是一般。

吴:你不相信……像有电话一样,这个师傅在这里……他在那里,他自动跑来这里来坐哦就是像有电话打给他一样的哦。

笔:就是说他从下面过去跟他说了是吧?

吴:唉,没有噢……这个师傅在这里请他,请了他,在山上做事也好,在龙寨塘也好,在大高坪也好,他会从那里跑下来哦!

笔:你见过哦?

吴:见过啊,真的噢。

笔:刚刚做了好几个人是不是啊?

吴:什么做了几个?

笔:刚刚不是拿了好多件衣服吗?

吴:哦,那是……是他或者是身体也不好,或者是用药也不好,就让他看看。

师傅:看衣服看那个人,看那个人三魂啊,看那个魂啊。

笔:就是那个衣服,谁穿那个衣服就看那个人的魂是吧?

师傅:哦。

笔:那刚刚看了好多件哦。

吴:嗯,有几个人就是这样。

师傅:看几个人啊。

吴:就是你拿一件就是一个人。

师傅:有小把戏啊,大人也有啊。

笔:刚刚看了多少件?看了四件好像。四件还是五件?

师傅:五件,一件一个人。只他穿,看到他啦。

笔:平常都是晚上看?

师傅:白天没得空。

笔:白天也不能看吧?

师傅:看得,看得。

笔:白天也看得啊?不是说要等到晚上落山才能看吗?

师傅:没问题没问题,随时都搞得。

笔:我们做这个有什么禁忌没有啊? 不能做什么?

(旁人:有啊,也有。)

笔:有啊? 当师傅的可以吃荤不?

(旁人:可以啊,不能吃荤那还当什么……)

众人:呵呵呵。

笔:那有什么说法没有? 比如我们旁人有什么不能做的?

(旁人:他们在做的时候,旁人不要说坏话之类的,还有就是……师傅一般不吃狗肉啊。)

笔:不能吃狗肉是吧?

笔:那师傅家里面应该也要拜神的吧?

师傅:拜啊。平常……天天克啊……天天到人家,那神伴起……克请他们啦。

笔:刚刚请了什么神啊? 好多……

师傅:好多! 门楼土地,什么土地都请,飞山啊观音啊。

笔:飞山,飞山也信的哦,还有观音?

师傅:观音菩萨啊,阳三阳四啊……

笔:阳什么?

吴:阳三阳四的那个神啊。

师傅:阳五阳六阳七将军啊……

吴:这不是在门口那些,他们有个像画像……

笔:那个是门神吗?

吴:那是门神也要请啊。

师傅:还有那个……七龙过海,七虎过山,七鹅过天……那是大神……还有桥头土地,坳头土地,江边土地……

笔:江边土地啊?

师傅:哦,江边土地百河水官啊,它是那样喊的。

笔:百河水官,管水路的。

师傅:哦,管水路的啊。江边土地,百河水官啊,山头土地,闲头大人啊,呵呵呵。

笔:白天师傅还要去做其他什么? 去种田?

吴:去看田啊,看水田啊。要割草,管牛……孩子又不在家,出外打工了。

笔(问师傅)：对了，那看房子啊，建房子又请你们去了？

（旁人：建房有建房的师傅啊。）

吴：那种是地理先生。明天有个地理先生来啦，来我那里啦！他下午……可能中午到吧。

笔：地理先生和两个师傅都是"术"。

吴：术！师傅就是术。

笔：我们做这个的译过来叫什么师傅啊？

（旁人：哪个？）

笔：就是我们两位师傅啊，用汉话讲叫什么师傅？

吴：一般他都是阴传的，像这种师傅。他是梦出来的。那地理先生他是学会的……

笔：这边请神，飞山可能大一点？

众人：哦！飞山！

师傅：庵堂是谁管你晓得吗？

笔：不晓得。有的庵堂里面供的是观音。

师傅：哦，观音，对啦！观音大，飞山还下一级。

笔：那干嘛……干嘛这里不拜观音咧？

师傅：也拜。

吴：观音……在黄柏那里你去过没有？到黄柏那里去啦。

师傅：正月初一和十五去拜。

笔：正月初一和十五去拜。

师傅：哦！

吴：如果……你求过就是正月十五，每年要去。

笔：啊？求过一次就都要去了……

吴：哦，你都要去哦！狗肉你再也不要吃……人家吃你就看啊，不要吃了。

众人：哈哈。

师傅：是那个咧。

笔：干嘛狗肉不能碰啊？有什么讲法？

师傅：他没喜欢啊，他是吃那个豆子啊，吃那个……吃斋的咧。

笔：那吃猪肉、牛肉这些呢？

吴：那也不准吃哦！庙里不准吃哦！

251

笔：是吧，那我们师傅……

师傅：不一样……我们这个师傅要刀头啊，要鸡啊，要猪肉啊，要鱼啊，我们的是这样啦。

笔：那就等于说师傅请的神要吃这些了？

师傅：我们请的吃那个豆子的就是那个养生父母啊和那个九子娘娘啊，他另外在一边的。

笔：哦，等于说素的是请那些庵堂里面的神，荤的是请天兵天将。

师傅：哦！对了！

师傅：像我当师傅，我告诉他，就是算阳传。

吴：阴传就是在梦中，做梦。

笔：他托梦给你。

师傅：唉，对啦。

笔：那这个一般听说都是生一场大病啊或者是……

吴：没有什么生病的，就是你睡觉就是有一个或者什么什么的师傅……

师傅：那个人你也认不到的。

笔：他就来教你了。

吴：在你每个梦中他就来教你。

笔：每个梦都来教一下，那你白天干活那么累，晚上睡觉的时候还要学习……

吴：你越累他越来告诉你……

师傅：那个你回来，自己脑头都晓得，讲不到。

吴：如果你真是他的徒弟，你没有记性的，他也记下来，是这样。

师傅：就不要跟人家讲唉。

吴：不要跟人家说哦，如果他告诉你……你如果跟我讲，你就不会了哦。

笔：那现在讲了怎么办？

师傅：现在没讲咧。

师傅：那个梦不能够讲。

吴：秘方了，一样了。

笔：就是说，比如说鸡是拿来干嘛的……这种……

吴：哦，怎样说的，这种请师傅……梦中就不能说了……

笔：那些手势是什么也不能跟人家说是什么意思咯。

师傅：不能跟人家讲。梦的时候不能讲的，像我们当了几十年的师傅就不讲的。

吴：如果说像我们这样吃饭的，你告诉他，你当他的徒弟，你告诉他这样说的那可以……

笔：那要是做了徒弟有什么要忌讳的？

师傅：师傅……我们不吃狗肉的。

吴：你一天三餐要想他哦，要请他哦，要想他哦……

师傅：要想他哦。想那个阴师傅咧，阳师傅还在这没要你……哈哈哈……几辈的师傅了，几代的师傅。

笔：就是吃饭的时候想到他。那这个……比如说，一些比较凡间的事情还能做什么？

师傅：做！

吴：一样的，跟我一样的！

笔：还是一样的。

师傅：像我们咧，成天什么事情都可以做。

笔：都可以做，不是像和尚一样要怎么样。

师傅：就不吃狗肉，蛇肉也不吃咯。

吴：他叫你不吃那种肉你就不吃。

师傅：那……有人吃狗肉……那餐……就不要……不要念着师傅了。

笔：就吃的时候不要想他……

师傅：哦，不要想啦。

笔：他不是自己跑到你脑子里面去的吗？想不想他都难。

笔：那像做这个师傅，你们要不要传给下一代啊？

吴：那个……不知道了……

王：如果像他们这……那师傅啊，老去到……七十八十去世那时候，有一个在上面接啊……

吴：哦，在下面接！

笔：下面……是上面还是下面啊？

吴：上面下面都有。

笔：哦，就看他自己选是吗？

王：没是！

师傅：他是这么的啊，要过天桥啊，你不过天桥，那鸡……来叮你。

王：不是我们这个地方咧，都是这样，要拿一块布，蛮长的。

吴：就是说比喻那是天桥，从天上传给你这样。

笔：哦，我知道了，就是师傅走的时候……

众人：哦！

笔：就是要在堂屋中间，挂一块布下来……

众人：哦，堂屋中间！对啦！

笔：等于说是要把他接上去。

众人：对啦。

笔：那是要把那个布盖着整个人的吧？

师傅：没盖的。他要上那个布克西天啊，那个……

笔：那个脚要放在布上面。

王：哦，对对对。

师傅：那个弟子咧……像我啊，我当师傅，我的弟子到高头克接，还有个师傅咧，另外搬桌子的，就送他去。

笔：就是上天桥。

众人：哦！

笔：那个布是自己家织的黑布哦？

师傅：家的，自己织的。

笔：但凡是师傅，还是要收弟子的吧？

师傅：像我传那个弟子……我当一辈子师傅，我接给他克，到那时候他要到那个高头去接我。

笔：你已经传弟子了？

众人：没有、没有。

师傅：要是传了弟子，我的一切事交给他。

笔：就是你已经收了他为弟子了，他才接。那比如说发生什么意外……如果有一个师傅他没有弟子那怎么办？

师傅：有！

吴：他会阴传。

笔：他会阴传，反正他始终都会有一个弟子去接的……不用阳传，可以阴传。

254

吴：阳传你传不了，如果你不相信……就是你不相信他，他肯定阴传也不传给你，阳传也不传给你的，或者另外他会找一个，或者是亲戚，他会找一个人的，会找一个再阴传传给你的。

笔：会有个接他的。

笔：像师傅你们明天晚上还做吗？

师傅：做，也有的。

笔：像做这个不用算日子哦？

师傅：也要看日子，但是没得办法啊……

吴：他有这样嘛，他有那个哪天不能做，哪天可以做。

笔：大高坪村最大的神是什么神？

吴：那要问他们师傅啦，可能就是那个飞山庙啦。

笔：师傅，我们这个整个大高坪村啊，最大的那个神是什么神？

师傅：最大的神是飞山，在农村啊是飞山。

笔：就是飞山。那你怎么前面说他还大过观音呢？

师傅：观音请来的啊。

笔：观音是请来的。

（旁人：我们这讲到他，师傅把他请来啊。）

吴：不是我说嘛，这些师傅啊，你在家里请，在山上干事，干工或者在龙寨塘干什么……

笔：是吧，那个最大的神……就是平常我们拜的最大的神就是飞山。

众人：哦，哦。

师傅：没是，可能没是，我们这个请的飞山咧，但是还有那个庵堂那个观音老母啊，那个菩萨。

笔：但是那个庵堂现在被砸了啊。

师傅：没有。

笔：那五九组那个庵堂不是毁掉了吗？

师傅：它毁掉那其他地方还有啊，我们请还是照请啊还来啊。

笔：就不说你请嘛，不说我们师傅请神嘛，你就说平常，我们这些百姓拜的最大的神就是飞山了吧？

师傅：飞山也还是就是那个……

笔：还是飞山了哦？就还是那个飞山了哦？

吴：龙寨塘也是……

师傅：就是最近的还是那个观音老母，观音老母啊，救苦救难观音菩萨啊。黄柏那个坡克诶！

吴：我们这有庙，就是有三间房子那里。

师傅：那有好多菩萨，那个是最大的。

笔：那个是大高坪乡最大的？

吴：哦，对对对。

笔：那大高坪村呢？

师傅：村也是克那凯克拜……我们都克那凯克拜啊。

笔：全部都过去拜的。

吴：这个整个坡底下的就是他那个最大的哦。

师傅：那个庵堂就是……不准那个的啊……那个好地方啊，又把庵堂建在那里……

笔：那里风水最好。

吴：风水最好，那里哪个去住或者去埋，要出那个人啊！

笔：那这种地方一般不会给别人去埋的。

吴：争啊。

师傅：还有好多菩萨咧。

笔：我们这里就主要还是拜观音吧？像普贤、文殊、地藏都没有，主要是观音？

师傅：救苦救难观世音菩萨啊。

笔：那我们这一般那个写的，拜的那个一般都是瑞庆夫人……

师傅：这个是家仙啊，祖先啊，神位……她是祖宗来的啊。

笔：我们这边，除了拜飞山，还拜什么神啊？

师傅：拜两个咧，飞山是肯定了，到年三十啊，家家户户克拿鸡啊……还有门楼土地公、门楼土地婆……

笔：还有土地婆？

众人：哦！

旁人：有公不是有婆？

笔：就是那个小庙里面不单单有土地公，还有土地婆在里面的？

师傅：寨头门楼土地公，寨尾门楼土地婆。

笔：一个守前面，一个守后面。

众人：哦！

笔：那你们把他们两个分开怎么要得。

师傅：啊哈哈。

旁人：分工的。

吴：一个管后门，一个管前门。

旁人：那一个寨子啊都是他管的啊。

笔：这个可能只是山上面才有了哦，我们下面这里没有寨头寨尾。

旁人：没有没有。

笔：是吧，下面这里好像没有。

师傅：如果没分工啊，后面那里又从后门进来，前门从前门进来啊……是有个阴阳。

笔：有男有女，有阴有阳。

众人：哦！

师傅：就是那个啦。我们是这样的，是这样请。

笔：哦，所以请的时候也请土地公，也请土地婆。

师傅：这就有个阴，有个阳。这个是有道理的。

笔：那飞山就只有一个阳咯。

师傅：飞山是有蛮多的咧，他有千军万马的啊。十万雄兵啊，八万小将啊。

图 5-24 仪式用品

图 5-25 仪式用品

图 5-26　仪式用品

图 5-27　仪式现场

图 5-28　制作杀鬼用的鸡血木钉

图 5-29　杀鬼用器

当地崇信巫术，相信鬼神，以上案例向我们展示了大高坪当地巫术的一角。巫术有一套自己的法事体系、神道体系以及自身的传承系统。大多数人对于巫术持有敬畏的态度，宁可信其有，不可信其无，恐怕是进行自我催眠的最好借口。无论你是否相信，当地巫术是的确存在的，人们对巫术和鬼神的敬畏之

图 5-30　仪式完成后款待师傅的宴席

心也是存在的。

　　另外，当地的巫术信仰其实也掺杂有其他各种宗教信仰的因素在其中的，其中道教神祇和佛教的佛、菩萨更是被"请"得很多。从这个案例中我们可以看到，当地人对于观音的信仰是不可忽略的。

图 5-31　悬挂毛泽东像

　　在大高坪乡黄柏村有庵堂，里边供奉着观音。实际上，在大高坪村五九组龙林处，原来也有庵堂，就在桥头后的那片大树下，但是由于"文化大革命"的浪潮也席卷了当地，那时庵堂被破坏，如今只剩下残垣断壁和烂瓦遗柱。据说这间庵堂曾经辉煌一时，内饰装潢也颇为靓丽，供奉着"观音老母"和其他的佛教菩萨，香火一时繁盛。而且，庵堂还被作为小学，从事过教育，对当地可谓颇有惠及。在黄柏处的庵堂，据说是因为风水独好，为了避免周围乡镇以及当地人争抢"龙脉"，所以设置一座供奉菩萨的庙宇在此。当地人会前往祭拜观音，但并非所有人都会去。曾向"观音老母"求过愿，希冀保佑的人，之后便不再食狗肉，以此表示自己的虔诚。我们在当地一些村民家中也发现了观音菩萨的照片或者海报，有的贴在墙上，有的放在神龛上供奉。

图 5-32　毛泽东画像

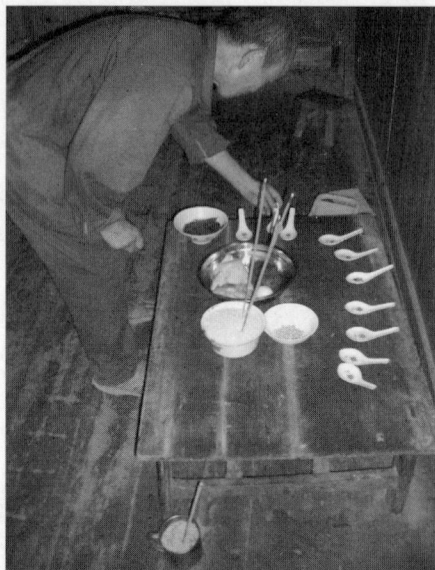

图 5-33　搞班桥的师傅

图 5-34　仪式现场

图 5-35　仪式现场

除了观音菩萨,当地有些家庭还会把毛泽东主席的画像挂在神位两旁或家中显眼处,据说这也是一种信仰。因为觉得毛主席有威力,有力量,能够驱鬼辟邪,所以他的画像也被供奉起来,人们在不知不觉中将他神化,化作了一种安慰。

"搞班桥",收魂①

搞班桥的师傅在下午七点左右来到主人家中,主人家款待其香烟、

————————————

① 访谈时间:2011 年 7 月 29 日。

西瓜、茶水,待师傅稍作休息,家中主人便着手准备长桌以及相关物品。仪式在正堂进行,桌子是吃饭用的矮桌,靠东面的墙壁,上面摆有做仪式需要的物品,在桌脚摆放着一碗带有茶叶的清茶,茶碗旁沿着桌边有三把勺子,勺子旁是一碗黄豆。矮桌中间是一碗米,上插三炷香和一张人民币。碗的旁边是一盆供品,内有鸡、猪肉、鸡蛋。碗的前面是一个倒置的杯子,上点一支白蜡烛,旁边放着占卜用的器具,像是两枚木片,碗的后方整齐摆着五把勺子。除此之外,还要准备一块木板,用来放烧着的纸钱,一张板凳用来放被"收魂"人的衣物,一个上放扁担的脸盆,脸盆内盛有清水。

仪式开始时,师傅蹲在桌前,单手在烛火前做抓取状,口中念念有词。然后开始扔掷占卜用的木片,得成后,举起一碗水,在桌上念词,并四处张望。接着放下碗,两手做收拢状,接着再次拿起碗,并用手指沾水像空气中点洒,然后蹲下,去烧纸钱,同时口中仍念念有词。念罢,开始向五把并排的勺子斟酒,向三把并排的勺子斟茶,并带有唱词,用的是汉语。随后烧化纸钱,抛掷木片进行占卜,口中亦圈圈念词。后起身做手势,接着再次蹲下进行掷卜,随后烧纸钱,做手势,两大拇指做车轮状,同时唱念。随后又进行掷卜,并请主人家用撕制三张小纸片,师傅边唱边将纸片折叠成一个小卷,上有一口,下尖。做完三个纸卷后,师傅又开始两手大拇指做车轮状,唱罢,口中念念有词,又进行掷卜,此时蜡烛殆尽,于是又重新点了一支白蜡烛。后继续边掷卜边念词,得成,制作符水。符水制成后,沾水、拍掌,做手势,念词,三次后掷卜。得成后拿起事先准备好的小孩衣物和刚刚做好的纸卷,烧纸钱。纸钱化,师傅朝纸卷中放入了一些插香用的米,然后拿起占卜用的木片在纸卷上画圈,同时唱着咒词。唱罢,继续掷卜,得成,沾符水对着纸卷念词。三次后,继续在纸卷上画圈。罢,掷卜,画圈,如此反复几次。后招呼主人家拿装有水的水盆,师傅则继续掷卜,烧纸钱,两手做打开状,唱词,掷卜。后将衣物和纸卷都放下,走向脸盆,脸盆上放了一根扁担,上盖黑布,师傅拿着纸卷和衣服走过去,做法事状。后拿来一种草进行法事,接着在房屋的阴暗和缝隙处寻找小的蜘蛛,并将其放入纸卷中,用小红布将纸卷和刚才拿来的草包成小小的包,交予主人家,给孩子佩戴。

为了进一步了解班桥仪式,我们与在场的师傅和当事的草苗妇女等进行了交谈。

笔者(简称"笔"):他是在收什么? 还是撞到什么了?

草苗妇女(简称"草"):"班桥",收魂。

笔:收魂,搞班桥。

师傅(简称"师"):你……在那边也是那样班桥吧?

笔:不是,我不懂那个。

师:你不懂啊?

笔:哦,没见过那个。我说你会做这个是不是要拜师傅啊? 是别人传给你还是……

师:啊? 我那个……没晓得啊,还有那个上……五班。

笔:五班?

师:六班,七班,八班。

笔:五班,六班,七班,八班。

师:九班。

笔:九班,那是什么? 班是什么东西?

师:一代,二代,三代,四代,你晓得嘛?

笔:哦,你是第几代啊?

师:呵呵。一代,二代,三代,四代……九代,九代!

笔:你是第九代了,一直传下来的。家里面本来就会搞这个。

师:嗯,会搞。他们传的,那老人家他爱你传啊。

笔:哦,就要你传。

师:嗯,就要我传,要我传咧。

笔:那这收完了之后,衣服这些要烧掉吗?

师:没烧唉!

笔:不烧啊?

师:没烧,那衣服就穿克了。

笔:还让他再穿。

师:要穿啊。

笔:这个弄完了,他这几天要做什么吗? 那小孩子。

师:小的啊? 这个……这个是姓王啊,又姓李啊,姓张啊,不到那里,不到他那个家。

笔:姓王,姓李,姓张的不来,是他不去。

师:是啊是啊,呵呵,他不去。

笔:他不去,那……别人可以来吗?

师:嗯。

笔:可以来。

师:那个供……供那个,那个……没晓得喊做什么?

笔:土地啊? 供姓吴的?

师:嗯,供姓吴的啊。

笔:就他可以到姓吴的家里面。

师:对。

笔:刚刚得的那个草是什么草啊? 就是放在那个盆的。

师:哦! 那个草! 那个也要……也要背那个荷包啦。

笔:也要放到荷包里。

师:对,也要放到荷包克。

笔:那个草叫什么啊?

师:那草啊……没晓得喊什么。

笔:苗话叫什么了?

师:这个……我喊是"一根草"。

笔:一根草。

师:那不是有三根吗?

笔:这……那是有三根草了,是不是巴茅草?

师:你喊什么?

笔:讲苗话是什么?

师:唉? 那你喊"噶"。

笔:噶。那个草叫噶?

(旁人:酿。)

笔:酿? 不是吧,酿不就是草吗? 那个草的名字叫什么? 叫什么……稻波啊?

师:嗯……稻波……

笔:巴茅草?

师:巴茅草就是巴茅草,没晓得你喊什么。

笔:就讲苗话嘛。

师:叫苗话你没懂啊。酿噶。

笔:酿噶?

师:酿噶!

笔:不是端午节挂在门上面那个草吧?

师:嗯?

笔:端午节,五月初五挂在门上面那个草。

草:那个是做香料那个。

师:挂在门上也挂得咧。

笔:这个也挂得啊。

(旁人:那个是卜 nieng 啊。)

师:那五月初五挂在门上那个叫做卜 nieng。

笔:卜 nieng。

老人(简称"老"):卜 nieng 那个就是……就是那个……药王菩萨。

笔:药王菩萨。

老:药王菩萨拿来的一只草药,挂在门上没有那个病,就是那个意思。

笔:是那个意思哦,那我看有些家门上挂鸡蛋壳那是干嘛? 那个是什么意思啊?

老:没……没有什么病啊。

师:那个鸡蛋……有鸡仔啦,出了鸡仔还……没掉到哪里克就挂到那里,穿起咯,挂到那里。

笔:那是什么意思啊?

师:这……一种药啊。就是他那个鸡仔抱出来以后,然后把那个鸡蛋壳捡过去挂在那里,那是一种药哦。药! 这个是一个好药啦。

笔:治什么病啊?

师:这个……

老:不怕什么病啊,不怕……

笔:这个……要治什么病咧?

师:这个……痛肚子啊,这个消化不良啊,吃这个。

笔:吃这个鸡蛋壳啊? 就有用了。

师:唉,就有用了。那肚子……大,又痛! 把那个拿到这里来煮吃,吃克。

笔:那怎么吃? 把它磨成粉粉?

师:嗯? 吃……吃那个水啊,没吃那个蛋咧,没吃那个皮蛋咧。

笔：就是……吃那个蛋壳水？

师：嗯,吃就好了,病就好了。

笔：做这个叫什么……班桥,还有别的种类吗?

师：班桥。

笔：呃,还有做别的吗? 除了收魂啊,还有什么?

师：没收魂咧。

笔：这不是收魂吗?

师：哦! 收了! 都是收,都是收。没收没行。

笔：你们刚刚在找什么东西啊? 刚刚你们拿手电筒在照,找东西啊?

师：找那个……那个魂香啊,残魂。

笔：残魂? 它躲在那些地方? 就搞这一次就够了吧,后面就不用搞了吧?

师：没搞。

笔：就搞了一次就行了,小孩子那个包红色的那个包里面有什么东西?

老：药啊。解病。我讲你没懂的,呵呵。

笔：也是药啊,你说啊,我猜一猜意思。那些刚刚用的那些鸡啊,鸡蛋,那些都要吃掉是吗? 还是你拿回去?

师：鸡啊……那个鸡蛋就可以敲七个,那个鸡啊就可以煮克,样样煮了,那刀头……也煮克。

笔：那个米呢?

师：米啊……米他那个也煮克,那个……那点米克……拿猪吃克。

笔：什么……什么米给猪吃啊?

师：这个米是……吃不完……拿给鸡啊,拿给猪吃啊。

笔：哦。那个小孩子背的那个里面还有什么啊? 就是那个……三角形的。

师：这个是药袋。

笔：哦,药袋。

师：有三角,有三角那个……这个是要他背,要背那个药袋。

笔：背多久啊?

师：都可以,两年也可以,一年也可以,三年都可以。

笔：那背到什么时候才摘下来啊？

老：那它掉克……

师：哦，他那个袋子烂开。

笔：自己断了就没事了。

师：哦，就没事了！有病啊就没得病了。

笔：那平常就是不能取下来了。

师：嗯？没得没得。

笔：不能取。

老：自己掉。

师：自己掉克，做事啊……它自己掉克就……没要拿它。掉克掉克算了。

笔：掉了就掉了啊。

师：你背过那个吧……

笔：我没背过……我戴过那个玉，一个菩萨……

师：哦，菩萨！呵呵，菩萨。

笔：这边信不信菩萨？

师：救苦救难观世音菩萨。我没得，有的有哦，有的有观音菩萨。

笔：你拜的师傅是……叫什么神啊？

师：啊？

笔：你拜的那个师傅叫什么啊？就是你一直在请的那个师傅叫什么？

师：师傅啊？呵呵……没晓得啊，他那名字没晓得啊。

笔：就是比如说……飞山，飞山有没有？

师：啊，飞山可以。

笔：飞山还有谁？

师：有……飞山，还有……冷快，索快，索道，都是狠的。

笔：这是苗话吧。

师：苗话。

笔：不知道普通话叫什么？

师：普通话也那样讲，我这地方咧……我这地方我这人咧，苗话也那样讲。

笔：索道？

师：索道。唉,哒闷呢,飞机。

笔：飞机? 天上飞过去那个……

师：哦,天上飞,飞到这里来。满天满天的飞,飞到这里来。

笔：索道? 飞机?

师：嗯,索道。飞机飞到……飞机,索道。

笔(对草苗妇女)：你帮我讲一下他拜的那个神是什么神啊?

草：拜神啊?

师：呵呵呵。

笔：就他请的那些师傅叫什么神啊? 一直请的那个神。

师：哦,请神,神到……苗族的神。

笔：苗族的神,叫什么名字啊?

师：没晓得啊。

笔：你讲苗话嘛,她听得懂。

师：我那个就是……凡是……凡是老师傅……

笔：凡是老师傅? 凡是是什么意思啊?

草：凡是是一个人的名字。

师：凡是,我的家的那个接的名字……

笔：哦,你拜那个师傅姓凡。

师：对啊对啊。

笔：是哪个字啊?

师：是一二三四的四。

笔：四,就是这样……一个口的那个四。

师：哦,对啦对啦! 那个是我老师傅。

笔：你请的就是他。

师：是,是。

笔：其他神啦?

师：我是他的徒弟。

笔：你是他的徒弟,你也收徒弟了吧?

师：我也有徒弟,他也有徒弟,哈哈。

笔：我想问请的神有没有山神啊,土地啊,观音啊……

草：有啊,有啊,有请啊。

笔：请啦?

师：都请，那些菩萨都是先请。

五、民间禁忌

禁忌的由来，大致上有四个方面原因，一是对神灵的崇拜畏惧，二是对欲望的克制和限定，三是对一事的恪守和服从，四是对教训的总结和记取。我们通过调查，大高坪草苗主要有以下诸多禁忌。

（一）生活禁忌

1. 未婚女子，在人多的场所，忌大笑，免被人称"差巴"（轻浮）。

2. 忌挑空水桶进屋。进屋前必须把挑的水桶放下，手提进屋。

3. 忌包着白头巾去别人家。

4. 忌用脚踩地上文字的纸。在草苗人眼里，文字是极其珍贵而神圣的。

5. 男人忌从晾晒的女人衣服下面钻过。

6. 结婚或建新屋，进新屋那天，忌来客或帮忙的人员在主人家里争吵打架。

7. 房子朝向忌与全村不同，以免被人嫌疑"爱讲横的人"。

8. 妇女忌中午和晚间梳头。

9. 儿童忌吃寡鸡蛋（孵不出小鸡的蛋）。

10. 小孩忌吃鸡鸭翅膀，否则，长大后写字手会打颤。

11. 忌用母鸡敬神、祭祀。

12. 白喜事，如果过了时间，忌再去补礼。

13. 煨中药时，忌盖上盖子。

14. 忌捣燕子窝，在草苗，燕子在自家做窝是大吉利的。

15. 忌门前有大树。

16. 忌河沟、大路直对房屋。

17. 衣服破了或扣子掉了，忌穿在身上缝补，或上扣子，以免被丢失东西的人嫌疑。

18. 忌见到蛇相交互（交配），否则，见到蛇相互（交配）的人就会生大病，

19. 忌淋水对人（对方可能会上门讨要喝口水，以解不吉）。

20. 拿火把走夜路回家，忌把火带进屋。

21. 在外面见到死的牲畜,回家忌直接进屋,都要到厕所憋气转三圈。

22. 忌戴孝去看未满月的婴儿。

23. 吃了半生半熟的饭后忌出远门。

24. 忌把衣服晾挂在人多行走的楼道上,特别是女性衣服。

25. 在家里,忌在宾客面前频繁走动。如需走过,得说声"对不起,要从您面前走过"。

26. 忌单手给客人递东西,特别是递茶、递饭、递水等。

27. 忌直呼长辈名字,特别是母亲名字。

28. 忌带黄脚鸡做礼品送产妇。

29. 早上出行,忌看见妇女梳头。

30. 忌讳外族当面称呼"苗"或"苗人"。

31. 忌跨过小孩头顶,否则孩子长不高

32. 忌用脚踩火炕上三角架。

33. 忌乱移动"祖凳"("祖凳"指放在屋角的专供已逝亲人坐的木凳)。

34. 忌私下砍划村寨周围的"封树"(守护寨子的大树)。

35. 淘猪圈、牛栏时要在栏内挂一杆秤。

36. 在一家几代同堂时,青年男女不应有过分亲昵举动。

37. 进入寺庙,忌行为不端庄。

(二)生产禁忌

38. 忌直接翻犁栽不完的秧苗,要拔除后再翻犁。

39. 忌土日忌动土,忌井日忌挑水。

40. 忌穿蓑衣、撑雨伞、戴斗笠进堂屋。

41. 忌砍泡桐当柴火。据说泡桐当柴烧,家里老人会耳背。

42. 忌牛夜间嘶叫。

43. 忌公鸡鸣叫紊乱。否则,必须把这只公鸡杀掉。

44. 忌黄牛闯进屋里。

45. 上山忌乱扔石头,需要喊"达该人老啊,搬姑搬道达莽烂啰"(老人家走过边啊,搬罐搬锅到那边山去啰),以免冒犯"山兄弟"。

46. 竖有"草标"的秧田、菜地等忌踩踏。

47. 挂有"草标"的人家,忌外人进入。

48. 在家忌刀不入鞘,随地乱丢,以防祖先草上。

49. 上山路上忌挥刀乱砍，以免砍到山神。

（三）婚姻禁忌

50. 同姓男女禁忌谈恋爱和结婚，否则被赶出村寨。

51. 在娶新娘路上，忌见路人，忌过桥，忌遇蛇横穿拦路，忌与同在当晚出嫁的本村女子同路。

52. 闺女出嫁，父母忌陪送。

53. 新娘忌拿刀类，如剪刀、菜刀等。

54. 嫁出去的女儿，忌在娘家与丈夫同宿。

（四）餐桌禁忌

55. 忌在家煮蛇肉。

56. 忌用筷子敲击盘碗。

57. 忌用筷子在菜盘里不住地扒。

58. 忌把筷子插在碗饭中，类似于给逝者上香。

59. 掉在地上的饭、米等，忌讳用脚去踩，否则"得罪米"。

60. 吃饭时必须把饭菜盛好，在桌上摆一会儿才能吃。

61. 忌一餐用过几个碗，否则有"不专一"的嫌疑。

62. 忌家里人还没有到齐就先吃，特别是长辈。

63. 吃油茶时，第一碗先放在面前的地上，以祭祖。

64. 逢年过节，每餐要"斗萨"（祭祖），忌"斗萨"前就吃。

（五）节日禁忌

65. 春节初一至初三烧门纸前忌出行，忌扫地，忌理发，在"屋外"晾晒衣物。

66. 正月初一清早挑水的人要"买水"，忌空手挑水。

67. 正月初一，忌出财。

68. 大年初一，忌说不吉利话。

（六）生育禁忌

69. 家中有孕妇，忌在房屋周围动土或移动重物。

70. 家中有孕妇，夜间有人喊，切忌立即答应。万一听到熟人喊，也只能由男人轻手轻脚去,弄清以后再打招呼。

71. 出了嫁的女子,忌回娘家来生孩子。

72. 忌将胞衣(胎盘)乱扔。婴儿的胞衣脱离母体之后,不能拿到野外乱丢,要埋在堂屋的中柱脚边。

73. 妇女在生小孩未满月之前,忌外出活动,特别忌讳走到别人的家、水井边、鼓楼等公共场所。

74. 家有产妇,忌陌生人进屋(在门前挂"草标"暗示外人)。

75. 忌在别人家里生小孩。

(七)丧葬禁忌

76. 父母病故后一个月内,子女忌剃头、洗头,忌出卖或借人东西。

77. 非正常死亡的人,如投河、自缢、难产、枪毙等,忌进祖坟山。

78. 人死在外面,忌把死者抬进家里,必须在外面打棚子停放。

79. 年轻人死后,忌埋进祖坟山。

80. 棺木忌直接置放地上。

81. 父母病故的当年三十夜(除夕),亲友或郎女来祭灵时,只烧香默哀,忌放声大哭。

82. 忌说某某死了,老人病故说"老了",小孩夭折说"转去了"。

83. 长辈死后的前三年春节,家里忌贴红对联。

84. 父母的孝(如、麻孝、白布孝等)忌乱丢,要妥善存放,三年后"脱孝"烧掉。

85. 孝子在"上大房"时忌与人打招呼,因为你是代表逝去的亲人,"逝"了怎能说话?("上大房"指老人最后一次去走亲戚,示意以后不去走了。)

86. 出殡前,孝子忌穿鞋,忌吃荤菜,少喝水。

87. 红白喜事,忌将客人送来的米全部倒给主人,总要留一点给客人带回。

(八)其他禁忌

88. 小孩换牙,旧牙忌乱丢,必须抛上屋顶,并说"老鼠啊,我拿旧的牙换你新的牙"。

89. 忌在家里吹口哨,吹木叶。

90. 小孩子忌用手指月亮,否则,月亮要割耳朵。

91. 忌捡山上的鱼,可能是"山兄弟"(山神)的。

92. 妇女忌坐门槛。

93. 忌单日外出求财和第一次背小孩回娘家。

94. 忌用手指指瓜果,不然,瓜果不能成熟。

95. 忌用手指指菩萨,否则冒犯菩萨。

跋

　　闻讯《草苗纪实:湖南通道大高坪村民族志报告》即将出版,刘冰清教授示意我对田野调查报告作篇后记附于书后,以为大高山的草苗调研善始善终。时隔九年再次翻看这些文字,我仿佛回到了 2011 年夏天在大高坪村调研的时空中,许多画面和记忆涌上心头,不由得怀念起满是绿树的山岭、筑架于田边错落有致的屋寨、铺开在村公路旁葱郁整齐的田地、围坐在凉亭水井周围闲话家常的村民、迎着夕阳骑着摩托车飞驰"走寨"的草苗青年以及温暖灯光下"坐寨"的草苗少女……这些画面生动而充满活力,展现出草苗族群生活的真纯自然,昭示着人与天地的和谐共生。

　　本书的初稿,是我根据自己在通道侗族自治县大高坪村为期一个多月的田野调查撰写而成的,是关于当地草苗的民族学、人类学民族志田野调查报告。当时,受到我的硕士导师徐杰舜教授的指示,并根据刘冰清教授调研计划的安排,在一系列的准备工作结束后,硕士研究生第一学年刚刚结束的我,怀着激动与好奇的心情进入大高坪村,准备进行较长时间的单独的田野调查作业,因此这既是一次专业的工作经历,又是一难得的学习机会。另外,这也是我第一次以民族学、人类学经典的参与式观察法,深入村民真实的生活中进行田野考察,一个多月对于田野调查的初学者而言是一个不小的挑战。

　　大高坪村的草苗自清代时就迁居至大高山一带生息繁衍,祖祖辈辈在这山岭中生活了几百年,直到如今还在一定程度上保持着男耕女织的田园生活。在进入乡村进行调研之前,所谓的"男耕女织"在我的生活经验中只是一种文学意向,但当真正踏入村寨并生活一段时间之后,才令人真切地感受到这四个字的含义。在传统草苗的村寨中,男性通常负责种田、巡山、砍树、扛木、建屋等较重的活计,女性则主要关注育儿、种菜、养禽、织布、做衣等较轻的事务,家庭中的分工比较明确,基本上符合男耕女织的生活基调。不过,随着村子里年轻人出门务工读书的越来越多,年轻一辈在对自己生活的规划上或多或少会产生些新的想法,慢慢地影响着大高坪村。调查过程中,我在村子里结识了许多朋友,也逐渐摸索到在村寨进行田野调查的窍门与脉络,但是不得不承认由于个人经验不足以及能力有限,在渐渐适应调查节奏之后,仅仅一个多月的时间又显得匆匆忙忙,调查所得文字也只能够简单地描绘大高坪草苗群体的生存概况,提供一份还算完整的民族志,画出一张有关草苗族群生活的工笔草图,仅在一定程度上为草苗研究贡献出自己的绵薄之力。我得知,刘冰清教授在我完成调查与初稿的几年后,又再回到大高坪村进行补充调查,最终形成今《草苗纪实:湖南通道大高坪村民族志报告》书稿,可见其对草苗研究的重视与关切。今获悉,经过刘教授不辞辛苦地奔波筹划与劳心劳力,本书终于能在 2020 年这个非凡的年份推进出版,实在是可喜可贺!

在我看来,《草苗纪实:湖南通道大高坪村民族志报告》具有重要意义。纵观国内外学界对于草苗研究的关注度较低,或许因为草苗只是苗族众多支系中的一支而且人数相对较少,因而未能在学术上形成所谓的"研究热点",只能在苗族研究中偶尔出现;又或许是因为草苗村落多隐匿于山中,外人难以进入了解,更勿提深入研究,因而成果较少,但是这也在客观上为学者们提供了一个大有可为的研究领域,因为许多草苗话题都亟待解决与研究,例如草苗历史上迁移的具体路线与分布规律、草苗的民族认同与文化认同、草苗与其他支系苗族间的社会关系网络,草苗与汉族、侗族、瑶族等其他民族间的族群关系,草苗的山歌文化,草苗的服饰文化等都是具有学术价值的,不仅有助于深化对草苗本身的认识,还能够在民族学、人类学以及社会学等领域贡献个案与理论探讨的契机。从这个方面来看,《草苗纪实》的出版,可以说是为草苗研究领域种下一颗树苗,如果希望其将来发展成为参天大树,则需要更多学者的关注以及努力,继续深挖、补充各方面的资料,对大高坪村或其他地区草苗的历史传说、语言文化、生命礼仪、服饰文化、亲族网络、代际差异、族际互动、族群政治、社会结构等各方面进行更加翔实的调查与讨论。独木不成林,《草苗纪实:湖南通道大高坪村民族志报告》欣欣然开了个头,为今后森林的蓬勃带来契机。

《草苗纪实:湖南通道大高坪村民族志报告》适合关注苗族研究尤其是

草苗研究的学者酌情参考,因为书中对大高坪村草苗有较为整体性的介绍,包括以民族志形式对大高坪的地理环境与村寨概况、草苗的经济生活、生活习俗、社会民俗以及宗教信仰等方面做了介绍与描述,能够提供一个比较基础且完整的有关大高坪草苗的概貌。书中关于大高坪村的资料基本来源于田野调查中的一手观察整理与资料采集,同时也包含一部分村委提供的官方数据,可信度与真实性强,有参考价值。需要说明,因本书初稿基于 2011年的田野调查资料撰写而成,后虽有补充改动,但已时隔数年,大高坪可能已经发生许多变化,因此在具体研究中需要斟酌实际情况作出判断。

撰写本书时,回顾起九年前那一个多月的田野经历,我着实感到自己当初的青涩幼稚以及对于学术敏感的缺乏,刘冰清教授也在调查中途与我沟通,探讨发现有价值的学术话题的可能性,但是苦于当时田野经验较弱,理论联系应用实际的能力不足以及对苗族研究的不熟悉,因而没有提出具有重要学术价值的观点以及研究问题,现在想来实在是遗憾。依稀记得,当时初出茅庐准备进行短中期田野调查的我,满脑子只想着按照传统民族志的结构,搜集相关资料然后一板一眼地将民族志报告完成,所以没有将心思付诸发现学术问题,而鬼使神差地执着于成为一个搜集田野资料的"工具人",这恐怕是对今后有心从事民族学、人类学研究的读者的提醒,进入田野除了搜集资料,还需要锻炼自己的学术敏感性,磨练出一双能够发现学术问题的眼睛。当然,随着时间的推移以及我对学术研究的渐渐熟悉,回忆起大高坪村中的所见所感不难发现,其实当地蕴藏着许多值得探究的学术话题,令我感受最深的话题有两个,分别是:"草苗的婚姻家庭与社会网络"以及"草苗与其他民族间的族际互动"。这两个话题看似关注方向有"内外"的不同,一个谈的是草苗社会内部的事,一个说的是草苗与外部他者接触的事,但是实际上二者间联系紧密,很应该放在一起进行讨论。

"草苗的婚姻家庭与社会网络"在书中着墨不多,章节内容较多地来源于人口数据的统计以及后续的补充调查所得,更为鲜活的草苗婚姻家庭的形象以及社会网络的结构、状态、张力等有待补充完善,因此在我看来,这个话题也许是今后草苗研究应该重点关注的方向之一。当然,对该话题的重视不仅仅是因为在之前的调查中对此项发力不足,更重要的是,草苗的婚姻家庭与社会网络的确是草苗社会中一个值得探讨的学术问题。由于草苗在过去严格实行族内婚,因而在草苗的社会结构以及族群意识中形成了特殊的"通婚圈"概念,这个概念决定着草苗与周边草苗村寨、草苗与其他民族村落等在通婚行为上的关系，同时更是直接作用于其族群内部社会网络的建构，并在草苗与其他民族的族际交往层面产生影响。在我的印象中，当时田野调查所接触到的家庭基本上以草苗之间的结合为主，偶尔会出现草苗与花苗或草苗与侗族相结合的家庭，但是数量非常少，占比低，且多为草苗男性迎娶他族女性的模式，几乎没有草苗女性外嫁他族男性的情况发生，曾经听说如果草苗女性外嫁他族男性，那这位女性基本上与娘家再无瓜葛；另外，草苗与汉族结合的情况基本为零。这里比较特殊的一点在于，在大高坪行政村的地理空间范围内，有一个汉族村就坐落于大高山的山脚下，规模不大且紧邻其他草苗村组。在我调查时并没有发现汉族村与草苗村之间有不和谐的冲突或者矛盾，相反有时草苗村庄中有婚庆喜事时，汉族村的村民也会去参加或帮手，只是通婚一则却从未有过。这种比较特殊的状态直到我在越南的村庄中进行调研时，听到当地人也谈起不同民族的有些村子间不相互通婚时才想起并有所思考。现在想来，大高坪草苗村的这个情况应该是值得研究的一个话题，可以从历史、认同、族群文化、社会结构等角度切入进行探讨，而由此也引出另一个话题，即"草苗与其他民族间的族际互动"。

由于本书主要关注草苗本族群的社会以及文化，所以并未对草苗与其他民族间的社会交往进行记叙和描述，但是这个话题本身仍然具有相当的重要性，值得深入探讨。因为借助"他者"的视角，我们将能够从另一个角度观察和理解草苗族群文化的形成及其社会结构的构建逻辑，因为族群文化的特殊性通常在与其他群体文化的碰撞交流中才更为凸显。大高坪村的草苗并不是一个封闭的群体，通畅的村公路以及中巴班车能够帮助村民前往其他乡镇和村庄，为村民外出务工、买卖、经商、上学等活动创造便利，同时也为外界的人员、资本、力量等进入大高坪提供了途径。当地的草苗主要与其他支系的苗族、侗族、汉族等民族进行交流，总体上呈现出和睦的民族关系及和谐的族际交往状态。鉴于此，或许有必要从学理上对草苗与其他民族的交往形式、逻辑、动机、动力、规律等方面进行研究，而这在目前有关草苗的研究中仍然是匮乏的，尚无学者以草苗为研究主体讨论其与侗族、汉族或其他民族的交往，或者从更细致更具体的角度来说，为什么如今身为草苗的大高坪村民说的却是侗语？大高坪草苗与周边侗族间存在什么关系？草苗与侗族、汉族或其他民族间的交往是否存在差异？等等，都是可以研究并且具有学术价值的问题，希望有更多的学者关注草苗研究，尤其是对苗族研究抱有兴趣的人而言，草苗研究领域将会是个不错的选择。

作为一个民族学、人类学专业方向的学人，就我自身感受而言，田野调查者自身就像是一颗种子，那些见于眼中的图景，听入耳中的言语，记在笔下的文字和心中萌发的思考，都由"田野"所孕育，因而每次成功进入"异文化"的田野场域都能够在偶然间，令人有所收获和反思。在大高坪村进行调研时，虽然我专注于访谈录音、拍照摄像、搜集文献等田野调查动作，但是在这个过程中和村民相处的时光并非虚情假意，而是在真实坦荡的生活中加上了"记录"和"反思"的步骤。作为一个外乡的外族人进入村寨之中，虽然幸而有刘教授的悉心安排以及沟通，但是面对陌生地域中语言不通、习惯不同、风俗有异、文化有别的客观问题，如果不以真诚的态度对待他人，那么你将一无所获并且度日如年，因为田野调查是一种既真实又直接的带有目的和态度的"生活状态"。民族学、人类学学人有个好处，就是明白我们所需要的学术养分除了那些已经成为理论的文字，还有散落在生活中的"七七八八"和"鸡毛蒜皮"，而这些零碎的信息需要再"田野"中慢慢搜寻、挖掘、培养和耕耘。

如果你不在大姐们上山采野草染料时和她们攀谈，那你或许会错过一次草苗妇女准备染料染制布料的经历，随即看不到一桶桶装满染料汁液的黑紫色染料，无法得知她们在染布时加入了桐油而使得布料油亮不掉色的秘密；如果你不和草苗大姐、草苗小弟一同下地去摘西瓜、西红柿、辣椒，你就难以体会水源对在山岭中居住的人的重要性，就不会理解为什么村寨里的人都有保护山中林木的自觉，就不会只用村民口中的神话传说和亲族禁忌来解释水源林或保护林存在的原因；如果你在青年们都欢快地跳进小溪汇聚成的池子中洗澡时站在一旁或离开，选择不加入这场轻松的打水仗，那你就不会听到青年们谈论其他村寨的姑娘时既害羞又兴奋的对话，看不到村子里不同年龄阶段的男青年谈论"走寨"时不同的生动表情，也无法得知他们商量过后对"走寨"的具体安排，更可能不会被邀请参与进这项对他们而言既有趣又重要的人生活动中；如果你不换上轻便的衣服和村里的草苗成年男性们一起坐着卡车，去几十公里外山上的林场里砍树伐木抬原木，你就不会明白为什么村子里的男人们总是一餐吃几大碗白米饭，有时还就点米酒然后倒头就睡，也就不会理解为什么力气对于传统乡村社会的男人而言是最实在的财富之一；如果你不在凌晨三四点左右起床，趁着黎明夜色尚未褪去仍有星辰点缀时，同熟识的草苗大叔摸黑骑着摩托车上山，那你就不会见识到当某一家男青年需要建房成家时，几乎整个村子或其亲族的男性都会被发动起来出力,就不会看到天边朝阳红如赤卵时,草苗男人们按照风水先生算好的时辰将大屋的主梁合力抬升至屋顶的场面,更无法体会到这种互帮互助的精神在他们看来理所当然的氛围;如果你没兴趣和村里的年长者聊天,没兴趣和他们一起谈论山里哪块地风水好,村子里哪棵树年岁大有灵性,那么你可能会错过埋藏在年长者内心的风俗文化知识,错过由村内赤脚医生、草药先生、风水先生等人主持的民俗文化现象,见识不到他们郑重的仪式,看不到那些焚香烧纸祭拜祖师神鬼,闭眼跺脚念念有词的神秘场景……

　　田野调查几乎永远是生动的,这种生动一方面来自被调查者真实的生活,一方面来自调查者的立场与态度。文字只能描述田野轮廓,就连图像、声音、影像也只能作为记录情境的手段而已,对于想要从琐碎的现实中探究他者文化的学者而言,既要学会全身心地融入田野中去,使自己沉浸在完整的生活场景之中,又要学会适时地将自己抽离在场景之外,把支离破碎的信息转化为具有价值的材料,从而建立起一套比较标准的认知系统与"文化表格"。时隔九年的确让人在回忆大高坪田野调查时有些困难,但是那些重要的、印象深刻的感受和画面是不会轻易被忘却的,那些珍贵的田野经历对我来说既是难得的锻炼,又是珍贵的财富,再次感谢调查过程中所有帮助过我的热心村民,感谢硕导徐杰舜教授的指导,感谢刘冰清教授提供的机会与悉心安排! 我怀着感恩以及欣慰的心情写下这篇小记,希望能够为《草苗纪实:湖南通道大高坪村民族志报告》的正式出版添上一抹祝愿,希望草苗研究今后能发展壮大,成木,成材,成林!

谢林轩

2020 年 5 月 20 日

于广州华南师范大学

后　记

- -

　　"武陵民族走廊"是中国中部地区的一条重要的民族走廊,它是1991年费孝通先生考察武陵山区之后,在他的《武陵行》考察报告中提出的。而沅水恰是这一"民族走廊"的腹心通道,千百年来,众多族群在沅水这条通道上停留、迁徙,繁衍生息,长期交往,相互学习,使这里成了"文化的磨坊",文化互动、磨合、整合和融合十分突出,民族多样性和文化多样性在整个"武陵民族走廊"是最典型的,是研究我国民族关系和文化多样性最好的场所。

　　出于对沅水那份割舍不掉的眷恋,在三峡大学工作的我,2011年向湖南省民族研究所呈交了一份《沅水流域民族文化研究方案》,得到了时任湖南省民委副主任田代武和湖南省民族研究所所长朱朝晖的高度重视和认可。基于开放办所的理念,他们打破了地域界限,将"沅水流域民族文化研究"这个课题委托给我,这让我特别地感动。因为从情理上而言,我虽是地地道道的湖南人,但工作却在湖北,他们能做到这一点的确很不容易,这个课题可以说是高校学者与行政部门的有机结合。特别是在课题启动后,得到了广西民族大学徐杰舜教授的鼓励和大力支持,他不仅帮我筹划,更是将他的学生派驻到各田野调查点,作为主干力量完成各田野点的调查工作。感激之情在此无以言表!

　　谢林轩就是徐杰舜教授的硕士研究生,当年他在我的带领下进入湖南省通道自治县大高坪乡大高坪村进行田野调查时,刚刚研一结束。整个调查期间,除了前期和参加大高坪村的桥庆典礼外,我在大高坪村呆的时间实在很少,而林轩却克服语言、生活上的种种困难,一直很认真地呆在大高坪村里,以"我"的视角,对大高坪村当地草苗社会生活进行观察和记录。2012年5月,他完成了《大高山"妙酿"民族志报告》初稿的撰写。时隔五年,我在林轩所撰初稿基础上进行了进一步梳理和补充完善，终成《草苗纪实：湖南通道大高坪村民族志报告》一书，而林轩从广西民族大学考上了中山大学的博士研究生，毕业后又到华南师范大学做博士后，不禁让人心生无限的感慨。下面将他在调查报告初稿中的这段话摘录于下，权作为对他在大高坪村辛苦调查的纪念吧。

2011年的暑假，我来到了一个不曾了解的山村里，置身于这山野间的寨子中，尝试着能否见到比书上记载更为有趣的世界。因此，田野调查成了这个盛夏的主题。

整个暑假，时间从7月中旬一直持续到8月底，我都呆在湖南省通道侗族自治县大高坪苗族乡的大高坪村里，和当地的村民一起度过了这年夏天。近两个月，我所得收获全然是对当地生活的观察和体验，或许在某时某刻，这些所得被注入了我的主观情感，但眼见之客观以及那些搜集到的文字书页，要直白地叙述出来也不算是什么难事，只不过字里行间透露出的感情如何，我当收归己用，各位读者就当是弦外余音，不做理会才好。正如我这里所用的"妙酿"一词，可权当供我自己欣赏的罢了。

何谓大高山，何谓"妙酿"？ 大高山，海拔1079米，坐落于湖南省道侗族自治县大高坪苗族乡大高坪村境内，可谓当地草苗村民的"母亲山"，哺育着一代又一代当地的草苗儿女。"妙酿"，这个词是浪漫的，要用神秘的汉语作字面解释，那便是"奇妙的酿造"。事实上，它是一个我们并不熟悉的族群的自称，虽然音韵转侧，但我仍觉这是个极好的名字，是对自称为"草苗"的族人很好的介绍。因为在我看来，"妙"字在一般人心里，印象总是佳允的；而这个"酿"字，首先看到的是一股"酒劲"。大高坪村的草苗热情好客，待客迎宾常是一桌酒或一席茶，这酒多是由他们自己酿制的。以自家酿造的酒来待客，献上的不仅仅是一碗米酒，献上的还有草苗人对来客的尊重和友谊，以及自耕自收自酿的骄傲。所以这个"酿"字，让我感触颇深。再来，就草苗这个族群而言，对不了解他们的人来说，其文化肯定是神秘和陌生的。在未接触草苗之前，我和众人一样，也抱着好奇的态度。然而在这近两个月的共同生活中，我发现，草苗的文化也并非完全异于我所知道的东西。而且在了解的过程中，我思忖着，这个"酿"字刚好反映出他们历经世代，辗转迁移中逐渐形成对自己的认同，这个过程就如同一个"酿造文化"，自我沉淀的过程。所以在写文章时,我不禁发觉"妙酿"这个名字,用来音译大高坪草苗人的自称,还是很有趣的。

《草苗纪实:湖南通道大高坪村民族志报告》就是以"我"的视角,对大高坪当地草苗社会生活的一种诠释。这种诠释是一种带有感情色彩的叙述与思考,完全出自一份真挚。而书稿也尽可能地保持林轩田野调查时所深掘广索的各类信息,即便有所遗漏,也只当是留下一个机会和些许空白,可以让更多的人去探寻大高山所孕育出的特色风情。本书粗糙之处、不当之处,敬请大高坪村的村民包涵,也请读者批评指正。

在田野调查期间,得到了湖南省民族研究所、怀化市民委、通道自治县民委以及通道大高坪乡政府、大高坪村村委的大力支持;得到了田代武、朱朝晖、石佳能、林良斌、吴通爱等领导和友人的帮助;得到了热情接受采访的大高坪村村民的理解和配合,他们很乐意把自己淳朴的生活风貌展现于世。

本书经过艰难、复杂的程序,终于有机会得以问世,特别要感谢三峡大学学科建设项目的资助,感谢王作新、黄柏权、王祖龙、方子帆、邓新华、董建辉、曹大明等同道的大力支持,感谢厦门大学出版社薛鹏志先生为本书所付出的辛劳。最后,对徐杰舜先生所给予的帮助表示诚挚的谢意!

刘冰清

2017 年 10 月 9 日草于三峡云居

2020 年 5 月 21 日定稿